纪念改革开放30周年

毅为天下先

海洋文化广东创新三十年

钟晓毅　雷铎　吴爱萍　等著

暨南大學出版社
JINAN UNIVERSITY PRESS
中国·广州

图书在版编目（CIP）数据

敢为天下先：海洋文化广东创新三十年/钟晓毅，雷铎，吴爱萍等著．—广州：暨南大学出版社，2008.11
ISBN 978-7-81135-099-9

Ⅰ．敢…　Ⅱ．①钟…②雷…③吴…　Ⅲ．海洋—文化—广东省　Ⅳ．P722.6-05

中国版本图书馆 CIP 数据核字（2008）第 156509 号

出版发行：暨南大学出版社

地　址：中国广州暨南大学
电　话：总编室（8620）85221601
营销部（8620）85225284　85220602　85220693（邮购）
传　真：（8620）85221583（办公室）　85223774（营销部）
邮　编：510630
网　址：http://www.jnupress.com　http://press.jnu.edu.cn

排　版：广州市朗亿图文数码科技有限公司
印　刷：广东省农垦总局印刷厂

开　本：787mm×960mm　1/16
印　张：12.25
字　数：250 千
版　次：2008 年 11 月第 1 版
印　次：2008 年 11 月第 1 次

定　价：30.00 元

目　　录

上编　岭海听潮：海洋文化广东之本色

中编　逐浪扬波：海洋文化广东之创新

下编　航向深海：海洋文化广东之前行

上编

岭海听潮：海洋文化广东之本色

第一章

纵览：海洋文化在广东

“向海而兴，背海而衰；禁海几亡，开海则强。”①

海洋文化是相对于大陆文化而言的。人类文化由大陆文化和海洋文化组成。大陆文化是指以大陆为生成背景的文化，海洋文化是指以海洋为生成背景的文化，“是指人类从受海洋影响而形成的受制海洋而又利用海洋的观念意识及其相应的思维方式和行为方式。具体地说，就是沿海的人群由于承受海洋的广阔、宽宏、运动、潮汐、风暴、狂飙、风险、深厚、神秘、丰富、灵变、流通等特性，而衍生的人文特性与精神，以及由此而体现在人的思维活动和在经济、政治、文化、生活而产生的行为准则及方式”②。长期以来，以黑格尔历史哲学为代表的老派西方海洋文化观认为中华文化在起源上没有海洋文化因素，或者中国没有自己的海洋文化。海洋文化被黑格尔当作区别中西方文明的一道界限，他在《历史哲学》一书中说：“中国、印度、巴比伦——占有耕地的人民闭关自守，并没有分享海洋所赋予的文明，既然他们的航海——不管这种航海发展到什么程度——没有影响他们的文化，所以他们和世界历史其他部分的关系，完全只由其他民族把它们找寻和研究出来”；

① 梁启超：《祖国大航海家郑和》，《梁启超选集》，北京出版社 1999 年版。

② 黄伟宗：《广东如何再创海洋文化新辉煌》，广东省政府参事建议，2008 年 8 月 18 日。

"西方文明是蓝色的海洋文化，而东方文明是土黄色的内陆文化"。①

事实上，在中国上下五千年的历史进程中，作为一种不可或缺的文化因子，海洋文化很早就出现在中国沿海地区。"实际上，中国沿海文化与中国内陆文化同样古老。"② 从考古发掘中的发现可以证明：我们的祖先起码在旧石器时代晚期就开始利用海洋资源。古籍上记载的关于秦代徐福和唐代鉴真和尚东渡的故事、明代郑和七下西洋的史实以及汉武帝开始的海外贸易和经久不衰的"海上丝绸之路"的开辟，都证明古代中国在形成海洋文化方面曾作出重大的贡献。可以这样说，中华文化有两个主要源头：一是黄河中下游的中原陆地；二是沿海地带。就沿海地带而言，北方的齐鲁、南方的吴越早在春秋战国时就是沿海诸侯国中的"海上强国"，但在秦统一中国后，齐鲁、吴越的海洋文化逐渐在农业生产的方式上与中原的大陆文化融为一体。只有广东地区，背靠南岭屏障，分隔楚地及中原；面朝浩瀚南海，怀抱珠江巨大密集的扇形河网，自成天然的海洋格局，理所当然地延续着中国的海洋文化，使广东文化成为中华文化里最具有海洋个性、海洋本色的组成部分。它既继承了母体文化的精华，又吸取了当地及外来文化的有益养分，并伴随着广东人民认识海洋、开发海洋的活动，千百年来不断地发展、变化和丰富，成为中华文化不可或缺的部分。

一、广东海洋文化的本质特征

自然生态时期，人类只能在陆地从事生产与生活。随着生产力水平的提高，人类开始从陆地走向海洋，使陆地与陆地沟通，促进航海与商品贸易的发展。很显然，海洋文化是以海洋为生成背景的文化。这种不同的生成背景，包括地域地貌、气候气象、自然生态、风土民俗以及历史文化等差异而形成显著区别。

1. 中国海洋文化的传统和特色

中国是一个有着广阔内陆疆土（包括山地、平原、草原、沙漠、江河湖泊）的大陆国家，也是一个有着1.8万多千米大陆海岸线、1.4万千米的岛屿与海岸线、7600多个大小不同的岛屿和约470多万平方千米的内海和边海的海洋国家，是太平洋沿岸的大国。伴随着中国海上丝绸之路的兴起和繁荣，

① ［德］黑格尔：《历史哲学》，王造时译，上海书店出版社2006年版，第59页。

② 费正清：《作为一种次要传统的中国沿海》，见黄树森主编：《广东九章》，广东人民出版社2006年版，第67页。

中国的海洋文化也得以形成和发展。

从海洋文化的发生、形成来看，中国人的海洋活动首先应该是以农业性为主的。因为生产力发展的局限性，人们不可能直接发展航海和海洋交通事业，与海打交道自然是从农业性的海洋活动开始的，如海洋养殖与捕捞、潮田、潮闸、盐田、海塘的扩展等。其次，这些农业性海洋活动应该说是大量的、长期的且稳定的。也就是说，相比起航海和海洋贸易来，这种农业性的海洋活动确实可能更普遍和更大量地被实践着。可是，正如轰轰烈烈的郑和航海被人世代传诵、而日日反复的海洋渔业却被熟视无睹的道理一样，航海活动和海洋贸易对于中国人对海洋的观念更有决定性。

考察历代对航海贸易的重视和拓展也不难看出，中国传统海洋文化中有着明显的慕利、重商性质。事实上，中国的海外贸易一度对某些朝代的国家财富和政府运作起到了巨大的支持作用。中国航海传统悠久，航海贸易之利也早已为人们所认识和追逐，中国海洋文化也是首先从重视海洋的“鱼盐之利”和“舟楫之便”开始的。而且，民间航海实践是主要的，民间海洋文化中更大量存在这种“开放商业型海洋文化”因素，民间的航海动机都是具有比较纯粹的贸易性的。

从开放性角度来看，中国古代的海洋观念总体上是一种趋向开放的景象。经历了诸如从秦始皇巡海、徐福东渡到东汉开辟海上丝绸之路再到宋元时期航海贸易的空前繁荣，从对海洋的“鱼盐之利”的初步认识到建立完备的市舶制度以谋求航海贸易之利……这种开放表现在积极拓展航路、发展官民并举的中外双向航海贸易关系，积极与外域建立多方面的联系等方面。朝贡关系早就进入了中国历代皇权的词典中，但纵然如此，也并没有达到把巩固和扩大朝贡关系的政治外交活动凌驾于航海贸易之上的地步，更没有严厉禁止民间航海而独尊官方航海的先例。只是到了元末明初，情况才陡然逆转。

概括说来，中国海洋文化有三大比较明显的特征：

其一，开放性。如同一般海洋文化一样，中国海洋文化本身就具有开放的特性，以往只是由于闭关锁国政策的实施使得这一开放性受到压抑罢了。到近现代，特别是改革开放政策的实施，为当代中国海洋文化的开放性创造了政策环境和条件，开启了当代中国海洋文化的窗口和门户。当代中国海洋文化正在各个领域和不同层次与域外异质文化进行着广泛的接触和交流。

其二，商业性。商业性是一般海洋文化共有的基本特性。中国海洋文化，在精神层面，表现在时下人们普遍具有强烈的商品意识，社会价值取向向经济效益倾斜，社会行为的目标指向也偏重于经济效益，等等；在物质层面，则表现为社会资源和社会活动的商品化，几乎没有一样东西不是以商品的形式进行交易的，甚至不少社会活动也要讲经济效益和体现出以某种物质作交易的特点。

其三，农耕性。这是中国海洋文化最突出的特色。大陆文明在向海洋移植的过程中，存在着农业社会和大陆性格对海洋文化的一种深度制约。不可否认，中国腹地广大，历来以农为本，封建传统更使得土地在中华文化中占据了最重要的地位。这使得农业本位和大陆性格有力地左右着中国海洋文化的整体特性，即使在相对来说最开放的宋元时代，统治者也要不时地强调"朝廷绥抚远俗，禁止末游"，或者反复重申"国以民为本，民以衣食为本，衣食以农桑为本"，也即观念上的"农本"思想根深蒂固。中国传统海洋文化的农业性、大陆性、封建性是明显的，是整体上的一种深层制约，也是始终发挥着作用的。因此，"无论中国沿海如何早熟，它依旧是中国内陆的一个次要的，甚至未同化的附属物"。"造船、航海和外贸一直是学者们茶余饭后的谈资，海洋和航海术根本不能令中国文人动心……在这种内在转变中，已经成长于中国沿海的航海——商业生活总是受到人们的贬斥与轻蔑"。①

因而，考察中国海洋文化的传统，可以发现它与其他国家地域的海洋文化的发展遵循同样的规律，一样是重商和开放的，但具有比较明显的农耕性特征。

2. 广东海洋文化的本质特征

广东地处祖国南疆，面对浩瀚南海，有着 3 368.1 千米长的海岸线，居全国第一；居全国第二的海岛岸线长达 2 414.4 千米，全省海域总面积 41.9 万平方千米，近 800 个面积大小不等的岛屿，100 多个大中小港口，还有丰富的海洋资源。② 优越的自然生态环境，使广东自古已有"岭海"的称谓。

"岭海"最贴切地表述了广东异于全国各省区的地理特征和文化底蕴，它那得天独厚的自然环境为中国海洋文化的兴起提供了优良的土壤，使之在两千多年前就成为中国海洋文化的发祥地。秦汉时期，从广东雷州半岛的徐闻、合浦等地通往马来半岛和印度等地的中国海上丝绸之路的开通，意味着中国海洋文化的兴起和形成。而且，由于"岭海"位于中国大陆的南端，远离大陆文化的核心区，其文化的官方影响较小，民间行为比较活跃，中国海洋文化在广东（即广东的海洋文化）有自己独特的地域色彩。

其一，海（内）外移民文化发育。

---

① 费正清：《作为一种次要传统的中国沿海》，见黄树森主编：《广东九章》，广东人民出版社 2006 年版，第 69 页。

② 数据来源：《2006 年广东年鉴》，广东年鉴社出版，第 133 页。

广东濒临南海，东北靠近台湾海峡，海上对外交往一直比较活跃。从汉代开始就已经有人从这一区域向外迁移。后经唐、宋、元、明、清，又有大批的华人因为贸易或者逃避战乱从闽粤地区移居海外。据统计，现今居住在国外的华侨（包括华裔）约有2 300多万人。其中绝大部分侨居在亚洲各国，占91.8%，而东南亚的华侨、华裔又占亚洲的90%，主要集中在泰国、马来西亚、印度尼西亚和新加坡等国。侨居国外的绝大多数华侨已取得旅居国的国籍，成为外籍华人。在这些海外移民中，广东省占60%以上。这些移民不仅为迁居地的经济作出了贡献，同时也成为广东海洋文化对外传播交流的纽带。

改革开放以来，广东也成了国内其他省份新移民的安居乐土，外省人士在广东创业和生活，多半不约而同地感谢广东所给予他们的少有排斥的接纳和欢迎。广东珠三角地区成了全国最活跃的移民区，新移民（或被称作新客家人）为广东的发展群策群力，也为广东海洋文化的"北伐"充当了生力军。

其二，对外经贸文化活跃。

自汉代开始，广东居民就开始经南海诸岛向南发展海上贸易，开拓了从南海前往印度洋的"海上丝绸之路"。据水下考古研究中心统计，中国南海的古沉船应该超过2 000艘。在西沙群岛附近，水下考古人员在华光礁、北礁、银屿等岛礁发现了五代、宋、元、明、清各个年代的水下文物遗存13处，发掘出一批宋元瓷器、石锚、象牙等文物。特别是2007年12月27日在广东阳江整体打捞成功的宋代沉船"南海一号"，整船金、银、铜、铁、瓷等文物达8万件。居古代"海上丝绸之路"要冲的南海诸岛，蕴藏着极为丰富的中国水下文化遗产，这是中国人最早到达、最先开发南海诸岛的最好历史见证。这些沉船不仅是宝贵的海洋物质文化遗产，还表明了广东地区活跃的对外经贸文化活动。

改革开放以来，广东更是充分发挥"岭海"之毗邻港澳和华侨众多优势，深入参与经济全球化进程，走出了一条独具广东特色的外向型经济持续快速发展之路，对外经贸文化发展成绩斐然：资本输出（对外投资和出口品牌）成为中国参与国际竞争的领头羊，仅2005年一年，全省境外投资就达4.42亿美元，是2000年的6.3倍，年均增长44.6%；以华为、中兴、TCL、德赛、美的、格兰仕、格力等为代表的一批有较强自主创新能力的大企业已经在国外打响了中国广东名牌。同时，广东也把自己的文化、价值观打包输送了出去：近年来，在电影、出版、演出、动漫等文化产业的核心领域，一批外向型企业迅速崛起，仅仅是广州天河软件园就拥有华南地区软件产业聚集度最高、发展最成熟、规模最大的国家级软件产业基地，近两年该园在网络游戏方面的收入约占国内网络游戏收入的1/4，并且与美国硅谷的美华电脑协会合作建立了广州硅谷软件研发中心，具备雄厚的产业基础和强大的技术力量。

基于以上两大区域特色，加上中国海洋文化固有的优点，广东海洋文化从而具备了海纳百川这样一种极其可贵的兼容精神，以及“敢为天下先”的开拓、进取、创新精神；反过来，广东也在向外拓展和朝内吸纳的大融合中获得更多的好处，从而得以形成广东海洋文化的多元化品格。

（1）兼容性。如同水流的海纳百川，广东海洋文化也具备这样一种极其可贵的兼容精神。文化的兼容性与文化的开放性是密不可分的，开放性必然导致不同文化的交流和接触。不同质文化的交流和接触就免不了发生摩擦和矛盾，甚至发生严重的碰撞和对抗。广东海洋文化在与域外异质文化的交流、接触和碰撞中所表现出的兼容性，主要体现在胸襟的开阔和气度的宽和上，对各种异质文化，广东海洋文化都能与之和平共处，并在共处中取其精华，斥其糟粕，充实自我。

（2）多元性。岭南文化，尤其是广东地区、糅合了岭南文化特色的海洋文化，历来就是一种多元性文化，在性质、类型、层次等方面都存着多元性。特别是在30年来开放政策的大环境下，广东海洋文化的多元性显得尤为突出。一方面，社会主义文化作为主导文化是毫无疑问的，但传统文化由于根深蒂固的影响力而继续存在，改革开放需要借鉴资本主义的先进经验，于是我们奉行“排污不排外”，取其精华，去其糟粕，为我所用；另一方面，政府一向保护不同民族、不同地域、不同层次间形成并为广大民众所喜闻乐见的不同类型的文化，这种多元并存的格局，使广东海洋文化蕴含着多元价值观。广东是个移民社会，从秦汉、三国到如今，广东曾有过四次大规模的移民潮。特别是20世纪七八十年代，数以千万计的流动人口涌入广东，全国1/4的货车开向珠三角。移民社会的人口杂烩，多元价值观深厚的积淀，使广东海洋文化多种多样，色彩绚丽斑斓。多元必会引领出创新，其创新深刻表现在文化精神及经济、政治、社会的整合上。

（3）开拓性。开拓性可以说是广东海洋文化的本性。一直以来，广东民众就积极向外拓展：以海外贸易为发端，然后出海、移民，到异国他乡求生存谋发展；20世纪前后发生的康梁北进变法、孙中山策划的推翻帝制和北伐，底气就是广东海洋文化背景下经济的勃兴和思想观念的开放变革。它使中国人第一次感受到广东人“敢为天下先”的文化性格，看到具有兼容、多元、开放、创新求变、果敢进取、重商务实等精神特质的文化。改革开放30年来，国门开启，经济呈现外向型，国家大力发展对外贸易，要与世界上所有国家、民族进行经济文化交流，长期以来受到压抑的开拓性在广东得到最大限度的释放和发挥，人们向新领域开拓进取的意欲表现得尤为强烈，开拓创新几乎成了广东当今行业领域的时尚。

广东海洋文化的特征如此明显，与其“岭海”的自然环境和海岸线长，尤其是珠江与沿海江河出海口多（有八个）这种地理形势密不可分；“水德融和，变通在我”①，海与河交互作用使不同地域、民族的文化在广东珠江流域内找到自己的位置，在相互容忍、自由发展的同时相互交流整合，形成你中有我，我中有你状态；“水性使人通，山性使人塞”②，珠江水系四通八达，南面大洋波澜壮阔，生活其间的岭海人们民性果敢、开放、精干、变通……从而造就了独具一格的广东海洋文化。

二、广东海洋文化的门类、特色及内涵

广东海洋文化主要包括海洋物质文化、海洋精神文化和海洋制度文化。海洋物质文化，是在物质产品中融入了海洋精神文化的要素，如海洋建筑、渔民服饰、特色饮食等都承载了相应的海洋文化；海洋精神文化，包括了与海洋有关的心理、心态、观念、价值观以及由此发展各种伦理、道德、宗教、美学、音乐、诗歌、文学、绘画等理论化和对象化的海洋文化；海洋制度文化，主要包括与海洋有关的政治、法律、经济方面的制度，家庭、婚姻等制度还有与海洋有关的生产、生活制度等。其中，广东海洋制度文化与中国其他地域的海洋文化区别并不明显，但由于其经济格局和长期的对外经贸文化的交流，广东在近现代的制度改革和当代的改革开放运动中都先人一步，走在全国的前列。③

1. 海洋物质文化多元一体

海洋文化在广东的多元并存格局由深具海洋特色的农业、手工业及工业、交通运输业、商业贸易，包括饮食文化在内的其他物质生活的几个方面组成。

其一，海洋农业。

从经济运作的方式看，广东地区以农作物为耕作对象的农业生产仍然占据主体地位。水稻等粮食作物和甘蔗等经济作物的收入是农民的主要来源。由于广东地区的农作物种植的耕作频率较内陆高，一般是一年两熟，甚至是一年三熟，因此农民需要花费大量的时间从事农业生产。由于农业生产在社

① （北魏）郦道元：《水经注校证》，陈桥驿校证，中华书局2007年版。

② ［德］黑格尔：《历史哲学》，王造时译，上海书店出版社2006年版。

③ 关于广东海洋文化在现代经济、政治制度改革领域的创新表现，本书第五、六章有详细阐述。

会生活中占据十分重要的地位，人们也习惯将开发海洋的过程称作“耕海”，将各种海上种植业和海水养殖业称之为“某某田”，广东渔业与种植业是同时共生的。早在宋代，珠三角地区已开始从事塘鱼生产，饲养鲤鱼、鲮鱼和鲩鱼等，以后发展成连片的桑基鱼塘、果基鱼塘、蔗基鱼塘……成为广东经济的一道亮丽风景线。

事实上，岭南辽阔的海域很早就孕育出广东人民“耕海”的传统，早在先秦时期，就有了“架田”或“雒田”的技术。到了宋代，广东的耕海技术有了第一次大的发展，出现了蚝田，开始养殖珍珠，并种养江珧。到了明清时期，广东海洋的农牧化生产更是向多元化、规模化方向发展。养蚝初具规模，并出现蛏田，形成蚶田、鲻池。

广东古代除了海上种植业——架田和各种各样的海水养殖业之外，海洋药物的开发也是海洋农牧化的一个重要组成部分。早在秦汉时期，《神农本草经》便有了海洋药物的记载，明清时期的《广东新语》中也记载了石花菜和草珊瑚的药用价值和生产规模。

虽然广东沿海居民从事有关海洋的各种活动，但其实质仍然指向农业生产。除此之外，许多涉海经济活动也在很大程度上是为了辅助农业生产的进行。农业经济的这种多元化发展格局催发了海洋手工业和工业较为全面的发展。

其二，海洋手工业及工业。

广东海洋手工业很早就呈现多样化发展的倾向。早在原始社会晚期，随着手工业从农业部门分离出来，广东青铜器时代沿海的手工业就有很大发展，陶器制造业、纺织和编织工艺多样。广东滨海而且海岸线长，内河河网纵横，这里的原始居民，早在新石器时期就有抱木在海、河漂流进而“刳木为舟”乘坐独木舟航行于河海的经验了。唐以后广东造船业已有相当水平，所造商船可远航至波斯湾和东非海岸；制盐技术也有了重大改进，由原始的海水煮盐演化成制卤煮盐法，既降低了成本，又提高了产量。明清时期，造船业和制盐业都形成专业化或工场化的生产局面；采用新技术制盐，即改晒沙淋滤制卤法为海水制卤法，这和现代海盐生产所需的“天日法”有了极其相似的地方。

海洋手工业的发达，使鸦片战争前的广东成为资本主义萌芽和商品经济比较发达的地区，近代广东更成为中国民族资本主义诞生地之一，沿海近代工业于同治末年开始出现，广东机器局、黄埔船局开始制造具有现代意义的船舶。继昌隆缫丝厂是全国同行业的第一家民族资本主义工业企业。

其三，海洋交通运输业。

广东背靠逶迤五岭，面朝汪洋大海，怀抱密集河网，陆路交通相对落后，水路交通自古以来就是“岭海”广东人与外地人交往的主要途径。

广东在交通方面体现的是一种以“船为主体”的海洋文化特征，这与中原地区以“车马为主”的大陆性交通特征具有明显的差异。《吕氏春秋·慎大览》记载“如秦者立而至，有车也；适越者坐而至，有舟也。”广东民众以习于水性、善于航海而著称于世。

早在先秦时期广东就与南洋诸国有贸易往来，汉代广东徐闻就成为通往东南亚等地的重要港口，西晋以后，海外贸易口岸转移到广州，船只可航行至印度、斯里兰卡以及波斯地区的伊朗、伊拉克等国。唐代，岭南贸易开始有了新的起点，广州成为世界著名商港，是世界闻名的海上丝绸、陶瓷、香料之路的起点。至宋代，指南针的运用使岭海商业贸易的潜在优势开始发挥出来，明清时达到顶峰。明清海禁期间，广州更成为中国对外交往的唯一口岸，其海上交通的重要性可见一斑。海洋交通如此的悠久历史和雄厚基础，使广东在近现代直至今天都是中国交通运输最发达的地区之一。①

其四，商业贸易呈多元一体格局。

秦以后广东沿海地区海洋农业和手工业的进步，农产品和手工业制品的增多，为海上贸易的兴起提供了条件。自汉平南越后，由于中原王朝对南海诸国珍宝异物的需求和岭南对南海诸国的货物交易，使广东的海上贸易有了初步发展。广东的海上贸易可分为对外海上贸易和国内沿海贸易两类。文件记载则前者早于后者。自西汉开始，广东的海上贸易就一直处于全国最重要的位置。

海上交通的开辟，对于商业贸易的发展和民间人员往来起着重要的推动作用。中国的海上丝绸之路的开辟是世界航海史上的一件大事。它属于远洋航海的范畴，但与国外以探险和掠夺为目的的航海活动有很大的不同，完全是为了加强沿海各经济区之间的联系。16 世纪至 17 世纪期间，从广州起航的广东海上丝绸之路，经澳门出海至印度果阿、葡萄牙里斯本航线贸易运往欧洲的丝绸、瓷器、漆器等货物，既是精湛的高级消费品，又是优美绝伦的工艺美术品，深受欧洲国家民众的青睐，并促进了 17 世纪欧洲其他国家陶业的发展。“欧洲的制造品大量采用中国的饰纹，又进而仿效中国的款式”②。

海洋农业、手工业及工业、交通运输业、商业贸易之间相互联系、互相促进、彼此依存的局面，使居于岭海一隅的广东人最早和最普遍地形成了强

---

① 李权时主编，李明华、韩强副主编：《岭南文化》，广东人民出版社 1993 年版，第 45 页。

② 田若虹：《近代粤海洋商业文化论》，http：//www. govyi. com/paper/n3/g/200605/61363. shtml。

烈的商业意识。商品意识的浓厚，也使他们在衣、食、住、行、娱乐等方面的活动丰富多彩，特别是饮食方面的丰饶、博杂，令人耳目一新而口腹满足。

2. 海洋观念文化多彩多姿

由于广东地处“岭海”，独特的地理位置使得这里的居民比内陆居民更有机会接触外来新事物。经过长期的文化交流和融合，广东人民把中国传统文明和外域文明很好地结合在一起，形成了带有浓郁海洋特色的文化系统。

（1）海神信仰文化广泛。以海洋为活动舞台的生活方式，使粤民间信仰中的海神崇拜很发达，但广东民众并不因此而忽视或排斥对宗教和其他民间信仰的崇拜，而是呈现出多种宗教信仰共存的局面。如广州地区，不仅有千年古刹，还有道教道场；不仅存有伊斯兰教清真寺，还有不少天主教堂。在“岭海”区域中最盛行的民间信仰是海上女神——妈祖信仰。

（2）语言文化景观多彩。这体现在粤方言与侨居国语言的互相影响。长期的商业运作，使民众在文化价值观上渐趋认同，这种文化认同世代相袭，出现了许多关于商业道德、规矩和经验的谚语。这些商业经营的谚语为广东的语言文化及海洋文化增添了丰富的内容。两者交相融合，形成了侨乡方言有大量外语词汇融入，主要是口语中英文词汇夹杂的景观。广东人把出国谋生叫做“过番”；一些“番客话”也成为粤人的日常用语，粤籍华侨（华人）习惯用这两个语素来表示“祖国的”和“外国的”的概念，并由此构成了一系列表示“中国的”和“外国的”的词语。例如“唐山、唐人（中国人）、唐人街（Chinatown）、唐人语（中国话）”，“番畔（海外、外国）、番客（华侨、华人）、老番牯（老华侨）、番婆（外国女人）、番仔（外国人）”，把圆珠笔叫做“原子笔”，等等。

（3）建筑艺术中外交融。建筑作为一种最直观的文化符号，是一种动态和充满时代感的文化。广东的建筑艺术同样吸取了西方文化所长。如广州十三行外国商馆，俗称“洋馆”，是中国大陆出现的第一批“洋楼”。1888 年建成的广州天主教石室圣心堂，是全国唯一纯花岗石结构的哥特式教堂建筑，体现了典型的法国哥特式建筑风格，建筑格局基本上是法国巴黎圣母院的移植。西方建筑风格的传入，对官方建筑、民间住宅、工厂、商业建筑均产生了影响。如广州沙面集中了数以百计的各类西方建筑，包括领事馆、银行、洋行、教堂和学校等。这些建筑总体以英式和法式为主，并有哥特式、新古典式、新巴洛克式等，建筑风格迥异，体现了西方各国多种建筑风情。始建于 20 世纪 20 年代的汕头小公园沿街骑楼，建筑形式也显然受到欧陆风格的影响，其独特的街道特色和浓郁的商业氛围，保留了潮汕人民“过番”与侨居国人民交际及其影响的痕迹。

（4）中药西医相汇相承。西医学和西医药学传入广东与中国内地，始于传教士在澳门开办西医院。岭南医学在对外贸易中，获取了大批从外国贩运到广州的“海药”。有些药用植物在岭南被移植成功为“南药”。《唐本草》、孙思邈《千金方》、王焘《外台秘要方》、郑虔《胡本草》、《南海药谱》等医书药典，都记载了不少从外国引进的药材，填补了岭南的某些医术医方的空白。如苏颂《本草图经》记曰：“补骨脂……商广南诸州及波斯国，今岭外山坂间多有之，不及蕃舶者佳。”①

（5）教育理念趋新求变。广东因其对外贸易的独特地位，成为了受西方新式教育影响最早的地区之一，清代外国传教士在广东等地开办了大量教会学校。1834 年传教士郭士立夫人在澳门设立中国第一个教会女塾，不久又附设男塾。“中国留学第一人”容闳就曾在该校就读。19 世纪 30 年代，美国传教士裨治文·伊利沙在广东设立女塾，是为教会在中国大陆开办女学之始。鸦片战争后，外国传教士大批涌入广东，办学数量大增。20 世纪，教会学校发展迅速，办学层次不断提高。不仅发展中等教育，还兴办了高等教育。晚清时期，又增设了神学院、医学院等专门学院。大量教会学校的毕业生充实到各级官办学堂任教，担任西学教习，成为广东乃至全国各级学校教师的重要来源，从而影响了广东新式学堂的建立与发展。

凡此种种，广东海洋观念文化的多姿多彩，得益于海洋物质文化的多元化带动，而又反过来推动海洋物质文化的多元化进程。

3. 海洋文化内涵构成独具特色

广东海洋文化的内涵在物质文化、观念文化和制度文化中表露出来，集中表现为敢为人先、求真务实等精神特质。有学者认为，广东人的精神可以用五个字来概括：一是“先”字，敢为人先；二是“兼”字，兼容开放；三是“实”字，求真务实；四是“强”字，奋发图强；五是“前”字，一往无前。② 中国近代史的第一页是在广东揭开的，在中国早期现代化的过程中，广东是“先行一步”的省份，敢为人先的精神特质体现得非常充分。

在广东海洋物质文化长期实践中，突出了三大明显的内涵：

一是创新与效率共存。自古以来，在“靠海吃海”，风险与机会共存的博弈中，广东人以解放思想、更新观念为先导，创造了许多“中国第一”；改革开放后，“敢饮头啖汤”更成为新时期广东人精神的形象描述。20 世纪 80 年代初期，广东人所奉行的名言——“时间就是金钱，效率就是生命”，就以强

---

① 田若虹：《近代粤海洋商业文化论》，http：//www. govyi. com/paper/n3/g/200605/61363. shtml。

② 雷铎：《说是说非广东人》，广东经济出版社 2006 年版，第 22～24 页。

烈的时间和效率意识以及工作的快节奏得到国人的普遍认同。

二是竞争与平等同步。海洋文化重商性下商品经济长期发展的基础及其培育起来的商业环境，培育了广东人强烈的竞争意识。同时在商品经济活动中逐步发展起来的，是平等观念。如今，竞争与平等不仅逐步渗透到社会生活的各个方面，而且成为广东人的一种普遍文化观念，更在市场经济环境中体现出当代广东人的重要文化内涵。

三是信用与法治并重。在长期的对外经济贸易、物质文化交流中所积累和形成的信用意识，为民主和法制奠定了基础。一直以来，诚信的商业环境为广东营造了尚善、和谐的良好社会环境，为改革发展增加助力，进而推动民主和法制建设也一样走在全国的前列。民主法制意识已经深入人心，成为海洋文化在广东日益凸显的亮点。

广东海洋观念文化的内涵非常丰富，物质文化的三个内涵都体现在观念文化中，此外还有果敢拼搏、动态求变、务实民主等精神内涵。

果敢拼搏是其中最明显突出的精神内涵。敢闯、敢冒、敢试、敢为天下先的改革精神，使广东人以“杀出一条血路来”的英雄气概，冲破传统思想观念的束缚，多个“第一”创举惊世骇俗：率先敲响了土地使用权拍卖的第一锤，实行土地有偿使用；率先建立了人才流动机制和劳务市场；率先打破旧的价格管理体制，大量兴办“三资”企业等等。在这种“日争朝夕”的环境中，粤人逐步实现了从自卑到自尊、从依附到自立、从畏难到自强、从无为到有为的质变。

广东海洋文化的兼容性及其开放、开拓特征是和民众动态求变的精神内核密切相关的。粤人动态求变的心理与其传统心态、地理环境和人口流动有关：他们在海内外频繁的商业贸易和大空间范围的移民活动、文化交流中，接受众多外来信息，比半封闭的中原大地要丰富得多，这就使广东人的眼界较宽，形成了较为开放的文化心理和不拘一格、兼收并蓄的文化性格；他们惯于向海外拓展，甚至举家外迁、远涉重洋。广东因此成为华侨大省，五洲四海皆成广东籍华人之家。这种在开放性地理条件下人口的频繁流动，孕育了开放式和富有动态的求变文化精神。①

广东海洋文化的务实民主精神表现得非常广泛。重商性与物质流通紧密相连，物质是实用的，人们的整个经济生活方式都朝着有利于发展经济、满足大众生活需要和物质享受发展，“少说话，多做事”，“空谈误国，实干兴

① 李权时主编，李明华、韩强副主编：《岭南文化》，广东人民出版社1993年版，第62页。

邦”等观念深入民心。商业中的公平竞争、诚信法治内涵反映在观念上，人们崇尚公开透明的制度，折射出粤人的民主精神。例如，深圳历届党代会、人代会、政协会设置的旁听席，每年都会因为市民对重大决策参与的热情而增加；广东领导与普通民众在互联网中如一般网友般交流互动。

广东海洋文化的这些特征和精神内涵作为一种文化的精神内核是永不褪色、历久弥新的。30 年来，历史悠久的广东海洋文化在广东这块改革开放的试验田中发挥了“酵母”作用，焕发出崭新的迷人风采。

三、广东海洋文化的时空脉络

广东所在的“岭海”之地，处于热带、亚热带，气候温暖，雨量充沛，境内重峦叠嶂，河流纵横、湖泊密布，平原狭小，这样山多水盛的环境中所孕育出来的文化与山水有着千丝万缕的联系，与海洋文化关系密切。从前面的论述可以看到：考古发掘证明粤人祖先在旧石器时代的晚期就开始利用海洋资源，汉代开始海外贸易的航线其中一条经过广东；唐代开始，广东就有全国最发达的海外贸易；明清以来，广东的商业活动都是由海上贸易推动；经久不衰的“海上丝绸之路”的开辟，广东是起点……所有这些，都证明广东在中国海洋文化发生、发展过程中作出过不可磨灭的贡献。

但是，如同中国通过海上丝绸之路的对外经济贸易曲折的历程一样，广东海洋文化的历史发展也经历了艰难曲折的历程：明清两代的海禁政策和备战体制，不但导致从两汉至元代繁荣昌盛了近 12 个世纪的中国海上对外经济贸易最终走向衰败，也几乎窒息了海洋文化的生机；清末得以逐渐复兴并于 20 世纪初取得主导地位的海洋文化本有一次很好的大发展的机会，却由于孙中山的过早逝世而失去重要机会；接下来便是日本帝国主义的入侵和 4 年内战，海洋文化由于内忧外患而复兴乏力；新中国成立后中国的海洋文化本该及早再度振兴，又由于闭关锁国政策和极“左”路线的实施而深受其害，至 20 世纪 70 年代末党的十一届三中全会拨乱反正，实行改革开放政策，海洋文化才真正勃兴。30 年来，广东海洋文化不负时代的期望，取得了创新和突破。

1. **海上交通的发达见证广东早期海洋文化**

众所周知，广东是我国古代海洋文明的发祥地之一。广东拥有绵长的海岸线和广阔的海洋，自古粤人就擅长舟楫与航海之术，水行山处，“以海为田”、“饭稻羹鱼”，江河湖海成为人们从事渔业、养殖、制盐、采珠等活动的场所，从中索取在陆地上不可取得的生产与生活资料，海洋活动成为社会经济生活的一部分。汉代刘安《淮南子·原道训》云：“九疑之南，陆事寡而水事众。于是民人被发纹身，以象鳞虫；短绻不绔，以便涉游；短袂攘卷，以便刺舟。”

从“刳木为舟”发端，到跨上大船航向远洋，广东的航海文化历史悠久，航海文化资源非常丰富。在汉武帝晚年时期开辟的两条国际航线之中，就有一条是从广东的番禺、徐闻、合浦经南海通向印度和斯里兰卡的。唐宋时期，广州有了全国最发达的海洋贸易。郑和七次下西洋都经过广东。1987 年，广州救捞局与英国海洋探测公司在阳江海域意外发现一艘宋代商船，打捞出 200 多件珍贵瓷器，这艘沉船被命名为“南海一号”。时任中国历史博物馆馆长的俞伟超先生说：“这是国内发现的第一个沉船遗址，它意味着一个开始。一直悬而未决的海上丝绸之路始发港口的考古悬案，很有可能在这艘船上找到蛛丝马迹。”“南海一号”是目前中国发现的年代最古老、保存最完整、最具价值的沉船；而 2007 年 5 月 22 日，广东省汕头市南澳县海域又发现一艘长约 17 米至 18 米的古代沉船，沉船载有上万件瓷器，制造时代跨越宋、元、明三个朝代，被命名为“南海二号”。这样一些考古的发现，堪称广州作为海上丝绸之路始发港的重要实物例证，更是广东航海辉煌历史的实物证明。

秦汉以降，“地当要会”的粤广地区对外贸易与文化交往日趋频繁，成为中外经济文化交流的海上门户。《隋书》称：“南海、交趾，各一都会也，并所处近海，多犀、象、瑇瑁、珠玑，奇异珍玮，故商贾至者，多取富焉。”① 法国年鉴学派大师布罗代尔（Fernand Braudel）在考察了公元 15 ~ 18 世纪世界城市发展模式后指出：“可能世界上没有一个地点在近距离和远距离的形势比广州更优越。该城距海三十法里，城中水面密布，随潮涨落，海舶、帆船或欧洲三桅船以及舢板船可以在此相会，舢板船借运河之便能抵达中国内地绝大部分地区。”② 日本学者中村久四郎也说，广东在中国对外贸易通商史上占有“极其重要的”地位。“研究中国的交通史，就应认真注意广东的历史”。③ 它与广州城中的伊斯兰教“光塔”、清真先贤古墓等遗址可以连成一条线索，一同见证了广东两千年来长盛不衰的海洋文明。

2. 海洋经济发展激发广东海洋文化的深层因素

毋庸置疑，海上交通的开辟，对于商业贸易的发展和民间人员往来起着重要的推动作用。两汉时期开通的海上通道为粤人向海外发展经济贸易提供

---

① （汉）班固：《汉书·地理志》，陈洪、卢盛江：《中国古代文学理论读本》，南开大学出版社 2004 年版，第 9 页。

② 黄树森主编：《广东九章》广东人民出版社 2006 年版，第 29 页。

③ 黄启臣：《广东海上丝绸之路史》，广东经济出版社 2003 年版。

了机会；到了唐宋元三代，这条先后以广州、泉州为起点港的海上丝绸之路四通八达，中国通过这条海路与几乎遍及全球的国家和地区进行的通商贸易，持续发达、繁荣了近12个世纪。这一人类历史上奇迹般的经济贸易现象，既是中国航海技术和海上交通发达的生动体现，也是广东海洋文化悠久历史和光辉业绩的明证。

海外贸易是广东古代到近现代最有特色的经济部分，与中国其他区域比较，广东社会经济带有更多的海洋气息。

明末清初，岭南地区特别是珠江三角洲一带手工业资本主义开始萌芽，商业贸易趋向繁荣，墟市交易兴旺发达，农业也开始了商业化的进程，广州、佛山成为全国商贾云集的南国著名商城；康熙平定台湾后大开海禁，广东的海外贸易迅速恢复和发展；随着出洋谋生、海外移民的增多，海外华侨社会进一步发展和壮大，广东成为中国与海外社会进行经济、文化交流联系的重要渠道和纽带。

广东海洋文化在不断发展自己传统的同时，也大量地吸收了印度、波斯、阿拉伯和东南亚各国文化因子，充实自己的文化内蕴。同时广东海洋文化多元化的特点在与聚居地异质文化的交融中得到了展示。广东人在其聚居地所致力于形成的文化氛围，不仅深入地影响着海外各国的文化面貌，同时也促使、催化其聚居地文化与世界文化的整合。典型例子如：1840年鸦片战争的失败，使国家陷于“亡国灭种”的危机，接着便是中西文化交流接触的加深和碰撞的加剧。所有这一切都导致了广东地区思想观念、价值取向和思维模式发生变化。其中最显著的一点就是以爱国思想为特征的文化观的形成和发展。林则徐“师夷长技以制夷”和孙中山“驱除鞑虏，恢复中华”的主张，就是这一时期爱国思想文化观的代表。据此，这一时期的广东文化已与内陆封建文化有着很大的差别，主要表现在浓重的商业色彩、救亡图存、“敢为天下先”的民族意识和对海外社会的开放性，它否定了封建文化架构和基本模式，唤醒了海洋文化“果敢、创新”等深层因素，在中西文化碰撞中焕发出新的风采。就文化的类型而言，我们完全可以说，这一时期的广东文化就是海洋文化，它成为了中华文化富有生机活力和突出贡献的一个地域文化，步入先进文化的行列。

3. **海洋文化在广东唱响青春之歌**

辛亥革命后，广东海洋文化继续发展，但比较缓慢。还是以海上运输为例。抗战胜利后，国民党政府通过接收日伪船只和购买美国的剩余船只，增加了商船吨位；民营轮船业也一度有了转机，建立了江海船队。但是由于内战很快爆发，这些船队也就完全成了国民党进行内战和经济掠夺的工具，使中国航运业的发展势头昙花一现，转瞬即逝。新中国成立后，特别是改革开放以来，中国航运事业才真正走上了全面恢复与重新振兴之路，成为世界所公认的海上交通大国：开辟了中国通往世界各大洲的航线上百条，悬挂五星红旗的庞大的中国远洋船队航行于世界绝大多数沿海国家的数百个港口。在国际海事组织中，从1989年始，中国连续9届当选为A类理事国。

海洋交通运输的复兴，带动了海洋开发的恢复和振兴，也对海洋文化的中兴有积极的推动与促进作用。中国的改革开放为什么最先选择广东，是因为广东有着牢固的海洋文化的根基。广东的城市，是中国海洋文化的发祥地，海洋文化是广东城市崛起和成长的乳汁。以广州市为例，两千多年前，广州与中国海洋文化同一时间在中国南海之滨诞生和兴起，随着中国海上丝绸之路的繁荣，中国海洋文化的内涵不断丰富，影响也在不断扩大，而广州则发展成为广东乃至华南地区政治、经济、文化的中心，著名的国际大都市。也正是由于有海洋文化的丰厚积淀，改革开放的试验田选址于广东，让当代广东重新崛起现代化建设的“龙头”，让不少城市如同深圳与珠海般，“一夜间”从偏僻渔村、边陲小镇成长为世界闻名的都市。历史和现实都表明，海洋文化是中国选择广东的文化制胜点，也是当今乃至今后和谐广东建设精神文化的优势之所在。

美国汉学家费正清在考察中国现代史时，建立了认识中国的“沿海/内地”的理论框架。在他看来，中国的现代化，是沿海先行，逐步过渡到内地，在“西风”的吹拂下，沿海成为“新”中国，内地则是“老”中国。当代知名学者何博传对珠三角与长三角的经济文化作了比较研究，得出的结论是：长三角的发展，按以人为本方式计算，在可预见的时间内难以超越珠三角。而珠三角的领先地位，有着文化上的原因，那就是广东海洋文化的特质：“敢为天下先”。果敢、生猛、鲜活的广东不断给中国社会造成冲击和震撼，使古老的中国重新焕发了生机和活力。①

四、广东海洋文化精神的历史逻辑

上述广东海洋文化的本质特征、特色内涵及时空脉络，是广东人海洋精神的硬核，其孕育、发展到影响全国，有着历史的必然逻辑。

---

① 黄树森主编：《广东九章》，第63页《作为一种次要传统的中国沿海》（费正清）；第304页《珠三角与长三角优劣论》（何博传），广东人民出版社2006年版。

1. **自然向人生成的逻辑**

自然生态系统的特性决定着实践的特性和物质文化的发展规律。背靠南岭、面朝大海，“岭海环抱”是广东自然生态的主要特征；“岭海之间”是珠江巨大水系和横穿的北回归线，“北回归线岭海江”这一优越自然生态造就了广东这一北回归线上少见的绿洲。五岭阻隔而又物产丰富，客观上使广东人向着宽广海域乃至大洋另辟一条出路，使岭海人的实践始终贯穿两条基本线索：耕海及海洋经济造就岭海物质生产生活多元一体化的格局；[①] 海外通商和移民使广东更早、更全面地孕育出海洋文化。

早在唐代起，经商已经成为当时广东人谋生的重要手段。“百粤之地，其俗剽轻，猎浮淫之利，民罕著本。”[②] 唐大历中，路嗣恭平定哥舒晃之乱，乘机私吞广州商舶之徒财宝数百万贯，可见海商财资雄厚。唐代旅居广州的外商也是外贸领域的一股重要力量。他们“与华人错居，相婚嫁，多占田，营私第，吏或烧之，则相挺为乱”。唐末居住在广东的外商众多，他们具有中国海商所无法比拟的与海外市场更直接、更密切的联系与贸易优势:“岭外酋帅，因生口（奴婢）、翡翠、明珠、犀象之饶，雄于乡曲者。朝廷多因而署之，以收其利，历宋、齐、梁、陈而不改。”[③] 亦显见了外商雄厚之财富。海外通商的活跃，使广州成为全国海外贸易的中心，强化了其作为“海上丝绸之路”东方首港的地位。明代中国已处于世界航海史的领先地位，广东成为当时海上丝绸之路的重镇，从广东起航或经广东放洋出海的远洋航线已扩展至全球。郑和开创的洲际航线都是经过广东南海水域而到达西洋诸国。在全面海禁的明末及清代，广东官府亦有一批“藩商”参与了对外贸易，客观上为海禁时期的广东保留了一条狭窄的外贸通道。漫长的海岸线，众多的岛屿，优良的港口，使广东具备了海外通商的先决条件；海外经商、长期与风浪搏击，逐步形成了广东人崇尚流动的灵活性和敢于冒险的开拓进取精神，这也使他们具备了海洋文化的特性和发展基础。

广东海外移民有被动与主动两种情况：所谓被动者即指苦力贸易，或曰“猪仔”，亦称“契约工”；所谓主动，指自发经济移民、政治商业移民以及偷渡者。广东自宋代始，已有少数商人出外经商而定居国外成为移民。明代广东的海外移民规模有所扩大，主要移居在东南亚国家。清代广东向海外移民逐渐形成高潮。康熙二十三年，准许人们出海贸易。此后，随商船出海移

① 关于“耕海及海洋经济造就岭海物质生产生活多元一体化的格局”的论述见本章第二节。

② （唐）萧邺：《岭南节度使韦公神道碑》，《全唐文》，卷764。

③ 《卢钧传》，《新唐书》，卷182。

居外国，或偷渡移居外国的广东人日益增多。今天的广东是中国华侨最多的省份。广东海外移民对于汉文化的域外传播与西方文化大规模的传入中国功不可没。中国著名文化大师季羡林教授说：“在中国五千年历史上，文化交流有过几次高潮，最后一次也是最重要的一次是西方文化的传入，这一次传入的起点在时间上是明末清初，在地域上就是澳门。”西方近代文学、历学、数学、物理、医学、哲学、地理、水利诸学，建筑、音乐、绘画等艺术，大多是经由广东传入中国内地的，尤其是以容闳为代表的清末“放眼看世界”的有识之士，倡导并督办向西方派儿童留学生等活动，更使广东成为东西方文化交流的重镇。中西文化交流自此进入以广东为中心的新阶段，这对近现代广东海洋文化与西方文化圆融互动，建立更为多元、开放、兼容等海洋文化品格，起了不可或缺的作用。

2. **精神发展的历史逻辑**

独特生态和物质实践必然产生精神文化的相应特质，这是精神发展的逻辑。广东海洋文化也不例外。

从世界的视野看广东。珠江口俨然处于地球全图的中心。早在20世纪初，梁启超就认为，要认识广东历史、地理位置的重要性，需要转换视野、转换地图。在中国历来“夏/夷”的政治地理视野中，广东乃蛮荒之地；而在全球视野内、世界地图中看广东，广东则具有得天独厚的地理位置，是中西海路通商的关键点，“为世界交通之第一等孔道”。广东人是世界交通史的最早开拓者，后来“在海上丝路盛期，从珠江口出发的船队，穿过东南亚到欧洲往返，全是粤人天下，竟无欧洲人插足之地”（何博传）。粤人“海国超迈之意量”即海洋文化精神跃然纸上，它不仅具有世界性，一定时期内还代表着先进文化。所以梁启超才判断“广东非徒重于世界，抑且重于国中矣。”

从中国的视野看广东。广东于秦代前就最早开拓了海洋交通贸易，早于汉武航线（详见本章第三节），以后发展出广州通海夷道，为郑和下西洋奠定了基础。广东是海上丝绸之路的开拓者，也是一直处于开放状态的通商口岸。“即便在历次海禁时期，珠江口也没全被关死，广州还保着唯一通商口岸的地位。到国境封锁最严实的‘解放’之后30年，仍然留有一条狭窄的罗湖桥和一个广州商品交易会，一直垄断出口……珠江口作为国家大门才会千年不倒。非不想改，实无可改。”（何博传）如此历史最早、历时最长的敞开门户，成为广东开放、兼容、多元等文化基因的温床；广东一直是“天子南库”，其海外通商“上足以备府库之用，下足以赡江淮之求”（张九龄），无人比肩。①物质的极大丰富，亦让广东散发出果敢、务实的生活气度。

上述文化哲学的考察说明，在巨大时空中展开的无人可与之比肩的海洋实践，使广东进行了容量最大的中外文化融合，其生成的海洋文化精神基因终于在当今海洋时代上升到主导地位，广东海洋文化精神在近现代当之无愧地成为中国海洋文化精神的代表。

唯物主义认为，存在决定意识，认识来源于实践。广东人海耕实践、越洋航行的成功，都向人们昭示：海洋是可亲可敬的，跨越苍茫的大海可以获得无限的宝藏。靠山滨海的自然环境条件，决定了广东人尤其是沿海粤人很早就以大海为经济活动的大舞台：耕海活动的兴起，海外贸易的展开，社会的进步，无不烙上大海的深深印痕。黑格尔曾经说过：平凡的土地和平原河流，可以把人类束缚在一片广袤的土地上，使人们对土地产生无限的依恋性；而大海，则可以呼唤人们超越土地的限制，使人们不会只想到依赖土地而生存。广东人冲破传统自然经济的樊篱，积极探索未知的、有风险的世界，随着海上交通的开辟，积极发展商业贸易，正是大海无穷力量的呼唤使然。勇于探索、不畏艰险、敢为人先、创新求变、开放包容，成为广东人鲜明的海洋性格。这种性格基因决定了改革开放30年来，广东在全国充当排头兵的角色，他们不拘陈规，反对保守、僵化，敢于开风气之先，进一步弘扬了海洋文化的创新精神，促使海洋文化从传统向现代转变。海洋文化在广东唱响了青春之歌，成为传统与现代贯融、精英与大众相通、精神与经济协调的新型文化，成为中国多元地域文化中光彩夺目的一枝，并成为推动广东率先基本实现现代化的强劲动力。

① 黄树森主编：《广东九章》，第30页《世界史上广东之位置》（梁启超）；第304页《珠三角与长三角优劣论》（何博传）；第44页《开凿大庾岭路序》（张九龄），广东人民出版社2006年版。

第二章

海洋文化与广东改革先行

1978年，中国南大门敞开了！广东迅速掀起吸纳、融合海外文化的热潮，社会随之充满活力，思维随之欢愉雀跃，广东在中国改革开放中先行。

以中国的视野看广东，30年的记忆积淀下来，海洋文化作为广东文化的根基，其丰富的底蕴是中国选择广东的深层原因，这里充满了中央三代领导集体的文化智慧。广东的雄劲活力源于"敢"字当先的开拓、冒险精神和永不言倦的创新精神。30年的记忆也凝结成四次思想大解放的回顾，这是海洋文化在新时期的创新，其丰厚回报是广东改革开放四个阶段的跨越式发展。历史记忆中，我们还看到：广东人在高亢、熙攘的前行中，逐渐学会了冷静思考，进行着系统而理性的文化建构，从对既成文化的娱乐性消费，转变为对文化创新深入而广泛的探索，海洋文化在广东提升到了一个新的意境。探讨这一广东海洋文化的创新机制，既是富而思源，对先行者经验的一个理论总结，也为广东在改革开放中继续领跑积累思想创新的结晶。

一、选择广东：深沉的文化智慧

30年前中国要打开国门。偌大一个中国，漫长海岸线，要做战略的构想，战略家会考虑什么呢？

1. **选择海洋文化**

毛泽东有一句话，"没有文化的军队是愚蠢的军队，而愚蠢的军队是不能战胜敌人的"，这话说得很好。后来的事实证明，广东胜任中国改革开放的排头兵的职责和对外窗口的任务。对此，内陆一些人直观地认为，广东的成就靠的是中央的政策倾斜，还有就是广东靠走私炒外汇发家之类。他们忽视了一条：历来改革都有其文化的根基，成功的改革需要优良的文化氛围。所以改革家们都会呼吁国人改变观念，甚至"改造国民性"。西部大开发开始的头几年，东部沿海一些急于喝"头啖汤"的企业家也忽视了文化这一要素，结果受到守旧观念、诸多陈旧规条、小农经济的地方保护主义等的困扰，不少人只好打道回府，留下狠话：你们观念没转变，我是不会再来的。西部的有识之士于是大声疾呼：西部大开发首先要开展的是思想解放运动，是文化观念的转变。

改革开放总设计师邓小平选择广东"领先一步"，与他对文化哲学的深刻领悟和睿智是分不开的，广东海洋文化的深厚传统是广东成就的根基。世界历史上成功的战略家都是文化大师。即使是商业战略，在全球选择战略布点，当地文化也是极为重要的考虑因素。文化价值观和态度可以阻碍进步，也可以促进进步。总设计师邓小平选择了广东，广东果然没有辜负这一选择。

中国选择广东，就是选择海洋，选择最能迅速融入世界海洋文化时代大潮的文化。

对改革开放中广东的迅速崛起，人们常误以为毗邻港澳是主要原因，濒海的地理环境，毗邻港澳，有人缘、地缘和语缘的优势是人们津津乐道的答案。这里忽视了两个重要的方面。一是广东的海洋文化传统和精神。几千年在耕海中生存，在航海中发展，在大洋外生根，使粤人具有敢闯敢冒的精神，海上丝绸之路开辟了它悠久的对外交往的历史，这里的人民有良好的开放心态，等等。这是比毗邻港澳、政策扶持更根本的原因。广东的繁荣有其内在的动因，这就是整体上顺应世界海洋时代的文化。二是地缘、人缘，同时也是文化。港澳历史上一直属岭海地区，是以珠江三角洲为主体，以广州为中心的广府文化的一个组成部分。香港人和澳门人直到20世纪中期还不称"广州"而直呼其为"省府"。这表明他们认为自己是岭海人、广东人。这是最深厚的人缘。港澳人的主要语言是粤语，语缘是自然天成的。生活于同一地域的，操同一口音，讲一种语言的同宗同种人，接受的只能是同一种文化。港澳文化本质上属于岭海文化，其最深层的文化精神与广东人是一脉相承的。另一脉人缘是在世界任何角落都有粤籍华侨。华侨文化是海洋文化一个极其重要的因素，岭海文化的开放性、兼容性、重商性、务实性等，和远儒性而较少传统包袱、非（封建）规范而勇于和善于开拓进取，这些都与华侨的深刻烙印相关，这些海洋文化精神曾深刻影响了中国近代变革历史进程，它在

20世纪最后20余年强烈闪光，是情理之中的事。

2．价值支柱群与解决中国问题

岭海文化精神契合了当时最为突出的中国问题，符合中国政治、经济和社会总体战略的需要。

这些需要中，第一要务是拨乱反正，是要在一度封闭的大国打开一扇窗口。这需要海洋文化精神的合力，即需要以海洋文化精神为代表的“价值支柱群”的支撑，如必须有动态求变的精神，需要曾经最早“开眼看世界”的广东人那些开放精神，需要多元的文化态度，海纳百川并且善于兼容的文化品格，敢闯敢冒的海洋文化特质等。岭海人封建时代长期偏于一隅，皇权鞭长莫及，与守旧的农业文化精神相比，有着非（封建）规范性和非（儒家）正统性的特征。北方学者杨东平概括近代岭南文化具有新、实、活、变等特征，较少历史传统文化的束缚。延续近代改革风气，现代风起云涌的民主革命和雄壮的北伐，总设计师是亲身经历的。这是一片变革乃至改革的热土。

其二是当时百废待兴，要在国民经济崩溃的边缘将中国拉起来，当务之急是搞活经济，发展生产力，使人民能吃饱。广东人的重商精神、强烈的商品和市场意识、在长期的商业活动中，在两千年长盛不衰的对外通商中养成的传统诚信品格，这些深厚的商业和实业文化底蕴，与有着重农抑商传统的地区显著不同，这有利于形成灵活的市场机制；广东人深入骨髓的务实品格，由此形成的不尚空谈重实干的社会氛围，使他们天然就是能“捉到老鼠的好猫”；事实证明广东人多干少说甚至长期只干不说，任尔“姓资姓社”，踩得遍体鳞伤，他不争论，不反驳，只认准目标埋头苦干，务实精神发挥得淋漓尽致；他们具有灵活变通的精神特质，俗称“精崽”；加上广东华侨数量全国第一，遍布世界每个角落，有“太阳永远普照着粤人社会”之美誉；毗邻的港澳同样是传统岭海商业社会，并且先行成就了现代商业社会，广东应该是搞活经济较为理想的试验田。敢闯、敢冒、敢吃第一只螃蟹，“敢为天下先”，更有利于粤人用足、用够、用好中央给予的政策，政策没规定不能做的就是能做；也有利于它打破传统的束缚和改革旧体制，适合“摸着石头过河”，分阶段发展社会主义商品经济和市场经济。

改革开放之初中国突出问题的解决证明，邓小平选择广东改革开放先行，与他对文化哲学的睿智的理解是密切相关的。上述海洋文化精神确实对中国改革开放在广东的实践发挥着价值支柱群的作用，支撑着广东在世纪之交崛起于中华，取得骄人的历史成就，使世界惊叹。在概括粤人文化精神时，采用价值支柱群的表述形式才是符合自然之道、社会之道的。世贸双子塔的轰然坍塌震惊世界，引发了人们对核心结构的深刻反思。任何巨系统都不能只有一根主柱；价值支柱群本质上是多样性价值的建构。广东海洋文化精神是一组价值支柱组成的系统，即价值支柱群是由一组支柱及其框架组成的结构，其中各个支柱都发挥各自的作用，共同将各种力建构成稳固的系统，支撑广东在第一个春天①中迅速崛起。

3. 继续担当排头兵的文化底蕴

在广东发展的第二个春天，坚持“以经济建设为中心”，要担当建设有中国特色社会主义和率先基本实现现代化的重任；要实现“三个代表”，始终代表中国先进生产力的发展要求，代表中国先进文化的前进方向，代表中国最广大人民的根本利益。广东仍被推到排头兵的位置，成长为充满现代文化活力的经济大省，率先建立了社会主义市场经济体制，并在继续完善社会主义市场经济体制中为全国积累经验。这一过程中，广东海洋文化精神作为强有力的一组支柱，支撑着广东生产力的第二次解放和生产方式的跨越式进步。例如，广东是中国一个典型的移民社会，因其文化的开放性和多元性，兼容着五洲、四海的文化因素，在岭海文化创新精神的导引下，经过改造、融合和不懈的建构，已形成了吸收世界和中国现代文化先进因素的文化创新机制，具有一定的优势。当时的民谣“……要看中国的近十年，请到广东”反映出岭海文化代表着现代文化的“雄劲”和“进取”。

广东还是中国发育最早的平民社会，具有市民社会的平等、公正、民主等文化特质。岭海历史上没有形成长期世袭的贵族，因而贵族精神贫乏而平民精神丰厚，所以基层民主和市民参政议政得以最早在广东发育和取得成功，人民主动和积极地争取自身权益而形成与平民政府对话的风气甚浓。所以说，这里是实践代表最广大人民的根本利益的沃土。

贯彻落实科学发展观、构建和谐社会这一阶段，广东人称为第三个春天，正是因其符合广东发展的实际和迫切要求，也是岭海文化兼容精神、务实求真精神、平民精神和市民平等意识等的内在要求，有着岭海人善“和”的品性作为支撑，以胡锦涛同志为总书记的新一届中央领导集体才继续将广东作为排头兵，率先在这里开展新一轮的思想解放运动，继续为全国探路。

综上所述，“选择广东”的30年，经过三个春天和三个发展阶段，使广东成长为充满现代文化活力的经济大省，并向着经济强省、文化大省等目标挺进，广东的持续而神速的成功包含着深厚的文化底蕴，前后相继的三个中央领导集体选择了广东，蕴涵着深沉的文化智慧。但我们同时也要看到，这

① 广东百科全书编撰委员会、中国大百科全书出版编辑部：《广东百科全书》上卷，中国大百科全书出版社2008年版，第7～11页。

些海洋文化精神并不是一成不变的，在改革开放之初，它们或是潜在的，或是历史积淀的，激发它们，使之迸发惊人的能量，这有一个唤醒的过程，有一个不断开展思想解放的过程，有一个不断建构更新的过程。

二、潮涨潮涌三十年

众所周知，改革开放30年来，广东经济社会发生了翻天覆地的变化，取得了举世瞩目的成就。正如历史上的重大社会变革往往都是以思想观念的重大革新为先导一样，30年来，广东改革开放进程中取得的每一次重大进步和发展，也都是观念更新、文化创新的结果。海洋文化创新最核心的是思想解放，以及由此带来的灵活的思路、敢闯敢试敢冒的行为，等等。回顾广东30年的发展历程，实质上是海洋文化浪潮接连掀起的历程。在这期间，可以说得上是一直风生水起，波澜不断，具有跨越龙门性质的大浪潮，就有四次。①

1. **潮起：成功创办经济特区**

1978年12月，改革开放的总设计师邓小平同志在党的十一届三中全会上作了《解放思想、实事求是、团结一致向前看》的主题报告，彻底否定了思想僵化、教条主义、个人崇拜，树立了以实践为标准的权威，并作出了实行改革开放的新决策，广东海洋文化创新的浪潮也随之涌起。这次浪潮的标志，是成功创办了经济特区。

从1978年至20世纪90年代初，作为改革开放前沿的广东，以“敢为天下先”的精神和“杀出一条血路来”的勇气，取得了一系列在全国领先的成果，开辟了在改革开放中先行一步的新局面。一是冲破“左”的禁锢，恢复和坚持以生产力为标准。1984年，广东省委明确提出：要用足用好用活政策，敢于试验、创造出符合实际的“红头文件”，想方设法办好各项于国于民有利的事情。二是克服“恐资、怕洋”症，促进了全方位对外开放。1979年7月，广东试办深圳、珠海、汕头三个经济特区，实行特殊政策、灵活措施，经济特区的创立，是中国对外开放的起点。1984年邓小平南行广东，又推动了经济技术开发区、珠三角经济开发区和东西两翼沿海开放地带的建立和发展，使广东形成了由点到线、由线到面的全面对外开放新格局。三是倡导商品经济观念，推动市场取向改革。广东著名经济学家卓炯积极倡导社会主义商品经济理论，对推动以市场为导向的经济体制改革起到了重要作用。以放

---

① 本节观点参见林雄在广东省委党校的报告：《在新的历史起点上迈出思想解放的新步伐》，2008年7月；黄伟宗：《广东如何再创海洋文化新辉煌》，广东省政府参事建议，2008年8月18日。

开物价和搞活流通为突破口，广东积极进行了计划、基建、企业、投资、市场等各种体制改革，带动乡镇企业异军突起，“三资”、“三来一补”企业遍及城乡。

这一次“敢为天下先”，换来了广东前所未有的新变化。1978 年（含）以前，广东连续 14 年发展速度低于全国平均水平。1979 年广东人均工农业总产值仅 523 元，全国是 636 元，低 17.8%，全省物质缺乏、电力紧张、市场紧张，百姓生活困苦，广东经济社会形势极为严峻。到 20 世纪 90 年代初，广东迅速发展成为一个现代工业体系初步建立、各项主要经济指标都跃居中国前茅的新兴工业省份，“广东粮、珠江水、岭南衣”一度风靡全国，经济总量跃居全国第一，在全国率先推动了社会主义商品经济大发展。

从改革开放初期所采取的措施及其所取得的效果上来看，“敢为天下先”，“杀出一条血路来”和“摸着石头过河”的思想，正是海洋文化意识和精神的典型体现；引入外资和市场经济，则可谓在思维方式和行为方式上接受了海洋经济，同时也是海洋文化的实质与行为。而在文化上提出“排污不排外”的口号，以及以“时间就是金钱，效率就是生命”作为“特区精神”，更是广东海洋文化开放和多元的积极成果。

2. 潮涨：沿海开放城市的创建与高速发展

1992 年初春，小平同志视察南方，围绕“什么是社会主义、社会主义能否有市场经济”等一系列中国发展的关键问题，在广东发表了著名的南方谈话，提出了“改革也是解放生产力”、“计划和市场都是经济手段”、“两手抓，两手都要硬”、“发展才是硬道理”等一系列精辟论述，深刻回答了长期困扰人们思想的许多重大理论和认识问题，使人们冲破了姓“社”姓“资”的束缚，引导了改革开放以来的思想文化创新的第二次浪潮，也催生起了广东继续解放思想、深化改革开放和义无反顾地发展市场经济的新浪潮。这次浪潮的标志，是广东沿海开放城市的创建与高速发展。

1992 年 11 月，广东省委制定了广东到 2010 年分两个阶段基本实现现代化的宏伟蓝图。外商外资蜂拥进入广东，全省基础设施和各项建设迅猛发展，交通、港口、电力、通信建设等突飞猛进，珠三角地区一座座新兴城市拔地而起，各项改革试点深入推进，广东再度掀起大发展的高潮。1996 年，广东省国内生产总值人均达 1 100 多美元（按当时国家汇率折算），提前实现了邓小平提出的现代化发展第二步战略目标。

选择深圳、珠海、汕头和海南等沿海城市和地区作为对外开放经济特区，这种策略本身就具有海洋文化的意识和内涵。因为这些城市在南海之滨，自古是广东乃至中国对外交往的桥头堡，且毗邻港澳，与海外交往便捷。从

"三来一补"、"借鸡生蛋"，到承包或独资经营等方式，大量引进港澳和海外投资，引进外资的经营和管理模式，尤其是在体制上肯定和采取了以市场经济为导向的观念和做法，对于原有的计划经济观念和制度产生了巨大的冲击。这些观念和做法，就是引入海洋经济而发生的，同时也是广东海洋文化所产生的成果。

3. 潮奔：珠三角的崛起和泛珠三角合作区域的形成

21世纪来临，在经济全球化背景下广东的经济大发展，是海洋文化在广东掀起的第三次创新浪潮。这次浪潮的主要标志，是珠江三角洲的崛起和泛珠三角合作区域的形成。这次浪潮，意味着世界海洋经济与文化在特区登陆之后，从珠江口进一步扩展，在珠三角形成了新的海洋经济城市群，同时也是海洋文化城市群。

本世纪初，广东在快速发展的同时出现了一系列问题，主要表现为房地产、开发区过热，融资混乱等，特别是湛江特大走私案、广东国际信托投资公司、粤海企业集团、地方中小型非银行金融机构等问题相继出现，给广东的发展带来了很大的挑战。面对难题，勇于突破，广东大力推进思想观念的创新，以解决发展中的问题为核心，牢牢把握"两个根本性转变"的要求，大力倡导进一步解放思想，增创了广东发展的新优势，先后提出"外向带动"、"科技兴粤"、"可持续发展"、"区域协调发展"四大战略，增创"体制、产业、科技、开放、环境"五大新优势。到2002年，广东已初步建立社会主义市场经济基本框架、经济社会的发展和综合竞争力实现了飞跃，科技进步对经济增长的贡献率达到了45.4%，国内生产总值超过万亿元，实际利用外资和外贸出口总额居全国首位，全省人民生活水平总体进入小康，珠江三角洲地区实现初步富裕，推动了发展浪潮的腾跃。

接着，广东又在中央提出建设三个沿海经济圈（黄河三角洲即环渤海湾经济圈、长江三角洲经济圈、珠江三角洲经济圈）的背景下，从"珠三角"发展为粤港澳构建的"大珠三角"，进而扩展为"泛珠三角"。

"珠江三角洲地区（珠三角）"的概念最早起源于20世纪90年代初。"1994年11月开始，广东提出'珠三角经济区'的概念并进行实体规划——这算是全国第一次。"[①] 20世纪90年代后期，在"（小）珠三角"的基础上出现了"大珠三角"的概念。2003年，广东人又提出了"泛珠三角"的概念。至此，"珠三角"实际上涵括了"小珠三角"、"大珠三角"、"泛珠三角"三

---

① 何博传：《珠三角与长三角优劣论》，引自黄树森主编：《广东九章》，广东人民出版社2006年版，第311页。

个不同层面，既相互区分又紧密关联的概念。“泛珠三角”包括珠江流域地域相邻、经贸关系密切的福建、江西、广西、海南、湖南、四川、云南、贵州和广东9省区，以及香港、澳门2个特别行政区，简称“9+2”。“泛珠三角”面积200.6万平方公里，户籍总人口45 698万，GDP总值52 605.7亿元（6 356亿美元）。其中，9省区面积占全国的20.9%，人口占全国的34.8%，GDP总值占全国的33.3%。“泛珠三角”，可以说是华南和西南联合开拓中国腹地、整合市场的奇妙阵法，即“在长江中游斩一大刀，甚至斩到黄河去了”；同时泛珠三角的中枢城市广州的南拓，更使之得到的远不止是小南沙、大南沙，而是整个南中国海。①

这次浪潮，显然标志着海洋经济和海洋文化以更大的规模和声势延伸到内陆以至全国，同时又标志着广东海洋文化与中国传统的江河文化、山地文化开始了从对撞到结合之势。因为泛珠三角合作区域的构成本身就体现了从江海一体到山海相通的结合；以中国三条主干大河的出海三角洲而建设经济圈的战略举措，则既有这种文化结合的内涵，又具有以出海口引入海洋文化，润化三江流域，并向全国辐射的意义。

4. 潮涌：以世界眼光实践科学发展观

2003年4月，在抗击非典的关键时刻，胡锦涛总书记亲临南粤视察，要求广东加快发展、率先发展、协调发展，在全面建设小康社会、加快推进社会主义现代化进程中更好地发挥排头兵作用。于是，海洋文化的创新基因和其他内涵的深层积淀，使广东得以率先学习实践科学发展观，围绕建设经济强省、文化大省、法治社会、和谐广东，实现广东富裕安康的目标，深入推进改革开放，“以人为本”转变发展观念，创新发展模式，提高发展质量，广东经过五年的辛勤耕耘，推动经济社会初步转入科学发展轨道。以世界眼光实践科学发展观，用新一轮思想大解放带动新一轮大发展，是这次浪潮的主要标志。

2008年3月，在北京举行全国人民代表大会期间，广东省委书记汪洋到国家海洋局考察，即表示：“广东是海洋大省，海岸线比较长，经济相对比较发达。广东一定认真落实好国家海洋局对广东海洋工作的要求，努力争当全国海洋工作和海洋经济工作的排头兵，在全国带个好头。”这一表态，显然是出自海洋文化意识的真知灼见，尤其重要的是：首次为“广东是海洋大省”作出了明确的定位。

① 何博传：《珠三角与长三角优劣论》，引自黄树森主编：《广东九章》，广东人民出版社2006年版，第314页。

在经济战略上，从2002年至2007年，广东发展方式加快向低投入、低消耗、低污染、高增长、高效益转变，全省生产总值占全国比重由2002年的1/9提高至1/8，经济总量继超过亚洲“四小龙”中的新加坡、中国香港、中国台湾，人均生产总值超过4 000美元，珠三角地区率先达到宽裕型小康，城乡统筹发展格局初步形成，文化大省建设大步推进，人民享有的公共服务明显增加，实现了经济社会的跨越式发展。从2008年开始，则大规模地开始珠江三角洲生产“双转移”（工业生产设备和劳动力转移）的重大举措：让珠三角地区的工业生产企业向广东内地和山区转移。这样做，一方面是使珠三角发达地区腾出空间，以便引进当今世界最先进的高科技企业，另一方面是使欠发达地区引进新的企业，使全省形成梯形式的发展格局和生产转型。这一举措的核心，是以世界高科技企业的引进和更新为红线，串联珠三角与内地的互动关系，使经济呈既突出重点而又带动弱点的梯形增长。以文化的眼光来看，这一举措是要使最得益于海洋文化的珠三角，在向内地转移虽然稍旧但未过时的企业之后，既以此而将海洋文化延伸至内陆，同时又及时地引入世界最新海洋经济、科技、文化，这就使得广东能在战略和实体上始终保持着世界的领先和领潮地位。

在经济建设指导思想上，广东强调以人为本和文化决策意识，引进“文化软实力”理念，结合“科技是第一生产力”的思想，推动全局；在文化上，着力倡导当今世界最先进的创意产业和企业。所有这些，都是广东海洋文化在理论和实践上创新的成果。

回顾改革开放30年潮涨潮涌的发展历程，“既有自上而下的思想解放，更得益于自下而上的改革先行者敢于‘摸着石头过河’，‘敢于杀开一条血路’，突破现实禁区，在实践层面推动改革开放进程”①。广东能成为改革开放的先行地，最重要的是广东成为思想解放、文化创新的排头兵。海洋文化在广东30年来的创新，体现在一次又一次的思想解放中。广东改革开放每一项重大举措的出台和实施，都是以解放思想和更新观念开辟道路的，解放思想，敢想、敢闯、敢于冒风险，看准了的，就大胆地试，大胆地闯，边实践边摸索，不断披荆斩棘，先行一步。尽管“改革开放的每一步，思想解放的每一个过程都是那么来之不易，我们前面可能还有寒冬，但是方向已定。改革开放的门只要不关上，中国就有希望”②。

---

① 江艺平：《改革30年，广东再出发》，《南方都市报》2008年9月7日，A10~11版。

② 杨锦麟：《改革30年，广东再出发》，《南方都市报》2008年9月7日，A10~11版。

三、广东海洋文化的创新机制

在列举了潮涨、潮涌的30年中广东海洋文化创新的大量史实的前提上，探索这些创新的逻辑结构和运行机制，将有助于对其进行系统把握，有利于今后实践的运用和发扬。

在改革开放新时期的特定背景下产生的海洋文化创新，在广东表现为三个层次的创新机制。一是在观念更新与内涵充实上，提出了新的文化观念，在深层文化精神中增加了新内涵，进行了内容创新。二是文化自身结构更新引起功能的变化。在第一层含义中，增加新内涵的创新，也就意味着新内涵与原有内涵进行了结构的整合。所以观念更新是离不开结构更新的。三是文化结构与其他结构如经济、科技和社会等系统进行整合所引起的结构更新。通过各种实践举措，如文化体制改革和文化生产力的变化，文化经济的发展，等等，引起文化前两个层次的变化，并且由这些创新影响全国甚至国外，使其文化结构相应有所变化，也属于广东海洋文化创新的范畴。

创新发生在以上任何一种类型中，都与和谐广东的建设密切相关。因为社会是一个巨系统，和谐社会是由各种类、各层次的结构整合，建构而成的相对协调有序的系统，而建构的过程就是创新的过程。系统论的重要原理之一是结构决定功能，结构变化引起一定的功能改变，从而产生新的东西。后来发展出协同学，其协同导致有序的原理，说明结构的协调产生系统的有序状态，有序才有和谐，两者都是不断创新的过程。

1. 观念更新与内涵充实

改革开放是犁开坚冰的艰险历程，与此同时，广东在观念更新和内涵的充实方面产生出数不尽的亮点。孙家正认为广东对全国的贡献“最核心的还是文化”。“广东人所创造的文化对全国有巨大的贡献，形成了一些适应时代所需、符合我们国情的新的文化理念。”① 广东人改革开放中创造了众多第一，“文件没有规定不可以做的，就是可以做”，这里渗透着敢为人先、开放、多元、重商、务实进取等精神，以及市场取向、世界视野等观念，它们引领广东人闯开了许多关卡，闯入众多旧体制旧观念的禁区。广东打开窗口，引进国际资本，不怕苍蝇蚊子进来，这观念包含的创新气魄在当时的中国是多数人难以想象的；广东最早不提“投机倒把”而以“商品流通”代之；新粤商

---

① 载《南方日报》2005年4月13日，第1版。

的务实和不张扬，成就“沉默的商帮”之誉，但他们奔波于神州却使人们强烈感受到“广东总是带来新观念”。

作为广东改革开放代表的深圳特区，由于旺盛的创新活力而成为全国的一面旗帜。蛇口模式中体现的“深圳速度”，凝练出“时间就是金钱，效率就是生命”，时间观和效率观中浓重的现代文化特征一时轰动全国，引来如潮称誉。2008年温家宝在参加十一届全国人大一次会议广东代表团审议中，指出：“深圳特区还要办下去。特区要办下去，主要不是在于给予特区多少特殊的政策，而在于深圳特区是全国的一面旗帜！”[①] 2003年他要求经济特区争创新优势，走出新路子，办出新特色，实现新发展；2005年又要求特区全面落实科学发展观战略，要把创新作为新的历史形势下经济发展的生命线和灵魂。这些都表明中央领导集体十分重视广东在文化观念创新中的作用。

2. **文化自身结构的更新**

文化创新并非平地起高楼，任何一种文化精神都可追溯其久远的积淀；文化创新最大量的还是通过结构的整合、更新表现出来。

文化观念自身的结构整合第一个突出表现是，自觉提升海洋文化的广东传统，并进行了现代转换。如克服“务实过度”而安于现状，结合科学精神、理性精神等，并与继续争当排头兵的进取结合起来；思维方法从传统的注重直观性、感性化向系统理性的方向转化；从重商到注重经济的全面性，再向与自然、社会的全面和谐发展努力。

第二个突出表现是对岭海文化各种人文精神进行新的建构，对创新的文化观念进行新的重组。

广东率先提出了价值支柱群的理念：价值的本质在于多元价值的结构整合，大自然、人类的进化和社会发展都是价值建构不断复杂化和系统化的产物。价值支柱是由一组框架组成的结构，各支柱都发挥作用，组成类似于框架结构的价值支柱群，才能将各种力共同构成稳固的系统。广东海洋文化创新，其本质体现在人文精神的系统创新上。它改变了以往两种研究和运用人文精神的方法。

其一，在以往的地域文化研究中，对人文精神内涵的概括基本上是局限于罗列一些特征，并将其称为“某地人精神”。这种研究有其价值，却不足够。任何地域文化都有其普世价值的支撑，如务实、求真、开放、创新、兼容，等等，这是人类生存和发展所必需的。我们在罗列广东海洋文化精神时，

---

① 载《广州日报》2008年3月8日，A4版。

会受到其他地域文化研究者的诘难：这些精神我们也有，这个那个精神我们还有更久远的历史。解决这个问题需要系统思维。从系统分析的原理看，结构决定功能。广东海洋文化主要精神中，有些是具有特色的，或表现突出一些的，但多数价值还是普世的；也唯有普世，它才具有恒久的生命力。但广东海洋文化在整体上却又明显地区别于中国其他地域文化，其根本原因在于这些价值观和价值方法在不断建构的过程中，适应岭海自然环境和社会生态而形成有序的并且独特的结构。岭海文化的独特性源自其系统结构。例如，海洋文化的开放，在务实之风盛行的广东人那里并不是目的，而是服务于取其多元价值；多元价值也不是为了它本身，或为了于其中选择一种价值，多元价值的引进紧紧地与兼容联系在一起，发展出杂处、共生、糅合、融合等创新形式。所以，对文化中精神内涵的互相建构和整体系统形成应采取新的方法：首先，广东海洋文化主要精神既有岭海人的外部特征，又是岭海人价值构建的思想方法；其次，从广东海洋文化的系统构成角度，将这些外部特征和精神内涵概括为一组价值支柱或曰价值支柱群，分析其优长缺短，研究其相互之间的建构关系；再次，这些重要价值支柱及其之间的互相联系和作用表现为其历史形成即建构过程；最后，由此获得认识和理解广东海洋文化系统结构的一些新的角度，能衍生出一些新的文化内涵。

其二，提倡核心价值而忽视系统建构，也难以对广东海洋文化创新作出符合实际的概括。香港曾尝试用“核心价值”来概括该地区文化的精髓，以凝聚港人。这一方法在内地各地域文化中大量存在。在研究广东人价值取向和文化精神中我们发现，岭海文化总体上是不喜爱走极端和定于一尊的，用价值支柱群来概括广东人居于重要地位的那些精神，才是符合实际的。这也更契合自然之道和社会之道。人自身的和谐平衡，包含存在于人的内在价值系统中的三大平衡：人与自然的关系的平衡、人与社会的关系的平衡、人自身心理和精神诸种价值要素之间的平衡。平衡并不是均平，不是天平所标示的平衡，而是均衡、协调、多样统一于人自身，形成小宇宙式的相对和谐的状态，也就是符合地球生态系统总体平衡规律的状态。纽约世贸双子塔从底部轰然坍塌，震惊了全世界，也引发了人们对这种“核心结构”的反思。支撑一座大厦，较为稳固的还是框架结构。这种结构中，价值支柱并不是一根，而是由一组支柱构成的框架，其中各支柱都称不上中心，但又不可或缺，它们共同将各种力构成稳固的系统。大厦是这样筑起的，民族、国家或地域文化的精神也是这样建构起来的。

价值这样支柱群的理念是文化建设的系统方法之一，同时也是对广东文化结构创新的一个概括。广东人精神的提倡和弘扬从单一和零散向着将岭海文化各种精神有机结合，并使这一价值支柱群不断兼容中国的、世界的、现代的先进价值观的方向发展。由张德江批示而开展的2005年始历时一年多的全省历史人文资源调研，展开了全省有史以来第一次全面普查，摸清了家底，为今后的文化结构整合奠定了基础。由广东社会科学院院长梁桂全领衔的广东省社会科学院课题组据此创作的总体报告，第一次全面评估了广东与全国各省市相比较的地位；产生了第一个系统全面描述广东历史人文资源的数据体系；第一次系统地提出了保护和开发结合的战略构想，形成了体系。这对广东历史人文资源的结构整合奠定了坚实的基础。2003年展开的、深入社会各层的“广东人精神”大讨论，历时大半年，主要成果是不再用某一种精神如商业精神、务实精神，而是用价值结构对“新时期广东人精神”进行了规范表述：“敢为人先、务实进取、开放兼容、敬业奉献”。2006年在钟南山、王经伦领衔的国家重点课题中，较完整地阐述了“新人文精神的系统构建”的新理念。

价值支柱之间互相补充、作用和相互砥砺，这一历史过程及成就构成了广东人自身的一种特殊精神心理结构，这也是他们处理现实生活和实践问题的方法。例如，宽容是30年海洋文化创新过程中培育得非常成功的一种广东人精神，这种积极的文化态度需要许多文化精神作为其价值支柱。如广东人对外资及其文化的引进率先表现出极大的宽容，这与强烈的务实精神关系密切。一开始广东人这样反问：“不让人家赚钱，人家怎么可能投资进来?”这带着被迫无奈的意味；以后观念逐渐发展，为了发展经济，有钱赚才是硬道理，“剥削”在一定程度上是应该容忍的，应当主动积极地引进外资；其后，剥削去掉了引号，“有钱大家赚”、“排污不排外”成为主导的思路。宽容还与多元的文化态度相连。不认同多元的合理性，即使中央给了政策，心理上也是有抵触的，在实践上肯定会走弯路。改革开放之初广东对外不断开放门户，而内地一些省份反倒不断地对广东设关卡，沾沾自喜曰“肥水不流外人田”。在世纪之交的西部大开发中，地方保护和关卡曾吓退了不少外商、台商、港商和粤商，这些事件的深层因素是文化精神的障碍。而广东则以多元精神为支撑，对外商及其文化表现出少见的宽容。宽容使人受到喜欢和尊敬；民族的宽容使它能与邻居和谐共生；地域文化的宽容使它成为强烈的磁场。这些都与海洋文化创新中的价值支柱群的思考相关：承认现代实践需要一个系统的价值支柱群，一枝独秀是不可能的，甚至是有害的；在此基础上考虑这些价值支柱的相互作用，怎样成为协调的系统；各支柱应在哪些方面发挥作用，占多大的比重，其合力如何达到最大最佳。由此才能逐步建构起自身的价值支柱群，进行富有成效的“新人文精神的系统构建”。

3. 文化结构与其他结构的整合

文化自身结构与其他结构，特别是新时期广东在经济、政治（制度）、社会、科技等结构进行整合所引起的结构变化，也大量表现了广东的海洋文化创新。在紧跟时代发展，适应市场经济需要中不断改革开放，在“三个代表”重要思想和科学发展观这些社会主义先进文化指导下，广东海洋文化呈现出许多创新亮点。

1999 年李长春同志点题的“深圳率先基本实现现代化示范市”研究中这些亮点已开始呈现，它率先提出“文化立市”；在文化分报告中首次提出将深圳建成“现代文化名城”的理念，阐述将各种文化要素以及与经济、政治、社会等系统进行结构整合，从而达到创新的实践构想。[①]这写进了深圳市“十五”规划，并化为一系列实践举措，取得了骄人的成就。

进入 21 世纪，广东海洋文化创新表现出高度的文化自觉。广东人认识到，文化在当今世界已成为一个国家和地区综合实力和国际竞争力的重要组成部分；与经济发展水平相比，广东文化发展不仅相对滞后，与经济社会发展不相匹配，而且文化制约的瓶颈效应已经开始逐步显现。长此以往，势必影响发展后劲。这表现了广东高度的文化自觉，从而引领出建设文化大省、深化文化体制改革、大力发展文化经济及各文化产业等结构整合的实践，同时将建设经济强省、文化大省、法治社会及和谐广东四大目标有机地联系起来，进行了一系列的结构整合。

一个重大动作是以文化体制改革为先导，开展文化大省建设。

建设文化大省的大手笔包括：从 2003 年起，广东省财政将在 6 年内共投入 78 亿元进行重点文化设施建设。在五年内，广东还将安排省立中山图书馆购书经费 1.2 亿多元；投入 6 000 万元支持省博物馆文物征集与维持；投入 4 000万元扶持省社会科学重点课题研究，省重点文学、影视创作；投入5 000万元用于奖励优秀哲学社会科学研究成果、优秀文艺创作成果和培养、引进拔尖文化人才。这么大的投资规模，在广东乃至全国都史无前例。其中扶持高雅文化、文化基础研究等举措，将有效地改变广东文化结构，提升岭海文化层次和品位。

优先和大力发展文化经济，是结构整合的另一个系统工程。在清醒地看到文化与经济的融合日益加快这种世界趋势后，广东迅速启动了文化经济研

① 中共广东省委宣传部、中共广东省委政策研究室、广东省社会科学院、中共深圳市委联合课题组：《跨世纪发展的历史使命——深圳建设中国特色社会主义和率先基本实现现代化示范市研究》，文化分报告，广东经济出版社 2000 年版。

究和战略规划的创新。首先是观念的创新。广东对文化的创新产生了自己独特的思路：文化经济是以科学发展观为指导、以人文精神为先导、以科学为依托、以高新技术为支撑的新型经济。它在本质上要求根据社会结构体系内部的有机联系，将经济、政治、文化各领域的协调统一发展纳入社会发展的总体设计中。这是文化与经济、政治、社会和人民生活各领域在结构上不断整合的实践建构过程。这一过程进一步解放和发展了生产力，催生全新的社会生产方式，对经济基础和上层建筑起到变革和发展的作用，促进政治文明不断走向新境界，引领着人们的自然观、价值观和精神世界的根本性转换，从而全面促进人类文明的巨大跃迁，同时实现文化最主要的价值——人文关怀。在这些观念创新的基础上，广东率先提出了文化经济强省的发展方向、总体构想、宏观规划和战略调整，[①] 采取了一系列实践举措，已取得显著成效。文化产业迅速壮大，呈现出“通俗性强、普及度高、大众化浓”的广东特色，展现出兼容性强、文化市场门类齐全、发展模式多元化发展的趋势。2004 年广东文化产业增加值占 GDP 的比重为6.6%（全国为3.1%），2005 年广东高新技术产业产值首次超过 1 万亿元，继续居全国第一。与生态结构的协调上，五年来经济跨越式发展，广东却同时实现了从高能耗到 2006 年单位 GDP 能耗全国最低，自然生态和居住环境有了较大的改善。

可见，注重观念更新和结构整合，通过文化创新不断为各系统加入新的元素，同时进行结构的整合和重新建构，使其达到结构的协调状态，这是广东海洋文化的创新机制；而所有这些创新又都是通过各方面的实践举措得以实现的，所以实践举措也是广东海洋文化创新的重要内容。两者的系统辩证协调构成广东海洋文化创新的历史与逻辑的统一。其中自然产生无穷的创新点。大量实践方式或举措曾经凝成广东的一个重要经验：用好、用足、用活中央给予的政策。这引起国内许多人惊讶：这也叫经验？从文化的结构创新角度看其实很好理解。这些实践举措是多种文化精神的结晶；文化结构的创新使其具有更广的涵盖能力，反过来指导实践，又在更深广的领域放开了广东人的手脚。这才有广东长期持续的成就，才使其成为当代中国主流文化之一，深刻地影响着现代中国。

---

① 参看谢名家等：《文化经济：时代的坐标——社会发展战略研究》，人民出版社、广东人民出版社 2006 年版。

第三章

海洋文化精神特质与“敢为天下先”

文化是无处不在的幽灵。大国崛起之时，文化创新的火炬总是最先被高高擎起于黎明前的黑暗中。文艺复兴运动及其后的启蒙运动造就了欧美一系列大国、强国。源起于广东的近代康梁变法和孙中山领导的资产阶级民主革命是伟大的文化创新；五四运动更高举新文化的大旗。它们都是中国人探索现代化富强之路的源头。

地域与国家、民族一样，文化精神及其系统建构是它们的根，根深方能叶茂，木秀于林而不惧狂风摧之。广东的成就贯穿着一条基本的红线，那就是广东海洋文化的创新和新时期价值支柱群的建构。价值支柱群属于人自身系统，是人文精神的结构，这一子系统与自然物质文化子系统、社会生活子系统发生价值的交换、联系和作用，从而建构成广东的总体生态系统。要了解广东改革开放30年来在经济、政治（制度）、社会和文化各领域全方位的变革，必须先理清上述人文精神的创新和建构。在这里，我们首先论述广东文化的海洋文化特质，岭海生态系统孕育广东海洋文化的两次奇峰突起及其深刻影响现代中国的核心所在，重点阐述在改革开放30年中表现最为突出的“敢为天下先”的精神特质及其丰富内涵。接下来，我们将对一组最能代表海洋文化特质的价值支柱群进行探讨，揭示各价值支柱之间的建构关系、方式和特色。所有这些价值支柱都属于广东海洋文化的价值支柱群，共同支撑起广东新时期的辉煌和海洋文化广东创新的实践，从而兼述海洋文化精神如何贯穿于自然、社会和人自身的各个领域，如何引领广东海洋文化全方位的改革创新。

一、广东海洋文化精神的伟力

1. “岭海”孕育广东海洋文化两次奇峰突起

从地域文化的角度看，广东的海洋文化的逐步积累，是在北回归线的“岭海”这一自然生态中孕育的。近现代广东文化两次奇峰突起，深刻地影响着中国，则是海洋文化在积累到一定程度时的必然结果。近现代广东文化的主要特质来自海洋文化而非内陆文化，在此意义上，本地域文化应该用“岭海文化”这一概念来表征。

岭海环抱是广东自然生态的重要特征。广东北靠南岭山脉，五岭横亘于粤北与江西、湖南之间，绵延至广西东北部，险峻的山脉将广东与楚地及中原分隔开来。广东南面则是浩瀚南海，广东天然就是海洋大省。

这样的地理位置，背靠南岭山脉，北方干冷空气入粤减弱；面对广阔南海；加上北回归线上特有的季风气候，天工造物，赋予广东优越的自然生态。广东文化就是在五岭以南、南海之西北那中国最长的海岸线以及其间珠江那巨大而密集的扇形河网中孕育而成的。这种自然生态发育出广东历史人文的必然逻辑，即它最先发育出海洋文化，并且必然是敢于冒险、“敢为天下先”、开放、多元和兼容的文化。贯穿岭海文化历史的是本根文化、百越文化、中原汉文化、海外文化（近代主要是西方文化）这四种文化要素的融合，它使广东文化发展呈现为五个时期：独立发展期、百越文化圈期、汉越文化融合期、中西文化碰撞期、改革开放和走向现代化时期，发展成独具特色的地域文化。①

在古代内陆农业文明时代，岭和海都是文化交流和传播的阻隔因素，因而在漫长的古代，广东自然被视为“南蛮之地”，严重地限制了其发展。而在近现代世界海洋文化勃兴的条件下，陆路、水路不再因五岭而阻隔，但海的优势、海洋文明的强劲力量却凸显出来。

这种自然历史发展的脉络，决定了在世界进入海洋时代以来，濒临南海，处于中国走向太平洋—印度洋—大西洋的黄金海路上的这一片“岭海”，在近代率先崛起，岭海文化首次成为中国主流文化之一，广东在近代成为中国的一个文化中心。

---

① 参看李权时主编，李明华、韩强副主编：《岭南文化》第三章，广东人民出版社 1993 年版。

广东历史悠久，文化成就（包括自然物质文化、社会生活文化和精神文化）对华夏贡献巨大，星河璀璨，不乏彪炳于中华乃至世界之巨人。岭海环抱的自然生态、人文荟萃的社会历史、近现代民主风生以及新中国成立后的新生，共同为广东在20世纪70年代末率先向世界开放，开启中国历史上最为辉煌壮丽的中华民族的伟大复兴事业奠定了丰厚的根基。广东在30年改革开放中一直无愧于中华民族伟大复兴的“排头兵”，迅速成为经济大省，“十五”期间，五年时间国民生产总值就翻了一番，这些自有其深厚的文化底蕴。经济强省离不开文化软实力的支撑，而岭海人的精神特质是软实力的核心。广东创造了无数个第一，率先在全国基本实现了工业化，率先基本实现了市场经济转型，率先在全国达到较高的城市化水平，率先在全国成为最开放的前沿地区，① 并迅速启动了现在的和谐社会及文化大省建设。这使广东文化在现代中国成为与北方文化、海派文化三足鼎立的强势文化。

这一历程，我们概括为“海洋文化两次奇峰突起”。其内里是鲜活的人文精神的脉动，它们跳动在改革开放的春天，引领出广东30年的巨大成功。

2. **海洋文化精神：广东影响中国的硬核**

在漫长的南海岸线上，广东率先打开窗户迎洋流，将东方和西方杂糅兼容，把现代与传统熔于一炉。从中华大文化的视野看，这曾使广东在近代彪炳于中华，同样也让这片岭海于短短30年，在中华现代文化三足鼎立的格局中占有重要的地位。“好风凭借力”，海洋文化精神的伟力将广东的影响扩散到现代中国的每个角落。

广东为全国贡献了“深圳速度”，贡献了“四小虎”，贡献了第一位的GDP。这可能还是表面的热闹。睿智的眼光应该看到内里那鲜活的脉动、灵魂的勃兴。

文化是20世纪的人类视野，文化学成为系统看世界的方法论和一种主要思潮。由古希腊至罗马，帝国的征伐这表面上的热闹后来演变出开启近代的意大利文艺复兴；工业革命支撑着日不落帝国，挺起大不列颠的强势精神。中国几千年由北而南文化传播的历史旋律，在20世纪产生了反向的转折。大上海的繁华，背后是海派文化精神的脊梁。康梁北进变法那场政治改良，有广东民族工商业的长足发展及其政治诉求；孙中山的北伐，人们看到的热闹是军事的摧枯拉朽，但两次北进，共同点却在于文化的北伐。

20世纪后半段，广东的崛起、广货的北进，在20世纪80年代曾被北京

① 胡鞍钢语，见《广州日报》2007年5月20日，A7版。

学者戏称为“经济北伐”，90 年代以来，文化学者杨东平则概括了广东对内地的三次冲击波：“第一次冲击波”是 80 年代初由广东携洋装、洋货长驱直入猛袭神州；“第二次冲击波”是 80 年代中期以来“珠江水”和精美、新潮的广东消费品以凌厉攻势大举占领内陆市场；“第三次冲击波”是由此引发的“广东文化的‘入侵’”，认为这是“进取的、雄劲的广东文化”，“向内地渗透弥散”。他将中国文化的现代态势总结为三足鼎立：“广东文化作为当代中国最强势的地域文化，当之无愧地与北京、上海鼎足而立，打破了城市文化双峰对峙的陈旧格局。”① 2005 年文化部长孙家正提出：广东对全国的贡献“最核心的还是文化”。这是“敢冒”的广东人没说出口的。

广东为全国贡献的主要不是全国第一位的 GDP 和税收那一串串沉甸甸的数字，而是文化的硬核——人文精神。经济北伐最主要的文化含量是思想观念的大解放，价值观的多元、开放和鲜活。排头兵并不是意味着事事处处都超过他人，而是在于能开风气之先，“授人以渔”。孙家正这样评价：“广东人所创造的文化对全国有巨大的贡献，形成了一些适应时代所需、符合我们国情的新的文化理念。”这是“一种紧跟时代的发展、适应社会主义市场经济需要的改革开放和创新的精神，这是最鲜明的时代精神。广东创造了经济的奇迹，同时也把经济活动当中所体现出来的一种我们国家发展所需要的、推动国家进步的思想文化理念呈现给了全国。这是很重要的一点。因此说广东只是经济有发展、文化没有很深厚的成果和土壤的观点是不正确的”②。“深圳速度”中贯穿着的“时间就是金钱，效率就是生命”的文化理念；“四小虎”因敢闯敢冒，“杀出一条血路”而著称；广东理论家最早提出“社会主义商品经济”，继而最早提出社会主义市场经济的理念；广东人在改革开放中创造了众多第一，一句“文件没有规定不可以做的，就是可以做”，不知闯开了多少关卡，闯入了多少旧体制旧观念的禁区。以路养路，以桥养桥，设卡“收买路钱”，现在看似小菜一碟，却像哥伦布“竖鸡蛋”那样蕴涵着巨大的艰辛、风险和开拓者的智慧。温家宝在出席十一届全国人大一次会议广东代表团审议时，对这些文化精神及其示范作用作了高度评价：“30 年来，广东的改革开放和经济社会发展取得了巨大成绩，创造了宝贵的经验。特别是广东广大干部群众敢想敢干、敢闯敢试、敢为人先的精神，极大地鼓舞和激励了全国人民，推动了全国的改革开放和现代化事业。”③

---

① 杨东平：《城市季风》，东方出版社 1994 年版，第 252 页。

② 载《南方日报》2005 年 4 月 13 日，第 1 版。

③ 载《广州日报》2008 年 3 月 8 日，A1 版。

广东海洋文化蕴涵着的人文精神深刻地影响了现代中国社会的各个方面。在经济生活中，广东企业家纵横南北，播撒着务实、重商、市场导向、自主经营等经济理性精神，将创新求变，“敢为天下先”的企业家精神，敬业精神，职业道德和企业文化等理念带到内地；多元、开放、兼容、灵活变通、动态求变等价值方法和市场经济产生的强劲的经济民主和政治民主，平等意识、摆脱先赋身份和人身依附、自由跳槽、自主人格、市民观念、民生观念和参政议政等对封建观念进行了根本性的反拨。

广东文化强劲地促进着中国人生活方式的转变。生活方式本身就是文化，是由文化精神推动的。“作为近十年崛起的强势的地域文化，广东文化在相当程度上承当了昔日海派文化的主要功能和价值，成为当代中国工商业文化和市民文化（包括生活文化和通俗文化）最富活力的生长基地”①。企业家的拼搏与粤式酒楼、生猛海鲜、喝早茶和夜生活等一道，将广东人拼命工作、尽情享受的生活观念同时带入内地。“广东每天都是新的”，这不仅是常来广东的人们惊叹的，也是在内地生活中的人们强烈感受到的。

为国内贡献了高度的文化自觉也是广东值得自豪的。文化自觉这种人文精神，不仅是广东海洋文化极具活力的基础，也是它强劲影响全国并得以继续的重要因素。广东人没有躺在上述那些岭南文化的深厚基础上，岭南文化在改革开放中被唤醒的过程，同时也是更新和价值的不断建构历程。例如，他们实现了从偏向“实务”的精神向科学、理性的务实精神的转化，思维从直观性感性化向系统理性的方向转化。

广东现在还面临着在经济活动、社会生活全面发展中构建文化的思想观念体系，并保持始终走在时代前列的难题，这更需要文化自觉的清醒。这不仅需要时代的眼光、世界的胸怀，还要与广东和中国的实际紧密结合。广东率先开展文化体制改革的试点，激活文化经济理论的研究，并迅速作出一系列战略规划；强调文化经济与“三个代表”的必然联系；文化经济是先进生产力在现阶段的表现，是满足现时代人民需求的焦点，是建设先进文化的发动机，是现时代将三者融合的最佳结合点；广东传递出文化决胜的理念，提出大都市乃至大省最后拼的是文化；2008 年又在全国率先掀起新一轮思想大解放的热潮，这些都是高度文化自觉的表现。

大国改革开放的先锋应该有更宏大的文化视野、容量和意识。广东有着深厚的海洋文化底蕴和丰硕的文化成果，但这只是一个基础，必须不断地从

① 杨东平：《城市季风》，东方出版社 1994 年版，第 532 页。

自在形态向自觉形态转化，将自身文化的高度自觉与不懈的重新建构和及时更新结合起来。

二、“敢为天下先”——杀出一条血路

邓小平总结广东经验，用了“敢闯”、“敢冒”这些字眼。这既是他的文化性格的凸显，也是对现代改革开放中广东人突出的精神进行的描述与概括。上文提到温家宝总理连用五个“敢”字。这都是对岭海文化自古以来所积淀下来的宝贵财富的赞赏。邓小平选择广东作为改革开放的先行者和排头兵，与毛泽东选择西北打天下，孙中山选择广东作为北伐大本营，道理是相通的，那就是文化中的硬核。广东海洋文化所孕育的敢闯敢冒的文化性格以及这一性格所包含的精神，都是深入粤人骨髓的，开一尺堤就会洪水滔天、波澜壮阔。

这些精神从文化哲学的角度概括就是“敢为天下先”精神。其内涵十分丰富，包含了冒险精神，动态求变的文化品格，勇于开拓、进取、创新的精神。

1. 冒险：长入粤人基因的精神

敢试、敢闯、敢冒、敢于吃第一只螃蟹，这些文化品格都可以用冒险精神来涵盖。近代和现代岭南常开风气之先，引领中华文化所进行的变革是令人咋舌的。洪秀全、康梁、孙中山敢于说不，大胆革命、革新，冒的是天大的风险。现代广东人敢于向高鼻子、蓝眼睛的西方人开放，勇于冲破一个个旧体制、祖宗之言和各种陈规的禁区，风险之大，在当时同样可致灭顶之灾。

岭南人敢于冒险的精神与古岭海特殊的地理条件和政治环境有很大关系。古代岭海地区，交通受阻于五岭之险，亚热带地区毒蛇猛兽遍地，气候炎热且变化无常。这“瘴疠”之地，内陆人视为畏途。雄踞中原的封建统治者因此对其管辖较松，将之作为南方的最佳流放地，“山高皇帝远”的状态直到近代才开始有所改变。到现在也还有不少内地人认为广东仍存在“皇帝远”的天然优势。

五岭阻隔产生的最大优势恐怕是，它使得濒临海洋的广东人勇敢地另辟了一条出路，创造出中国最早的海洋文化。站在中国内地文明的角度看，中国有两条“出路”：一是向西开辟丝绸之路，二是向东开辟海上丝绸之路。而站在世界而不只是中国的视野看广东，它在世界地理上的位置十分重要，是中西交通的重要孔道。我们今天理解岭海文化的后起辉煌，重要的一点是，要从世界史的角度看海洋文化时代，从世界地图的视野看广东的地理和文化

的优势。梁启超说："故就国史上观察广东，则鸡肋而已。虽然，还观世界史之方面，考各民族竞争交通之大势，则全地球最重要之地点仅十数，而广东与居一焉，斯亦奇也。"①

这个特殊而重要的"地点"，孕育了史称"广州通海夷道"的东西方文化传播之航路。从汉代起，特别是自汉武帝以来，南海通道就一直是中国"遣使贡献"的贡道，称"汉武航线"；至唐中期出现"广州通海夷道"之名，发展为闻名世界的中世纪国际航线。中国人从这里走向世界：从广州起航，经重要的东西方交通咽喉马六甲海峡，越过印度洋便可入波斯湾，直达东非海岸。②梁启超描述道："今之广东，依然为世界交通第一等孔道。如唐宋时，航路四接，轮樯充阗，欧洲线、澳洲线、南北美洲线，皆集中于此；香港船吨入口之盛，虽利物浦、纽约、马赛不能过也。若其对于本国，则自我沿海海运发达以后，其位置既一变……广东非徒重于世界，抑且重于国中矣。"③

世界也从这条航路经广东特别是广州进入中国。梁启超列举了广东对世界文化史的贡献，描述了众多"自中国输出西方者"（他按当时观念将印度洋诸国以及中东均称西方）的史实，现今我们称为"海上丝绸之路"；同时他列举了大量"自西方输入中国者"，如宗教上，回教"苏哈巴以教主之父行，初至广东，其为最初传入者甚明"。"耶稣教"之"景教"、"迦特力教（即罗马旧教）"之奥代理谷教士（Odoric）、利玛窦（Mattio Ricci）等；"婆罗的士坦教（即新教）"之摩利逊（R. Morrison）。佛教的达摩之于广州谓之西来初地。学术上的首先输入如历算、外语、医学、近代科学与技术等。④

岭海拥有这种独特的优势，与海外交往之便利甚于内陆交通，所以对外开放最早，也最为频繁，这些都有助于使岭海形成开放、多元的文化，令岭海人塑造出敢于冒险，勇于创新，"敢为天下先"的文化精神，遗传下冒险的文化基因。黑格尔在巨著《历史哲学》中描述：人被海激起了勇气，要去超越那有限的一切。海邀请人类从事征服，从事海盗式的掠夺，但同时也鼓励人类从事商业与正当的利润。梁启超也有同样的看法："广东人于地理上受此天然优胜之感化，其慓悍活泼进取冒险之性质，于中国民族中，稍现一特色

---

① 黄树森主编：《广东九章》，广东人民出版社2006年版，第30页。

② 广东炎黄文化研究会编：《岭峤春秋——岭南文化论集（一）》，中国大百科全书出版社1994年版，第207、208页。

③ 黄树森主编：《广东九章》，广东人民出版社2006年版，第42、43页。

④ 黄树森主编：《广东九章》，广东人民出版社2006年版，第40～42页。

焉。其与内地交通，尚不如与海外交通之便，故其人对内竞争力甚薄，而对外竞争力差强。”广东人是极具冒险精神的族群。梁启超曾著有《中国殖民八大伟人传》，论证了广东人是最有殖民勇气的。殖民南洋并称王的八个中国人里面，除一名福建人外，其他都是广东人。梁启超是这样描述他们之精神的：“六朝、唐间，商船远出，达于红海，尚矣。即自明以来，冒万险，犯万难，与地气战，与土蛮战，卒以匹夫而作蛮夷大长于南天者，尚不乏人。以吾所考闻者……（一）三佛齐国王梁道明；（二）三佛齐国王张琏；（三）爪哇顺塔国王某；（四）暹罗国王郑昭；（五）戴燕国王吴元盛；（六）昆甸国王罗大；（七）英国海峡殖民地开辟者叶来。”①

近代以来，西学东渐从岭南起步，岭南人率先接触和吸纳西方“工业文明”精华，观念更趋开放，胆子更大。同时他们对西方侵略者的强暴行为也更敢于奋起抵抗。鸦片战争首役广东大胜，英军北上威胁才如愿签得《南京条约》。广东在中国近代史上彪炳青史的人物很多，从洪秀全、康有为、梁启超到孙中山都是具有博大的开放胸怀和大无畏精神的巨人。他们生在广东，长在广东，饱受岭海文化浸润，虽然成名于中国腹地，但那是因为统治中心一直在北方；他们代表了历史上融汇了西学的岭海文化，第一次向中原正统文化叫板，他们代表岭海文化那种敢为人先的创新精神和冒险性格。

改革开放之前的很长一段时期，极“左”思潮严重压抑着岭海人创新敢闯的精神。但“资本主义尾巴”在广东始终是割得很不干净的，狂热的“逃港”潮当时被富有极高政治智慧的人称为“认亲戚”。暂不管它是不是对极“左”和贫困的抗议，今天我们可以将其看作岭海人敢闯敢干，勇于冒险传统的一种表现。也是广东人历史上惯于“浮家泛宅”于海外的传统所致。改革开放30年来广东敢于接受的东西，往往若干年内仍在内地争论不休，似雷区禁地。这类如五四青年对阵封建遗老的故事在国内曾常演不衰。广东人似乎天生就是敢于冒险的人群。

2. 冒险精神引领广东人劈开荆棘

文化精神是人类实践的先导，实践则必然贯穿、渗透着文化精神。改革开放30年，广东是胜利地走过来了，后人可能不知道那份艰辛，也不明白曾经伴随着广东人冲破旧体制禁锢的那些文化精神。这需要亲历这个伟大变革时代的人们去总结和阐述，看这种“敢为天下先”精神如何始终贯穿于30年风云变幻和潮起潮落中。

---

① 黄树森主编：《广东九章》，广东人民出版社2006年版，第42页。

“杀出一条血路”的历程是这种文化精神不断得到发扬的艰难旅程。广东人民和政界都表现出敢闯、敢冒、敢试、敢吃第一只螃蟹的勇气，其艰辛在2005年关于广东前省委书记任仲夷的系列报道中体现出来：每一步都可能踩到地雷，时刻都会被口水的海洋（口诛）淹没。于荆棘中杀出血路，自不免遍体鳞伤。

一个典型事例是广东敢于争取设立特区，吃第一只螃蟹。1979年3月3日的广东省委常委会议上，吴南生提议广东先走一步，在汕头划出一块地方搞试验，用各种优惠政策来吸引外资。当时他说了一句后来成为改革开放经典的话：“如果省委同意，我愿意到汕头搞试验。我义无反顾地说，如果要杀头，就杀我好啦！”广东省委最终形成向中央的申请报告，这才有了特区的诞生。现在的人们恐怕已难以理解：搞个经济特区，竟然还会有杀身之祸？看看后来的情况就容易明白。当时内地人不断涌来广东考察或侦察，一些外省高官竟然如丧考妣，有人号啕大哭：“辛辛苦苦几十年，一朝回到解放前。”国内许多报刊，其中包括最有影响力的大报大刊发表了不少对广东“口诛笔伐”的文章。极“左”思潮和长期形成的传统观念和旧体制观念，孕育着浓密的荆棘丛林，要想砍出一条路，那是非得见血不可的。

当时在国内最为“臭名昭著”的，是顺德这个“杀出血路的小老虎”。作为广东“四小虎”龙头的顺德市地处珠江三角洲水乡，历史上一直比较富庶，但在计划经济年代却很穷，在“文革”时更是穷得叮当响。市长冯润胜有一次回顾改革的悲壮历程，概括顺德人的心路是：心无私欲，杀出“血路”。顺德的改革风风雨雨很多，充满了悲壮的色彩。到20世纪80年代末，它已成为全国最富裕的县级市，1993年又马不停蹄地进行“第二次创业”——进行顺德的产权改革、转变政府职能和农村股份合作制的改革。这马上引起了国内理论界和管理层的极大关注，也遭到许多非议和公开的反对。冯润胜在回答记者提问时，一说起产权改革面临的风险和压力就很激动。他说如果有半点私心和畏惧，改革就没法进行下去了。但一想到综合改革试点是省委省政府交给的任务，有党壮胆，还是冲了上去，硬是杀出一条血路来了。这一改革路子得到了党的十五大高度肯定，顺德市最早基本建立起了社会主义市场经济的框架。这种敢试、敢闯、敢出位的精神，是顺德人不断成功，不断走在前面的精神动力。

广东改革开放的成功，是“敢为天下先”的冒险精神传统在新时期得到“解放”和弘扬的结果，它发挥出的能量令全世界震惊。引进外资中，广东创造了“筑巢引凤”、“借船出海”等一系列新鲜经验；大规模建桥修路；实行社会主义市场经济体制；创造国有企业改革的“顺德模式”，所有制实现形式多样化；农村改革的家庭联产承包制虽不是从广东开始，但广东很快创造出“专业户”、“专业村”；发展“三高”农业；农业实行股份合作制；实行公司+基地+农户，走农业产业化的路子，这些又走在了全国前列。“敢试”、“敢闯”、“敢冒”，珠江三角洲短短十多年创造了经济和社会发展的奇迹，不得不令内地人刮目相看和为之赞叹。

敢为人先的精神同时引领着政治和行政体制的改革。在建设科学、精简、高效和廉洁的新型政府方面，广东同样发挥了“吃螃蟹者”和排头兵的作用。30年来，广东在行政体制改革上进行了创造性的探索和实践，如在全国率先举行立法听证会，率先进行行政府审批制度改革，率先依法开展招标、投标和政府采购活动，率先采用票决制选拔领导干部，基本上形成了行为规范、运转协调、公正透明、廉洁高效的行政管理体制。从1993年5月中共广东省委作出实行依法治省的决策以来，广东省在没有现成经验和模式借鉴的情况下，走出了一条具有广东特色的依法治省新路。

深圳行政管理体制的特区模式探索也一直领先于全国其他城市。早在1979年2月，国务院发布38号文件提出在若干年内把深圳建设成为新型的边境城市时就已开始。深圳行政管理体制改革主要从机构、审批制度两个方面进行，目标是建立高效能、定位准确、服务型政府。其主要特点是：解放思想，实事求是；统筹规划，整体推进；转变职能，理顺关系；依法行政，科学管理。1986—1991年这一发展阶段，深圳基本打破了旧体制的框架，初步形成了以市场调节为主、计划调节为辅的经济体制和运行机制。1986年全国特区工作会议后，深圳市委、市政府根据中央要求，在初期改革的基础上，对原有的行政机构和管理体制进行了新的、全面系统的改革。在建立市场体系、企业承包制和股份制、产权转让和破产、财政、金融、税收、外贸、外汇、国有资产管理、土地使用制度和住房制度等方面，陆续推出了一系列的改革措施。主要措施包括：精简特区行政管理机构、试行公务员制度、推行股份制经济、实行劳动合同用工制度、采用浮动工资制度、兴办外汇调剂市场、创建证券市场、开放房地产市场、设立保税区，等等。

3. 动态求变的文化底蕴与开拓创新实践

“敢为天下先”不仅需要冒险精神，还包含着动态求变和开拓创新精神。粤人祖上就有“不安分的广东人”的名分，其动态求变心态与海洋有着最为密切的关系，是“敢为天下先”的前提。

位于东亚大陆边缘、立在南海之滨的“广州通夷海道”起点，这种地理位置和自然环境确实得天独厚，有人于是用“窗棂之下，易感风霜”来形容岭南对外来文化开放的态势，这有一定道理。岭南近代处在中外贸易和文化碰撞的交汇点上，各种新思想、新潮流不断涌进和互相冲击，客观上迫使岭南人面对日新月异的新事物。近代开始百多年的社会变革中，岭海人适应了动态地看待世界，必须求变的思维方式，他们面对新事物习惯于首先充满自信地接受，不像一些地域文化，先来一番无休无止的争论，往往结论未出，更多新事物又涌到面前。于是争论没有结果，实践也就因此搁置。这样比较，勇于接受中蕴涵的敢闯、敢冒的品格就凸显出来。

“不安分”这种精神状态，表现了岭海人强烈的变革意识和求变心理。岭海人两千多年前就具有强悍的个性和冒险精神，最早受海外文化影响，历史上对外通商、“广东帮”商人的活跃、海上丝绸之路的冒险，经济革新、政治动荡、鸦片战争反侵略、20世纪资产阶级革命的历程、现代改革开放的辉煌，这些都造就了岭南人不安分的文化心态。

动态求变心态又与岭南文化的开放性和兼容性特征有着互动的关联，开放和兼容必须有民众普遍的动态求变心理作为基础。岭南人于海内外频繁的商业贸易中，进行大空间范围的流动和交往，接收了众多信息，吸取了大量经验教训，这比半封闭的华夏内陆有较多的优势。他们自古以来习惯于向海外拓展，甚至浮家泛宅，远涉重洋，明清时就已在世界各个角落踏上了粤人的足迹，当时西方人誉之为“冒险性强，有海国超迈之意量”。粤人开放心理和动态求变的文化心理是同时孕育的。而粤人这种思想的无拘无束，富于幻想，又利于他们形成开放的文化心理和不拘一格地兼收并蓄的文化性格。

动态求变与开拓创新精神是孪生兄弟。动态求变离不开思想的力量。新事物的接受也有一番“去粗取精，去伪存真，由此及彼，由表及里”的精细功夫，识别了真伪、善恶、美丑而后行之。接受后的改造和发扬更须进行系统的思考、规划和设计。新思想、新潮流和新时髦接踵而至，精细功夫还没做多少，新事物又引进了，涌来了，近年来岭南人是显得有点浮躁了。创新是层出不穷的，但广东的引领潮流，常出现“开花在广东，结果在内地”的困窘。“流行音乐的黄埔军校”一度式微就是典型的例子。不过这不能否定岭南人注重前瞻性纵向思维还是有着一定的优势的。与此相反的是传统社会的后顾式横向比较的文化习惯。广东最早开眼看世界，常有前瞻的目标。近邻香港于20世纪70年代崛起令粤人眼热，改革开放更见识到发达国家的富庶、“亚洲四小龙”的繁荣，巨大的反差强化了前瞻式的思维模式而憎厌后顾式思维定式。这有利于强烈地刺激起创新的欲望。广东富起来以后，十分留神后顾式思维的回潮，在国内眼光不是盯着西部，而是盯紧在一些方面比自己有优势的北京、上海和江浙等地；在国外则追赶西方发达国家。

动态求变的价值取向引领着广东开拓创新的实践。在经济实践上，初期的广东经济发展模式，造就了“广东制造”，使珠三角在20世纪末成了“世界工厂”，进入21世纪，广东致力于将这种外源型粗放型的增长转变为“广东创造”，酝酿和实施以提高自主创新能力为核心的新一轮改革。它包含着三个层次，一是在自主的基础上进行技术创新；二是自主创新要寻求一切有利于技术革新的发展模式创新。从2001年开始的自主创新阶段，广东各界高度重视实施自主创新战略，坚持“自主创新、重点跨越、支撑发展、引领未来”的指导方针，把科学技术置于优先发展的战略地位，大力发展科技、教育，推动产学研结合和科技成果转化，提高原始创新能力、集成创新能力和引进消化吸收再创新能力，推进产品创新、技术创新、产业创新，致力于创新型广东的建设。自主创新的第三个层次，是将文化模式的推陈出新和系统构建纳入自主创新之中。由张德江代表中共广东省委、省政府提出的“文化经济”时代命题和战略构想，由广东省文化经济战略决策研究领导小组和广东省社会科学院领衔的文化经济战略课题研究，已在广东扎实地开展起来，出版了一系列论著、论文和调研报告，初步形成了文化经济的学术圈，并且已有部分成果转化成了政府决策，正不断进入实践操作程序。创新需要许多文化精神或称价值支柱来共同支撑，有着深厚的文化底蕴，其中，敢闯敢冒、动态求变、开放和兼容都是利器。省政府将转变发展模式作为自主创新的重头戏，轰轰烈烈地抓起来。从1999年起，“外脑风暴”、“思维盛宴”“思维碰撞”年年都在热烈地进行着，2005年的主题是“可持续发展”。洋顾问的潜能还须“内脑风暴”来助推，现在似乎还未充分挖掘，“内脑”的积极性还需要政府的进一步组织和引导。“外脑风暴”能在南粤大地掀起，这本身就有着深厚的岭海文化根基，与广东人动态求变的文化精神承传也有着密切的联系。

深圳的经验也很值得总结。进入21世纪，在经济全球化和中国全面开放的大背景下，深圳不再具备对外开放政策的优势，经济社会面临重大转型。在新形势下，深圳的发展战略重心开始从“对外开放”向“自主创新”转移，以改革创新为立市之本，努力建设“效益深圳”。市委三届十一次全会提出了要建设自主创新型城市，通过自主创新优化产业结构、提升产业竞争力，在全面落实科学发展观方面继续走在全国前列。目前，战略转型已取得初步成效，经济总量连上新台阶，经济效益明显提升。

一直为中国体制改革开路的广东计划经济体制向市场经济体制转变的改革，处处渗透着动态求变与创新的精神。广东对计划经济体制的改革大体上经历了两个阶段。

其一是1979年至1991年的有计划的商品经济阶段。1979年蛇口率先改革一系列计划经济因素，随后广东不断加大计划管理体制改革的力度。1984

年广东提出了计划体制要继续围绕增强企业活力这个中心环节，按照发展社会主义商品经济的要求进行改革。1985 年向国务院争取到给予珠江三角洲优惠政策，进一步扩大了广东地方基本建设投资和利用外资、引进技术的审批权限。1987 年中共十三大后，广东省决定改变计划管理方式，将计划管理的重点转向制定产业政策；同时进一步下放权力，减少对企业的指令性计划和行政干预；逐步下放了基建和技改项目的投资审批权。经过一系列创新，广东逐步建立起市场经济体制的雏形——“政府管理市场、市场引导企业”的有计划的商品经济体制。

其二是 1992 年以后逐步走向市场经济体制的阶段，广东的求变创新更加如火如荼。1992 年党的十四大后，广东根据中央精神，结合自身实际，对计划体制进行了大幅度的改革。包括：改进了年度计划形式，从指标型计划转向政策型计划，并突出计划的信息导向功能；加强了对总体产业政策改革和专项产业政策的研究，突出了产业政策的引导作用；不断改进计划方法，改进计划制定程序，提高社会参与度，计划的科学性得到增强。1995 年广东已基本完成向新的国民经济核算体系的过渡；改进了年度计划指标体系，减少和简化产量指标，增加必要的总量指标。1995 年起，按照计划指标的功能和性质，将计划指标分为“宏观调控目标”、“预期指标”和“国家公共资金和资源配置指标”。1998 年后，广东计划管理体制的改革进入到一个新的阶段。改革的重心从前一阶段减少计划管理的内容深入到改变计划在宏观经济调控作用上，计划工作的重点、内容和形式在适应社会主义市场经济发展方面取得了重大进展。计划管理内容从以年度计划为主向以中长期规划、发展战略和产业政策为主转变，建立了规划政策导向制度。通过这一系列的改革创新，不安分的广东人率先建立了指导性的经济管理体系，增强了省级宏观调控能力，在全国率先建立了社会主义市场经济体制的基本框架。

敢冒敢闯、动态求变、开拓创新等精神引领着中国历史上最为宏大而深刻的变革创新，呈现为值得粤人自豪，并将流传后世的“杀出一条血路”的传奇历程，充满着史诗般的英雄豪气——“敢为天下先”。

第四章

海燕搏浪：一组价值支柱的感性显现

在选取最鲜明地显现海洋精神的“敢为天下先”，敢闯、敢冒、敢试、敢吃第一只螃蟹等冒险精神，动态求变的品格和开拓创新精神去进行论说的同时，30年广东改革开放的成果，也是由众多人文精神共同支撑起来的，一如海燕搏浪，敢于呼唤让暴风雨来得更猛烈些，凭的就是它那坚韧的翅膀和尾羽。

在系统的科学理性精神中，人文精神存在许多层次（组）价值支柱群，比如，重商、务实和变通作为一组价值支柱群，于广东的成就也居功至伟；但本书的主旨在于探讨广东海洋文化的30年创新，需要选取最为典型的海洋文化精神特质。我们认为，开放、多元、兼容及和谐是一组内在联系最为密切，并且与海洋文化联系最为直接的价值支柱或精神特质。对这一组最能代表海洋文化特质的价值支柱群进行探讨，揭示各价值支柱之间的建构关系、方式和特色，论述广东如何高举这些精神风帆在广义文化的各领域进行创新，包括经济、政治、社会和狭义文化各方面，作适当的概述，是题中之义。

一、海潮音：开放的旋律

30年前打开国门，广东是中国开放的排头兵，历史证明它相当胜任对外窗口这个职能。开放，在新时期成了广东的一个代名词，是广东海洋文化一根重要的价值支柱。

1. 开放是岭海人的文化基因

偌大一个中国，总设计师首先选中广东，除了地理环境和岭海人具有敢冒、敢闯、重商、务实、非传统等品质外，开放这种精神特质应该是一个极为重要的考虑因素。

广东人的开放精神与“广州通海夷道”密切相关。作为世界交通史的一个重要概念，它虽于唐代中期正式名之，但此前汉武航线作为“遣使贡献”的贡道已达千年。它以广州为起点，经马六甲海峡，穿越印度洋，波斯湾而抵达东非海岸，经山、洲、域、国百余处之多。[①]《汉书・地理志》记载，中国出口船舶“自日南障塞，徐闻、合浦”开行。这是迄今为止世界上关于海上交通最早的文字。这起码表明，在正史上，岭海是中国最早对外开放的地区。

广州通海夷道同时是传播“海潮音”的一条通道。中国从这里走向印度洋、澳洲、非洲和欧洲；中国人从未见识过的佛教、伊斯兰教和天主教；近代科技和西方人文精神，大都首先从广东首府广州这通海夷道之起点进入中国。当然，由于近代闭关锁国的严厉措施，曾有一段时期“海潮音”是从澳门和香港进入的，但其时港澳多数时间属广东管辖，并且同属岭海地域。广东的省城广州，作为中国唯一的两千多年长盛不衰的对外通商口岸，自然成为中国得（海）风（洋）气之先的“南风窗”。清代张焘在《津门杂记》中已论述过这一点：“广东通商最早，得洋气在先。”包括洋饭洋菜、洋画等艺术、洋建筑、洋园林、洋瓷、洋机器和洋科技等，当然同时也率先带进了两大著名洋毒——鸦片和梅毒，后者亦称为“广东疮”。

文化思想的引进也同样蔚为大观。海上丝绸之路从这里起步，外域的文明通过岭海人输往内陆，使黄土地的人们见识到奇特的海洋文明。在文化的交流上，岭海最早为佛教、伊斯兰教和基督教的传播打开了大门。在理学一统时，岭海通过基督教、天主教的传教和其他途径大量吸纳西方科学知识，士人商贾在国内率先学习和传播格致之学。鸦片战争前后，中西方文化交流在岭海遍地开花，传播自然科学知识的西式学堂大量设立。引入西学以岭海为先，郑观应、容闳、康有为、梁启超、孙中山等人引进并介绍西方的各种社会、经济和政治学说，开中国近代资产阶级民主革命风气之先，岭海由此“盛产”近现代文化巨子。不同民族文化的交融和眼界的开阔，使岭海人骨子

---

① 《新唐书》卷43下。

里饱含着开放基因。

开放是渗入岭海人骨髓中的东西，已成为岭海人的生活方式，而不只是精神品质和生产实践模式。开放之初人们惊呼广东“香港化”，从一个侧面反映出开放成为广东人生活方式的开放状况。单以对内地的文化传播来说，这些“入侵”中，卡拉OK厅响彻粤语歌，标榜“生猛海鲜”的粤菜馆在内地兴旺，人们喝早茶学着广东人叩指为谢，饭店更名酒楼，理发店成为发廊，夜生活悄悄兴盛，城市家庭的高级装修，厨房厕所进行了革命，大厅小房改造了北方人家，炒更热、跳槽热、股票热、房地产热、健美比赛、时装模特和选美等，都由岭海走向内陆。我们搜索一下自己生活中的点点滴滴，哪一样不是开放结出的果实，不渗透着开放精神？将开放视为岭海文化的重要价值支柱，珍视，总结，不断进行反思和文化批评，才能使我们在与自然和社会的价值建构中，不断走在进化和发展的前列。

2. **全方位的开放**

将开放看作岭海文化的重要价值支柱和主要特质，原因还在于，开放不仅是岭海人的精神，也是岭海人的实践，是精神和实践相结合的一种价值取向，成为实践的重要模式。这种实践使岭海人的开放是全方位的。

从对外开放的方向来说，不仅向港澳，向西方以及外域文化开放，也向北向东向西开放。广东的对外出口一直保持全国第一，商人走遍地球村。广东最早提出“三引进”：引进资金、引进项目、引进人才。在20世纪80年代初，极“左”思潮一度猖獗，国内主流媒体已经忌讳和尽量少提“开放”字眼之时，任仲夷代表广东省委进一步提出三个“放”：对外更加开放，对内更加放宽，对下更加放权。这于现在是那么稀松平常，但在当时却是非常大胆和富有创新精神的，也只有在广东这个最富开放精神的岭海地域，才有可能率先被提出来。

经济上的成就最早彰显出面向海洋，全方位开放的优势。30年来，广东以对外开放拓展生长空间，以政策性倾斜启动经济，以市场体制改革作为根本保障，通过市场与投资双重拉动，推进了工业化进程，实现了经济起飞，经济增长取得了举世瞩目的成就，1979年至2005年广东经济年均增速为13.7%，而新加坡1970年至1978年年均增速为8.4%，日本1960年至1970年年均增速为10.5%，也高于韩国1966年至1976年10.8%的年均增速，它们可是20世纪后50年经济增速最高的国家。广东的成就不仅表现在平均增速方面明显高于它们起飞期的平均增速，且高速增长所持续的时间已经两倍于这些国家。经济总量上，在1989年超过江苏成为全国第一，且至今仍继续排在榜首；于2000年超过泰国；于2001年首次超过东南亚经济总量最大的印度尼西亚。

这种历史性的跨越，使广东不仅成为全国的经济大省并向经济强省迈进，而且获得了思想上的大解放。广东成就的一条重要经验是：不断开放和灵活转变开放模式，加快引进国外先进管理和经营经验，推进体制创新；坚持实施经济国际化战略，以全球的视野谋划广东的发展，着眼于提高对外开放水平和促进内外源型经济协调发展，通过大力提高“引进来”的水平和“走出去”的竞争力，较好地利用了国内外两种资源、两个市场。

不仅建设经济强省的动力来自开放，广东建设文化大省，其底气也来源于全方位的开放。最为典型的是广东海洋文化的“走出去”战略。

过去通过“请进来”的战略，使广东经济释放出巨大能量。党的十六大后，“走出去”战略是对外开放新阶段的重大举措。从广东对外开放的实践看，实施文化“走出去”战略，既是顺应当今世界经济发展趋势的战略选择，也是率先基本实现社会主义现代化的必由之路。广东将“引进来”与“走出去”结合起来，极大地利用了国内外两种资源、两个市场，并通过两种文化的交融，争得了主动，形成了更高层次的战略布局。具体说，广东文化“走出去”战略，凭借着WTO提供的全球文化市场平台，抓住了文化产业链的两端——资源配置与市场拓展，通过品牌经营，整合发力，形成了具有广东特色的文化发展格局。

通过文化产业境外竞争，不仅可以提高文化产业的经济效益和国际竞争力，而且还有利于岭海文化乃至中华文化更直接向外传播，参与国际文化交流，在走向世界的过程中使自身的文化事业的发展与先进文化的前进方向一致。广东文化“走出去”战略的实施，既顺应了世界文化发展的潮流与趋势，又充分发挥了广东文化自身的特点与优势；它既扩大了对外开放优势，创新了岭海文化，又使广东文化产业的发展如虎添翼。

二、浪涌千层：多元价值与建构

在中华各地域文化中，文化的多元性特质少有像岭海文化那么明显、那样有特色的。

1. 混血文化：开放与多元的结晶

文化多元性指的是多种性质，多种类型，多种层次文化并存。当今岭海文化的构成很复杂，社会主义新文化占据主要地位，并存的有古代越族的遗风、汉文化的封建传统、中原文化和内陆各种文化的因素，外来文化以及华侨文化、港澳文化、特区文化，等等。地域上区分有山区文化、三角洲平原文化、海洋文化，后两者都属于海洋文化的区域范畴。还有学者从珠江文化的概念出发分出东、西、南、北江四个文化支系。从层次上区分，岭海文化有阳春白雪，也有市民钟爱的下巴里人，并存（着）适合不同层次需要的文化。①这种多元并存的格局，使岭海文化多姿多彩，生动活泼，富有活力。文化的这种多元性蕴涵着的就是多元价值观或多元性精神。

文化多元性是岭海人将多元性精神运用于实践创造出来的，这种实践展开的恰恰是岭海的开放历史。可见，多元精神与开放精神是密切相关的，这两个价值支柱难分谁是核心，谁是附属。没有多元的思维方式而固守自己的旧有文化，对个人而言只能是封闭自身，对国家来说就只有闭关锁国一条路。虽然价值支柱的概念本身就蕴涵着多元价值的含意，但由此并不能得出多元就比开放更核心的结论。多元性的实践、多元思维从何而来呢？没有向其他文化开放，促进相互文化传播以达到一定的融合，多元的文化架构及人的多元文化精神也是无源之水。开放的结果是多元文化的并存，而多元文化格局又使岭海人养成了开放的心态。它同时不断巩固和丰富着岭海人的多元性精神。

从岭海文化的结构和历史发展中，两者的统一清楚地浮现出来。岭海文化的内涵要素可以概括为四个：本根文化、百越文化、中原汉文化、西方文化为主的外来文化。在文化传播和价值融合的意义上，岭海文化的历史分为五个阶段：独立发展期、百越文化圈期、汉越文化融合期、中西文化碰撞期和走向现代化时期。各时期有其主体文化，但多元性却在各时期都存在，是贯穿岭海文化的一条红线。② 例如，在百越文化圈期，岭海文化四个内涵就已并存。岭海以从海路进来的玳瑁、翡翠和珠玑等珍品、工艺、花卉和动物，与其他百越民族、楚文化及中原文化交流，鲜明地亮出自己海洋文化和开放型文化的特色。同样临海，属水文化系列的吴、越等地域文化，在对外交通和通商贸易方面还难望岭海之项背。又如，岭海文化在近代和现代两度崛起，都是因为对外来文化的开放和多元性。岭海是中国最早和最广泛地接受海外文化影响的地区之一，从近代起更是最先引进西方文化，同时表现出中、西和其他文化的特色。这些都综合地表现为广东强烈的海洋文化特色。广东能于近代和现代两度崛起，起主要作用的是海洋文化的发育早，规模大，引入外域文化种类多而较全，也即外来文化在广东本身就构成了多元性，其丰富性是国内许多地区不可比拟的。

---

① 参看李权时主编，李明华、韩强副主编：《岭南文化》第一章，广东人民出版社 1993 年版。

② 参看李权时主编，李明华、韩强副主编：《岭南文化》第三章，广东人民出版社 1993 年版。

因为海洋文化的多元性，广东文化在中原正统文化人看来是很“怪”的。岭海一些风俗文化、娱乐活动中充满了传统色彩的现代气派。在岭海常可见到，高度文明的科学技术与极端落后的传统迷信在许多家庭和市民身上同时并存，而又相安无事；最现代的装修，抽象派的线条，后现代的色彩搭配的背景下，财神安坐，香火缭绕。不少人孜孜以求现代科学，家里书架上摆满科技、运筹学、经营管理学等现代书籍，神台则祭供着财神，门上贴着门神、福禄寿等超自然偶像。这种现象在内地看来是太奇特了，初来乍到的内地人的第一感受是“怪”。这“怪”又不怪。因为它是混血型的文化，具有开放性的文化必然呈现出多元的面貌，两者是有机联系的。对立异质文化的共生现象就是岭海文化多元价值和开放性的一种典型表现。

岭海文化存在许多缺点和不足，引来的批评自然也不少，最热烈的是20世纪八九十年代。较有代表性的是两种指责：一是认为广东对欧美潮流表现出狂热病态的刻意模仿；另一种批评则说广东人一切向香港看齐，广东的经济成功只能归功于香港，“香港打个喷嚏广东就感冒”。

这些指责一个共同的合理之处在于，他们似乎不是指责多元这种状态，而是批评引入多元的目的和态度。这样看，对岭海文化的多元状态，对多元的合理性大概还是承认的。多样统一是美的最高形式，价值建构的本质是允许多样的价值，没有足够多元的价值，不可能建构成美的事物。如果我们承认自然、社会充满美，具有长久生命力的事物总是美的，那么多元就是事物发展的趋势。多元是自然生态和社会发展的必然趋势之一，属于宇宙的一种“道”。文化的封闭和一元化只能使其停顿甚至倒退。但“怪文化”一说也提醒了广东人，这可能是因为我们在融合方面还存在许多缺失和不足。多元和开放应该在兼容上多下工夫，没有兼容这一价值支柱，大厦也矗立不起来。

2. 奔海潮：多元杂烩广东人

广东海洋文化的多元性与其人口的来源多元，因而文化源头多元是紧密相关的。同时人口的“杂烩”又突出表现了改革开放30年广东海洋文化的多元性。有外地学者将广东人形容为“大杂烩”。现今的“广东人”可以分成三类：一是本地人，包括20世纪80年代前来此居住的人，统称为本土广东人；二是20世纪80年代至今的移入人口，称为“新广东人”；三是人数众多的春来冬去的内地打工者，称为“候鸟人”。

多元化的人口结构有其历史渊源。文化学家李明华概括出岭南在古代有四次大规模的中原移民高潮，分别是秦汉、两晋南北朝、两宋、明朝末年。① 岭南文化研究还需要补充现代移民的内容。现代广东发生了两次较大规模的移民，统称为“20世纪移民潮”。第一次是新中国成立后，由于“祖国南大门”和长期备战备荒的军事需要，考虑行政管辖、工农业等建设的特殊性，大批南下干部、科技人员和官员被调到广东安家落户，军垦屯边转业数量也很可观。第二次是改革开放后持续了30年的移民高峰，可统称“南下创业潮”。80年代初就流行民谣“东西南北中，发财到广东”，开始掀起一个前所未有的移民高潮，先是外省民工蜂拥进入珠江三角洲的“三来一补”企业，继而是被称为“孔雀东南飞”的新客家潮，包括外省商家和毕业的学子、调动干部、南下知识分子和科技人员。其中一部分人落户成为“新广东人”。南下创业潮是奔着蕴含巨大商机和自由发展空间的南海而来的，多数人涌向南海岸线的各个城市，是奔着具有开放、多元和兼容的海洋文化和思想解放新潮、自由精神而来的，所以30年移民潮是一次史无前例的“奔海潮”，向着南中国海奔来的滚滚人流蔚为壮观。

广东于是成就了一个典型的移民社会，也让多元性这一精神特质更为彰显。多元杂烩广东人不只是人口的地理迁移概念，它还是人种学意义上的称谓，是文化传播和融合的概念，是一个有着独特精神气质和特征的群体概念。

多元杂烩的广东人首先具有人种的一些优势特点。人种的改良有自然进化的因素，同时也可以看作一个长期的文化历程和成果。从古代第一次移民高潮中赵佗鼓励汉越通婚开始，汉越杂处互相通婚逐渐成为普遍现象，它使汉族和越族在基因、体质上互相影响互补不足，这种融合贯穿整个封建时代，最终使南方各越族大多融入了汉族大家庭，是中国今天的华南人种群逐步形成的主要因素。20世纪移民潮，特别是南下创业潮，在改善人口结构，提高市民素质上的效果更直观。如果30年前到过宝安，现在重来深圳，看到的形象、肤色、人种、素质恐怕真有点泾渭分明，恍如隔世之感。当然这有生活水平提高等因素，但“一代俊媳妇，三代好儿孙”，远程杂交的人种优势也难以否认。《外来媳妇本地郎》长编长播而不衰，说明广东人对此十分认同。人种方面不能不提海外因素。广州作为珠三角中心，是中国历史上秦汉至明清两千多年里唯一经久不衰的外贸港口。即使清代海禁，它仍保持“一口通商”地位，几乎垄断中国的外贸和交流。这使它向有“万国衣冠，络绎不绝”之美称。在近代，广东的混血儿恐怕是全国之最，历史记载中还有黑孩子。这

① 参看李权时主编，李明华、韩强副主编：《岭南文化》第六章，广东人民出版社1993年版。

可能与华侨众多有关，但与“海上丝绸之路”重要口岸、洋人众多等也有关联。

人口杂烩更重要的成果恐怕还在于文化层次的提高和多元文化的并存交融。封建时代长期的汉越通婚缓和了汉族与越族间的矛盾，稳定了社会秩序、巩固了政权，而且促进了各方面的文化交流与融合。人们为岭海能在近代辉煌提供了许多答案，其中得益于人口的多元杂烩是一重要因素。由于华侨和移民众多，与海外有频繁的人员交往和通婚，岭海才能很早接受海外文化，在近代前后又广泛深入地受到西方文化影响，岭海文化才得以在漫长的封建社会后，显出自身的特色，由非主导文化发展为主导文化之一，反过来深刻地影响着汉文化母体。“奔海潮”中广东成功地与中国各地域文化、华侨文化、港澳台文化、海归文化以及洋人带来的外域文明相融合，更是在很短的时间内造就了广东的辉煌，成为与北京、上海三足鼎立的强势文化。南下知识精英对广东文化发展的影响和提升是值得高度评价的。20 世纪 80 年代中期开始，高级科技人才对珠三角乡镇企业发展已举足轻重，迅速提升了广东科学研究及高技术应用的水平，高层次文化人才则提升和充实了广东的文化教育基础，这些都对岭海居功至伟，是“广东成功的功臣”。一个有趣现象是：研究岭海文化的学人中很大部分是新移民。这里包含丰富的文化意蕴，说明能将两种以上形态的文化互为参照的人，更具有文化比较研究的冲动和深度；也折射出新移民需要从文化上肯定自己迁徙行为的心态；同时他们关于岭海文化的探究不仅常被置于中原文化视野中，还提供了许多新时代的文化视角，大大拓宽了广东海洋文化的宏观视野。

人口的多元结构最深刻的成果是培育出广东海洋文化独特的人文精神。尽管有那么多移民，并且是以移民为主体的多元性文化，但岭海文化并不会被他人同化，而是继续葆有并发展自身的特色，这是为什么呢？它的多元特色正是在长期移民并由此带来多元文化的并存之中才得以产生。岭海文化的重商色彩，在四海商家涌入涌出的潮水中得以强化。重商只有在内外贸易相当发达的基础上才能培养起来，自产自销的传统农业社会只能形成“重农抑商”的价值取向。以创新精神来说，新移民是颇具活力的创新群体。你总得有新东西，有招牌本事或高科技高文化，才能成功创业和站稳脚跟。哪怕只是引进一种新菜式，如最先引进韶山冲的毛家菜，最先引进韩国料理，广东也就多些新亮点，在多元上新增加一元。仔细考察务实、兼容、功利、求变、竞争、时间、变通、多元价值、市场导向、专业精神等观念，它们与人口的流动和结构都有某种关联。怪不得，“多元杂烩”在广东人看来并没有什么贬损之心，反倒是个褒义词。所以他们继续热衷地追看《外来媳妇本地郎》，巴望着“外来郎君广东妹”“新鲜滚热辣”地出炉。

3. 海洋文化多元性的新时期创新

移民社会的人口杂烩，多元价值观深厚的积淀，使广东海洋文化在整个新时期呈现出愈益多元化的倾向。多元必然引领出创新，其创新深刻表现在文化精神及其结构与其他结构，如经济、政治、社会的整合上。①

多元所有制是所有文化多元性的经济基础。广东30年的海洋文化创新，一个重要而基础的方面就是促进多元所有制结构的形成。

改革开放以来，广东所有制结构调整大致分为三个阶段。

第一个阶段是1978年至1991年，其特征是非公有制经济快速发展，但公有制经济仍占绝对优势。此时期，广东依据改革开放的目标和要求，在所有制结构调整方面积极探索，出台相关政策，鼓励和引导个体私营和中外合资合作经济等非公有制经济成分健康发展，形成了公有制经济和非公有制经济并存发展的良好态势。

第二个阶段是1992年至2000年，其标志是非公有制经济进入了持续发展的新阶段，撑起国民经济的半壁江山。1992年邓小平南方谈话后，广东迅速在市场准入门槛、经营领域等方面更加放松对非公有制经济的管制力度。到1997年非公有制经济占GDP的比重已达41.0%，以公有制为主体的多种经济成分并存的所有制格局基本形成。1999年省委省政府大力发展个体私营经济的决定颁布后，个体私营经济更获得迅猛发展，至2000年非公有制经济的比重上升为49.3%，成为社会主义市场经济的重要组成部分、新的经济增长点和地方财政的重要来源。

第三个阶段是2001年以来，所有制结构不断优化升级，内外源经济逐步进入良性发展的轨道。经过对国有经济进行战略性调整与重组后，广东所有制结构继续完善，除一些关系国计民生的基础性产业外，非公有制经济在国民经济的所有行业都得到迅速成长，成为推动整个国民经济持续发展的重要力量。同时，国有控股和混合型股份制企业迅速增加，民营经济活力不断增强。2006年全省新增企业中，民营企业占54.8%，民营工业增加值比上年增长30.1%，其增速居各经济类型工业之首。

广东所有制结构的调整与转变不仅为全国体制创新进行了成功的尝试和探索，也极大地推动了广东社会经济的发展，促进了产业结构的优化升级，这也是一种深刻的创新。目前，广东已形成了以外向型经济为特色，多种经

---

① 请参看本书第二章第三节“文化结构与其他结构的整合”中有关内容。

济成分并存，共同促进的格局。集团公司的多元化体制也基本建立，2000 年，有 83 家大型企业集团完善了母子公司体制，形成了多元化产权结构。

广东在投资主体多元化改革中的成就也为国内积累了创新的经验。这一改革初步形成了投资主体多元化、资金来源多渠道、投资方式多样化、项目建设市场化的新格局，所创立的投资方式在全国具有开创性意义。其表现之一是投资融资渠道逐步拓宽，形成了多元投资主体并存和分层决策的建设项目管理模式。资金来源渠道大大拓宽，主要有政府投资、国内贷款、借用外债、外商投资、股票和债券资金、集资、自有资金等多种渠道。表现之二是中介服务在工资项目建设中的作用进一步加强，形成了投资主体自我约束机制。表现之三是广东积极引导市场力量投资基础设施及公共设施建设。20 世纪 90 年代后广东吸取海外经验，在公共基础设施建设上，逐步引进市场力量，建立新的公共基础设施建设资金筹集机制，形成以政府计划投资为主，多渠道筹集资金的投资机制。

在经济和社会决策上，广东同样重视贯彻多元精神。广东在 20 世纪 80 年代起就不断开展建立和健全决策研究咨询制度的工作。广东省按照“谋”、“断”分离的原则，围绕决策决断中枢这个核心，建立健全快速高效的信息系统和富于创新精神的咨询系统，并在法律地位和人财物等方面进行配套。随着社会市场化、民主化程度的提高，各类政府决策体制外的研究、咨询、信息机构和各类民间政策研究组织日益增多，洋顾问也积极参与广东现代化的决策，这些与政府系统内的辅助决策机构一起，逐步完善着行政决策机制。这些多元化的渠道和多元主体的加入和发挥作用，有力地保证了政府决策的准确性、科学化和法制化。

在上述所有制、投资和决策等领域上的多元化改革，使广东逐步建立起多元一体化的社会主义市场经济体制，这不仅促进了广东经济的高速发展，而且为广东的思想大解放、进一步扩大开放和文化的多元化创造了条件，积累了强大的后劲。

三、海纳百川：兼容与和谐

从岭海文化的历史逻辑看，开放和多元的文化必然产生兼容与和谐。兼容与和谐本身就包含着将多元文化因素加以整合之意，同时是一个文化创新的概念，[1] 它必然表现在新时期海洋文化的创新上。

1. 兼容：开放和多元的积极成果

兼容的前提是开放和多元，但从广东海洋文化的主流态度看，开放和多元相对于兼容来说，还不是人创造文化的目的，而是手段。如果说它们又都是过程，兼容则既表现为过程，也是这些过程必然产生的一种成果。岭海人承认多元，并非“天要下雨，娘要嫁人”的无可奈何，而是将其看成兼容的有利条件和发展契机。30 年来广东面对着无数的批评甚至“声讨”，但粤人似乎并不善于强烈地表达自己的主张和正确。实际上这是采取“兼听则明”的文化态度。在关于广东搞资本主义的怀疑声四起，批判甚嚣尘上的那段日子，岭海人不反击，不争论，这并非“不理他那一套”，而是默默做好自己的事，更重要的是不断在听，在辨析、吸收和融合。这里起作用的是兼容这种精神特质或价值支柱。

兼容在广东海洋文化创新中还包含了双重意义。首先是对外来人、外来文化，要取容纳、包涵等包容态度；其次是对内，在自身内部，对自身文化，承认多元文化要素兼而有之，是平等的，互为价值的。岭海文化研究中，我们就承认中原汉文化、海外文化在不同历史时期的对外（岭海）兼并，或强势进入岭海，这丝毫无损岭海文化，倒是丰富了它的形象。

兼容是广东海洋文化的一贯品格和魅力所在，是海洋文化的一个本质特征。海洋文化相对于内陆文化的一个优势就是开放、多元和兼容。内陆文化容易使人妄自尊大，唯我独尊。夜郎自大，信息不通，眼界自然狭窄。而海洋文化正因为开放，交往的范围更加广大，眼界更为开阔，深知海外有洋，洋外有天，世界并不以“我”为中心，谁也不是天朝上国和世界中央，这就易于形成多元并存的心态和兼容并包的宽广胸怀。

从历史过程看，岭海文化在开放引入多元价值时，都重视兼容的功夫。从横向结构分析，岭海文化中所具有的本根文化、百越文化、中原文化和海外文化这四个内涵或要素，从历史上看虽有形成的先后顺序和主次之分，但总体上自秦汉时中原文化跨地域文化强劲传播，海路开辟起，这些文化就并存于岭海文化的自然物质文化、社会生活文化和精神心理文化三个子系统中，其发展和并存构成岭海文化的动态结构。如精神文化中的务实、重商、兼容、多元、非正统等具有特色的内涵，就是这些文化要素融合为一体而产生的。岭海始终处在与不同文化相互作用和沟通的状态，但不存在严重冲突和对抗的局面。即使

---

[1] 请参看本书第二章第三节“文化结构与其他结构的整合”中有关内容。

在中西文化碰撞期，主要的文化成果还是造就了粤人多元及兼容的文化心理和处世心态，形成了以兼容为主要特征的社会实践方式，如移民社会的多元并存、平民社会的民主风气等。这种稳定的文化结构正是不断兼容的结果，它造就了岭海这个在中国难得的开放、多元而兼容的市民社会。

岭海的兼容是将多元文化进行整合的过程，呈现出一种既有杂处、糅合，又有融合的现象。它最后达到的效果不是模仿，而是在自身系统中各种文化要素共存、共生、重新建构和共同发展。多元实质上是一种通过吸收各种文化要素，摒弃成规，摆脱传统束缚而创造新文化的精神和状态。兼容则是将多元价值进行系统建构的文化态度和方法。这在价值哲学上看就是价值共生。它们都是岭海文化的价值支柱。从时间上来说，它比北京大学校风更早形成，只不过“兼收并蓄”在岭海是普遍的市民精神，这一市井的“下里巴人”，传到蔡元培那里演化成了“阳春白雪”。

2. 海的胸怀：广东海洋文化新时期创新

兼容要求平等、要求民主，需要吸收各层次的人们多元化的意见、批评及建议。新时期这一精神特质得到了极大的发扬，产生出不少创新的形式和成果。

广东在全国率先建立价格听证制度就是兼容精神指导实践的一个典型例证。听证会制度是指对具有垄断性、公共福利性的商品和服务价格制定和调整时，请社会有关方面对其可行性、合理性进行讨论的一项制度。广东的听证会制度，其内容贯穿着民主和兼容的精神，如规定：①价格决策听证应当遵循“发扬民主，广开言路，实事求是，集思广益”的原则；②听证会由物价部门主持，征求消费者、经营者和有关方面的意见；③参加人员来自多个层次和领域的：人大代表、政协委员、群众团体代表、经济和技术专家、学者；④政府有关综合经济管理部门代表；⑤企业和消费者代表，是一个多元的结构。广东创始性的价格听证办法，为国家制定规范的政府价格决策听证办法提供了实践经验，为我国价格听证制度的建立和推行打下了良好的基础，对我国政府行政决策听证制度的确立和普及发挥了推动的作用。

竞争上岗和公开选拔干部是一种扩大民主，落实知情权、参与权、选择权、监督权，充分体现群众公认的选人用人方式。公开选拔的探索和试验，广东省于1997年就已尝试。从2000年起，省委抓住机构改革的有利时机，果断决定：从“由领导选人”到“由制度选人”，在省委、省政府的55个工作部门（除公安和安全等个别部门外）中，对所有中层领导职位全部实行竞争上岗。共有1 480名正副处长通过竞争上岗走上了新的工作岗位。21个地级市也有3万多名干部竞争2万多个市直机关中层领导职位。竞争上岗成为广东建立用人新制度的突破口。一系列改革中，民主推荐是公推的第一道门槛，只有通过民意这一关，才能进入面试以后的程序；在考察中还要采用“民意测评”的方式，将干部群众推荐出来的人选再放到干部群众当中去征求意见，让干部群众对差额人选再进行一次推荐。公开选拔和竞争上岗是干部选拔制度和人事制度创新的探索和举措，接受人民的推荐、测评、选择和监督，这是运用兼容精神在新时期的创新之举，为政府与民众、官与民关系的和谐打下了基础。

3. 和谐：价值共生与和谐广东建设

开放、多元、兼容这些广东海洋文化的特质，为和谐广东的建设创造了十分有利的基础条件。和谐的内在机理是地球生态系统的总体平衡规律，表现为动态平衡这一种状态。它首先需要多元，其次，动态平衡是兼容的积极历史成果。一枝独秀，唯我独尊，那必然导致不平衡。

多元和兼容所产生的这种动态平衡，其实质是价值共生。从人类及其精神产生的基础看，大自然从最简单的价值建构开始，不断趋于更为复杂、丰富和多样的价值耦合，才生成具有无限生机的地球生态系统。生物进化和生态圈的历史，是价值建构的不断复杂化和系统化，地域空间不断扩大的过程。

人类自身进化的过程就是价值建构的不断丰富、结构不断趋于复杂和有序化的过程。从穴居的小群猿人，随着价值面的越来越广，涉及地域越来越大，价值的建构愈益系统化，才产生越来越大的民族和国家，才有日益复杂的社会结构。所有价值只有在不断敞开自身的过程中，才能迈上更高的进步阶梯。相反，面对多元的现状和趋势，如果采取的不是兼容，而是批判和排斥等态度，那就会丧失价值耦合的机会，产生不出价值建构的成果。

价值共生还应该在现今世界或称地球生态系统的横向结构来理解。其基本的系统平衡表现为三个层次：人与自然的动态平衡，人与社会的系统平衡，人自身的平衡。三个层次或子系统都表现为价值共生的关系，其本质在于和谐。而且这三个子系统之间还需要保持动态平衡即价值共生，才能有地球生态系统即我们这整个世界的平衡。

价值共生是建设和谐广东的价值观基础。为什么 20 世纪 90 年代中期后，改革开放初期广东所具有的政策优势和人缘地理优势不再，发展条件与沿海各省基本相当，第三代中央两个领导集体还是选择广东呢？一个重要原因是，广东海洋文化的发育和发展使价值共生成为广东的一个优势和特色。

“三个代表”重要思想首先在广东提出，广东继续担当排头兵，这是与海洋文化的兼容品格和和谐本性相关的。开放、多元、兼容等文化精神作为强有力的支柱群，使其更有条件代表中国先进生产力的发展要求，代表中国先进文化的前进方向，代表中国最广大人民的根本利益。拿代表最广大人民的根本利益来说，注重民生是广东海洋文化的一个传统，“民生”从康有为、梁启超、孙中山起就具有岭海特色并影响国人心灵的理念，孙中山在其治国方略中，2/3 篇幅都涉及民生。在这方面广东在改革开放 30 年中又进行了创新，取得了巨大成就。

社会保障不仅是民生的重要焦点，也是建构社会主义先进文化的重要环节。改革开放中，广东不断加强社会保障建设，逐步建立起与市场经济相适应的包括养老、医疗、失业保险等在内的社会保障体系。从 1993 年开始，广东社会保障改革进入制度创新阶段。配合国企改革，建立“下岗职工再就业服务中心”工作系统。再就业中心除发放基本生活费外，还为下岗职工缴纳社会保险费用，开展职业介绍、职业培训等服务。在养老保险方面，按照“统账结合”的模式统一了各地基本养老金制度。在医疗保险方面，推动了职工基本医疗保险政策方案。设立城市最低生活水平线，建立下岗职工基本生活费、失业保险金和城市居民最低生活保障标准逐步提高的机制。

将民生进一步落实到“文化民生”上，也是广东海洋文化的一大创造。这一理念由广东率先提出，并贯穿于城市社区文化创新和农村基层文化建设创新中。从广东传出了“文化扶贫”、“让人民共享文化成果”和“文化重心下移”等观念。广东在文化大省建设中非常强调公共文化的资源的共建共享，重视满足人民日益增长的精神文化需求。广东省“十大民心工程”和广州市“惠民 66 条”等印证了在“实现全省人民富裕安康”目标中，文化的分量日益加重。“流动图书馆”、“流动博物馆”和“展览协作网”摸索出实现文献、图书和文物资源在全省范围内流通共享，完善公共文化服务体系的新路子。民生如今从物质走向文化，从广东走向全国，同样说明海洋文化的和谐特质在广东具有广阔的发展空间，有相当丰厚的沃土。它与老子所说的“小国寡民”式的和谐不同，是具有无限的开放性、宽广的多元性、深层的兼容性的和谐。

广东提出了一个系统的目标：“建设经济强省、文化大省、法治社会、和谐广东，实现全省人民的富裕安康。”在这一整体结构中包含着许多方面的价值共生。例如，文化大省建设服务于其他方面，落脚到民生，满足人民日益增长的物质和文化需要上来；又与其他方面相互作用，共同促进整体社会系统的和谐有序。这说明广东对文化建设已有了高度自觉的“科学系统的理性精神”。①

在和谐广东中包含着“绿色广东”，这也有着价值共生的底蕴。和谐广东这一目标是要实现一个协调有序的巨系统，它包含着多个子系统、要素和结构，绿色广东是其中重要的子系统；同时绿色广东受和谐广东巨系统的控制和协调，必然蕴涵着和谐广东的主要特征。也就是说，和谐广东作为一个文化观念，其重要的价值支柱必然贯穿于绿色广东的实践中，构成后者的重要内涵。广东在这一理念中同时注重其三个层面。

其一，绿色广东是一个自然理念，引导着生态和环保的广阔实践领域。它要求按照多样性价值的总体平衡这一生态圈的基本规律，通过生态系统内部循环的恢复、资源的再生、生物与环境的协调而达到生态再造。再造广东生态，要求积极发展循环经济，规划建设生态工业园，创建节约型城市；推进资源节约利用，建立节能降耗指标体系；加强环保和生态建设，如执行污染排放总量控制；实施环保规划、国土规划和林业生态省规划等。

其二，绿色广东是一个社会理念，必须将其贯彻于所有社会领域。马克思、恩格斯“两个和解”思想既重视人与自然的和解，也强调人与社会的和解。自然本性与社会本性是同一的，人与自然和社会的关系在本质上都是和谐而非分裂。人对自然界的剥夺，是社会关系紧张和分裂的必然后果；反过来，人与社会和解则是现时代人与自然和解的前提。绿色广东作为社会理念，广东力求在社会每个领域中得到贯彻和全面协调。例如，在全社会普及绿色环保理念，宣传生态责任是人的社会责任，弘扬不仅回馈社会，还要回馈自然的理念，使社会生产方式和消费方式全面地向健康和绿色转化。又如，建设人文企业，使其从生态耗费企业向生态补偿企业转变；制度配套上要健全企业损坏环境的赔偿机制，等等。再如，广东将发展文化经济作为建设绿色广东的有效途径，促进企业改变或调整自身的目标、动机和社会责任，在对自然的实践中同时履行着自身的社会责任。

其三，注重绿色广东的人文理念，使其渗透于群众个体生活的各个领域。绿色广东蕴涵着深刻的人文关怀。人文是在广阔的文化视野中，将人类一切创造成果用于丰富和优化每个个体的生活，使人与自然、社会相统一，指向人自由而全面的发展。这是最根本的“民生”关怀。在实践中，人文关怀要从系统构建着手，重视发扬和培育个体和谐意识。它包含个体身心健康、内心平衡，还蕴涵自然和谐、社会统一于其中。这三个层面的价值共生过程，

---

① 韩强：《科学系统的理性精神》，载《深圳特区报》2000年3月19日，第17版。

是绿色广东20多年来顺利推进的过程。它不但得益于岭海四季常绿的生态，而且托赖广东“和”的社会理念，包括和气生财、信用为本、多元兼容、饮食中的“和味”以及人际和谐等。广东重视建构新时代的绿色文化习俗，将其作为促进个体和谐安康的长久有效的途径；重视挖掘岭海文化的生态智慧这一深厚历史积淀，依靠其广泛的群众基础，拓宽和建构新世纪的绿色广东理念，并渗透于实践的各个领域和层次。改革开放30年历届政府重视生态再造不仅造就了绿色的广东大地，而且是现代孔雀东南飞的重要促因。

社区治理新模式也是广东在构建和谐社会中的一大贡献。深圳社区治理体制改革是一种与民主政治相吻合的思路，较好地体现了政府对社会稳定与和谐的追求，又兼顾了民众的民主意识和其对民主管理的要求。在该模式的设计中，既有国家宏观调控的体现，又有民主要求的体现。其中比较典型的是深圳盐田区社会治理模式的创新，它有五大创新亮点：一是创新了社区治理理念。坚持党和政府指导与社会共同参与相结合，政府主导和社会主导相结合，动员各种力量支持社区建设，培育公民精神，建立新型现代化社区。二是创新了社区治理组织体系。建立垂直管理体制，推动政府管理重心下移。社区居委会角色的归位，解决了社区居委会职能交叉和严重行政化的问题，强化了社区自治功能。三是创新了社区居委会选举制度。深圳盐田区在三次居委会换届选举中，逐步扩大选民范围和直选比率，将选民范围从户籍居民扩大到有一定资产并生活、工作在盐田一定时间的全体社区居民；全区所有社区居委会成员全部采取由选民无记名投票直接选举产生，等等。四是创新了社区服务机制。出台相关配套措施，设立社区服务专项资金，规定政府按照购买服务项目的方式，对社区服务站从事的无偿服务进行评估、补贴。五是创新了社区参与机制，积极拓宽社区居民参与的渠道和途径，搞好共驻共建，实现资源共享，政府和社区建立了合作共治的新型关系。

深圳盐田区社区管理体制改革成效巨大。它增强了基层政权的执政能力和行政能力，提高了居委会的自治能力，增加了公民参与政治生活和社区生活的渠道。新的社区体制为热心公益、有名望、有能力的人搭建一个“舞台”，让他们在为公众服务中得到成就感。降低了社区管理成本和政府行政成本，改善了社区居民的服务机制。通过改革，使社区居民享受到更多、更好的服务，从而提高了社区居民对社区管理的满意度。2004年底，17个社区居委会分别建成了一栋社区服务综合楼，各种软硬件建设达到全国“社区建设示范社区”标准。盐田区委、区政府为各类社区组织提出共同的理念：“同在一个社区，同为居民谋利，社区资源共享，社区责任同担，共建合作机制，共建美好家园”，正在进一步完善的“盐田模式”社区体制，在创新社会管理体制、实现社会和谐的道路上迈出了新的一步。

和谐社会构建与科学发展的相互促进和系统协调，使广东在新的世纪短短几年内就取得了飞跃式的发展。到2006年，全省GDP达26 204.47亿元，占全国的1/8左右。在经济高速发展的同时，经济运行的质量也不断提高，实现了又快又好的发展①。同时也说明中国第三次选择广东之正确，因为这里有一组坚强稳固的价值支柱群；开放、多元、兼容及和谐的相互作用和系统建构，发挥出海洋文化的独特优势，引领出"三个春天"的强劲脉动，向中国乃至世界显现出南中国海潮汐那澎湃而稳健的呼吸。

① 广东百科全书编撰委员会、中国大百科全书出版编辑部：《广东百科全书》下卷，中国大百科全书出版社2008年版，第845页。

中编

逐浪扬波：海洋文化广东之创新

第五章

开放精神叩响经济繁荣的旋律

海洋文化是面向世界的开放性文化，这一特质使广东经济自古就有流动性、商品性特点，它培育出了广东人底蕴深厚的商品意识和创新意识。在中国改革开放的大潮中，正是广东海洋文化特有的创新精神促进了敢为人先的风尚，促进了广东经济的繁荣。

一、海洋文化催生了商品经济意识

改革开放30年，我国经济领域的一项重要变化是计划经济模式被冲破，商品经济得到了迅速发展。在这一转变过程中，广东无疑起到了“领头羊”的作用，是开放创新、敢为人先的海洋文化催生了广东的商品经济意识，推动了广东经济模式的率先转变。

1. 地缘经济内涵的商品因素

一种特定的文化总有地缘经济的根系。广东处在祖国的南大门，与内地五岭相隔，历来就形成了不同于中原经济的区域经济。广东气候适宜于种植多种热带和亚热带作物，从宋元以来人们就积累了种植经济作物的经验。由于地理条件，在同样面积的土地上种植经济作物能比种植粮食获得更多的经济效益，这使人们自然把眼光和精力转向经济作物的种植，当时“富者以稻田利薄，每以花果取饶”，[①] 佃户也常以重价佃种适宜于种植经济作物的田地，于是甘蔗、水果、花卉、桑蚕、蔬菜、茶叶、棉花及烟草、花生等经济作物便逐渐地发展了起来。这些经济作物主要的不是为生产者自己消费，而是用于相互交换，于是就出现了商品经济发展的趋势，特别是在珠江三角洲，这一发展势头更为显著。

农业商品性生产的发展，既使农业生产结构发生了变化，也推动了农村整个生产结构的改变，例如，甘蔗的种植，推动了榨糖业；桑蚕的发展，推动了丝织业；棉花的种植，推动了织布业；荔枝、龙眼等水果的生产，使制作烤箱和打包业发展了起来。这些在家庭副业基础上发展起来的手工业，直接是以商品生产为目的的。

商品生产的交换本性使广东的交通运输业和商品贸易业更早地发展了起来。广东地处沿海，水网河涌遍布全省，交通运输所需要的造船业和冶铁业发展到明代就已经有了较高的水平，造船业和冶铁业的发展与成熟造就了不同行业的熟练工人以及能适应各种工作需要的粗工，使他们从农业生产中长期性地分离出来，进一步推动了商品经济的发展。

广东全省通过北江、东江、西江及与此相连的交通关隘与外省沟通，广东丰富的商品经过商人之手，沿着这些路线被贩卖到国内许多城市，有些还被作为献给朝廷的贡品；外省的粮食、木材等货物也大量地出入广东。丰厚的商业利润吸引了许多外地的商人，由此形成了以广州为中心的商业城市和外贸口岸，佛山、江门、石龙等贸易城镇也相应发展起来，农村圩市更是遍布全省各地。据明嘉靖年间的数字统计，广东各府州县共有圩市 439 个，其中广州府 136 个，惠州府 37 个，潮州府 41 个，肇庆府 49 个，廉州府 19 个，雷州府 7 个，琼州府 66 个。[②] 广州府所属的南海、顺德、东莞、新会等县都是商品经济发达和交通便利的县，故而圩市也较多。嘉靖以后，这些县的圩市又有了进一步的增多。

广东商品经济的早先发展，促进了城市镇和圩市的发展；而城市镇和圩市的发展又反过来促进了商品的流通，进一步推动了农产品的商品化，使广东农村沿着农业商品化的方向不断发展。在这样的历史发展进程中，广东人世代受到了商品经济社会氛围的熏陶，和内地各省份比较，商品意识更多地积淀于他们的文化心理中，使岭海文化愈到近代，商品意识愈为浓厚。

中国历时已久的沿海对外并非广东一地，在清朝乾隆二十二年（公元

① 蒋祖缘、方志钦主编：《简明广东史》，广东人民出版社 1993 年版，第 228、229 页。

② 蒋祖缘、方志钦主编：《简明广东史》，广东人民出版社 1993 年版，第 258 页。

1757 年），清政府封闭了漳州、宁波、云台山三个口岸，仅留广州一处对外通商，原来经闽、江、浙之地的对外贸易商品都要个经过广州转销，这更加强化了广东的对外商品贸易。当时珠江三角洲的“桑基鱼塘”已迅速发展起来，并取代了“果基鱼塘”的地位，由于政府限制湖丝出口，于是广东生丝外销日增，“桑基鱼塘”一时进入发展的黄金时代，其专业生产区不断增多，且规模迅速扩大。较高程度的商品化生产，使小生产者对市场的依赖进一步加强，更加促进了农村圩市的发展。各地的专业性圩市多设在农作物专区，它们与城市联成一个商业网，起到了沟通城乡物资交流的桥梁作用；同时也在以珠江三角洲为核心的岭南之地强化了商品经济的氛围，自给自足的生产方式愈益受到冷落和排斥，商品经济日益成为人们经济生活的依赖。

粮食是人们生存生活的必需品，而地缘经济的发展使广东发生了较为严重的缺粮现象，这成为广东人商品交换意识之所以形成的被动性原因。广东的缺粮，主要是由于以下方面的原因：一是农民偏重于种植获利较多的经济作物，而经济作物种植面积的扩大，挤占了粮食的种植面积。二是工商业发达，大量农村人口脱离农业，集中于城市，外省流入广东的人口也不少，使城市粮食消费量大增，商品粮供应偏紧。三是广东“山多田少”，有些地方适宜耕作的土地仅十之一二，还有许多地方的土地沙瘠咸潮，不利于自然耕作。清朝后期，广东 87 个州县中，粮食不能自给的就达 51 个州县，可见全省缺粮现象之严重。粮食的缺乏迫使广东人必须寻找粮源，以籴粮的方式解决生活必需。当籴粮成为一种生活常态时，自给自足的自然经济生活方式实际上已被完全冲破，商品经济意识已融入广东人的地域文化中。

商业的发达和商品经济意识的浓厚氛围催生出了活跃于经济领域的广东帮商人，他们的活动加强了城乡物资交流，推动了省内外商品的流通，也促进了对外贸易的发展。其中的突出者一时成为社会生活领域中具有影响和示范效应的风云人物，这一效应反过来又强化了地域文化中的商业意识。同时，海外贸易的发展使侨居海外的华人不断增多，广东成了华侨众多的省份，这都使地域文化中具有更多的崇商特征。

广东地缘经济在历史的发展中走向商品经济，由此衍生的地缘文化有着浓厚的商品意识与重商特征，这是岭海文化在特定地域中自身演化的结果。由于这一经济、文化的原因，30 年前，中国改革开放的号角一吹响，广东就注定成了中国改革春雷的首响地。

2．新时期商品意识的复苏

“文革”十年，极“左”思潮泛滥，经济形式上追求“一大二公”，经济活动中提倡“以粮为纲”，限制甚至禁止经济作物的种植和家庭副业的经营，把正当的商业贸易当作“资本主义”、“投机倒把”来批判，政治上又追查所谓的“海外关系”，使广东人在经济生活中手脚被缚，心中不安。“大跃进”和三年严重经济困难，本来就使广东的经济停滞不前，“文革”十年折腾，更使国民经济到了崩溃的边缘。人口增加，生产下降，粮食短缺更加严重，广东的大多数人已到了吃不饱肚子的地步。当计划经济走到绝境之时，具有开放文化心态的广东人就开始探寻新的出路。

由于经济的发展停滞不前，人民生活得不到应有的保障，广东与毗邻的香港、澳门的经济生活有了极大的差距，因而全省连续发生了群众偷渡外逃的事件。据统计，从1954年合作化时期到改革开放开始的1978年，全省共发生偷渡外逃56.5万多人次，逃出14.68万多人。两次大规模的外逃，一次发生在1962年“大跃进”失误后的三年经济困难时期，当年全省偷渡11.79多万人次，逃出3.97万多人，另一次发生在“文革”结束不久的1978年，其情况更为严重。① 群众外逃固然有思想认识上的原因，但主要的还是对长期执行的极“左”政策的反感，是贫困生活的逼迫，表达了对经济繁荣的向往。极富商品经济意识的南粤民众在饱受极“左”政策之苦后已表示了对计划经济的厌弃。

计划经济曾被视作社会主义必有的基本经济形式。然而，在商品经济一度繁荣过的南粤大地，要想坚持社会主义制度，稳定人心，就必须在计划经济的绝路处另辟蹊径，这一要求必然会出现不同于计划经济的新思路、新方法，由此成为打开计划经济僵化体制的缺口。

有几件事情极有典型性。邻近香港的宝安县原有几千亩土地在香港境内，原来的政策是允许宝安县的劳动力过境耕作，但“文革”中“左”倾思想作怪，对过境耕作管得很死，一天只能批几个干部过去，没有劳动力进行耕作，土地竟然被丢荒了。“文化大革命”结束后恢复了部分政策，批准一些人过去种粮食，但粮食收割了不准在香港那边卖，要挑回来，劳动力还是不够，使大批良田仍然荒废。边境之民与香港人很多有亲戚关系，以前允许过境探亲，探亲政策是“三个五”，即每人每年可以过去探亲五次，每次去可以买五斤副食品，五斤副食品的总价格不超过五元钱。这本来就已经限制得很死了，到“文革”时批判所谓“崇洋、靠洋、向洋”，“三个五”的政策也被全部禁止，不准过境探亲了。香港市场需要草皮、花、河鲜、甲鱼等产品，国家政策一直不允许大额贸易出口，邻近香港的县在1962年经济困难时就组织搞小额贸

① 《习仲勋主政广东》编委会：《习仲勋主政广东》，中共党史出版社2007年版，第28页。

易出口，再将所得外汇收入的一部分用来购买副食品，一时缓解了经济困难时商品紧缺的局面，但“文革”中这类小额贸易也被禁绝，自己不生产，也无以去交换，致使群众生活贫困不堪。为了改变这种局面，适应老百姓的生活需求，经当地政府请示，省委领导指示，过去“文革”搞错的现在都要改正过来。于是“文革”之前曾经实行过的一些做法，如过境耕作、过境探亲、小额贸易、侨务政策等都开始恢复。在富有商品经济土壤的广东，改善人民生活、发展经济的任何努力，都必然使一统模式的计划经济体制发生松动。

根据群众的生活需要，并结合广东地域经济的实情，广东省委在1979年就提出了减少粮食种植面积的原则性意见，并且提出边防地区可以不交粮食给省，农民口粮自给解决，然后出口挣外汇，香港市场需要什么，什么可以多挣外汇，农民就可以养什么、种什么。这实际上已开始了按市场规律来规划生产，捅开了计划经济体制的缺口。宝安县福田公社的渔农生产队，“文革”后开始挖鱼塘，搞小额贸易，经济有了发展，这期间没有一个人外逃；沙头角镇1978年下半年以来大搞来料加工、小额贸易和家庭小手工业，群众生活显著改善，到1979年6月时，不仅没有人外逃，而且还有几户人要求回来定居。这些现象反映出一个朴素的道理：坚持社会主义制度，一定要制定出符合实际的政策来维护人民群众的利益，保障他们生活水平的提高。而在广东的土地上，尤应首先考虑用商品经济方式来规划生产，这是由广东的地缘经济和文化土壤所决定的。

正是海洋文化的开放精神、创新精神支持着广东人探索新生活的勇气。在全国各地都实行高度集中的计划经济之时，许多内地省份，大多数民众都是守着贫困，安于贫困，缺乏那种丢弃计划经济的自觉意识，缺乏对商品经济的丰富想象力，冲不破自给自足的传统经济模式。广东人则在计划经济的绝路处复苏了本有的商品经济意识，出于对富裕生活的向往，他们敢于闯险，筚路蓝缕，在内地民众正为贫困所扰、无所适从的时候，他们已在商品经济的起飞之路上开始探索。从20世纪70年代末期起，中国新经济模式在广东的创造已顺理成章。

3．新经济模式在广东的创造

海洋文化中的开放精神促使广东人在新时期改革之初就在计划经济的绝境中另辟生路，推动了广东人商品经济意识的复苏，许多新的经济模式在创新精神的推动下被创造出来。

1978年真理标准问题的讨论吹响了清算“左”倾错误路线的号角，十一届三中全会开启了中国改革开放的新历程，广东人在思想解放上领先一步，由此获得了发展经济的精神支持，迅速在经济领域大显身手、领先全国。中山县采取总结经验、典型对比的办法，总结新中国成立以来正反两方面的经验，抓农村经济政策的落实。当时小榄公社捋西二大队第二生产队社员黄新文一家，以养猪为主，全年纯收入6 000多元，被树立为典型，他的事迹登报后，收到全国24个省市400多封向他取经和表示支持的来信，这在全省具有代表性。顺德勒流公社和东莞中堂公社，他们联系本社多年来农业生产的实际，在思想解放中批判极“左”路线，着重反思了几个问题：①过去批判的东西，是不是都是错误的？②上级肯定过的东西，是不是都是对的？③因地制宜，从实际出发安排生产对不对？④富了是不是一定“变修”？⑤敢不敢让一部分大队、生产队和个人先富裕起来？通过这样的反思和讨论，广大党员干部从极“左”路线和各种条条框框的束缚中解放了出来，有力地推动了广东的拨乱反正及在各项工作上的创新。商品意识的复苏使广东人在中国改革开放之初，无论是在对经济建设的认识上还是行动上，都已走到了全国的前列。当时省委的开明政策是，广东人要把发展经济、提高生活水平当作重要课题来抓。省委主要领导深入各地调查，了解群众呼声，于1978年秋提出：要抓好对外经济贸易，发展种养业和多种经营，大力组织沙石和土特产、农副业产品出口，发展社队企业，引进香港同胞和外商投资办厂，搞来料加工，强调要抓好外贸出口基地建设，抓好各项规划和资金的落实。当时在宝安县，已有了两家来料加工厂，一家是沙头角的塑料花厂，另一家是皇岗的假发厂，它们应是新中国成立后最早的“三来一补”企业，即来料加工、来样加工、来件配装和补偿贸易企业，其经济方式是由外商提供原料、辅料、零部件、配套件和包装物，甚至提供机器设备，由中方按外商要求进行生产加工配装，成品交由外商销售，中方收取加工费。在这种模式中，似乎中方不是独立的生产企业，避免了特定社会环境中的种种麻烦，是当时广东加工业最可能的形式，体现了广东人务实、灵活的特点。后来，这种经营模式被全省和全国各地效仿，成了我国改革开放初期吸引外商的一种重要形式，广东人的招商创造推动了全国范围的开放。

广东农村的改革首先是从突破人民公社“一大二公”的旧管理体制开始的。旧的农村生产管理体制重复“大跃进”时的高指标，“瞎指挥”、“一平二调”、“一刀切”，不讲经济效益。富有经济头脑的广东人为了解决吃饭和改变农村面貌，率先行动起来，冲破禁区，实行包干到户、包产到户。在推行不同形式的生产责任制方面，广东是比较早的。

从1978年下半年开始，一些社队为了打破平均主义的制度，更好地调动广大农民的生产积极性，开始参照20世纪60年代一度实行的“包产到组”的办法，相继实行定工、定产、定成本和超额奖励的生产责任制，广东省委及时发现了这一增产的形式，立即给予积极支持。当年10月中旬召开省委常委扩大会议，决定在当年的冬种生产中普遍推广这种“三定一奖”的责任制。

农村商品化的经济活动必然要求对农村产业结构作出因地制宜的调整，在十一届三中全会精神的推动下，广东勇敢地迈出了这一步。1979年1月中旬，广东省委常委扩大会议提出：今后生产队只要保证完成国家下达的粮食和其他经济作物的产量计划，就可以因地制宜地安排种植计划，决定增产措施。省委下达的种植面积计划只作为参考，不得强制执行；提出各地、县在保证完成粮食计划产量、国家征购任务和社员口粮不减少的前提下，可以以县为单位安排水稻和旱粮的比例，调整粮食和经济作物种植面积；要求各地、县建立农业商品生产基地，加快珠江三角洲27个县市农业商品生产基地的建设。农业生产结构的合理调整，促进了广东省农业生产的全面发展，到1980年，粮食播种面积虽然减少了431万亩，但总产量仍达354.9亿斤，比上年增产13.8亿斤；花生、大豆等多种经济作物大量增产；农村人均收入274元，比上年增加51元，口粮人均515斤，比上年增加20斤；农村社员储蓄存款余额13.9亿元，比上年增加5亿多元。[①] 农村改革在广东已经成效显著。

广东农村的改革冲破了高度集中的人民公社管理体制，逐步走向了以家庭经营为基础，以集体经济为主体的统分结合的双层经营模式，产业结构和经济结构调整到了符合广东地缘特点、符合商品经济规律的状态，这是广东人的一项伟大实践。它开拓出了中国特色社会主义的农业发展道路，广东农村经济从此进入了一个繁荣昌盛的新时期。

在工业企业经营管理体制的改革方面，广东也是领先全国、卓有成效的。工业和农业以及全部经济领域，本是一个相互联系的整体，农业经营模式的改变必然推动并要求整个经济领域的全面变革。顺应这一要求，广东的各项改革逐步推进，搞得有声有色。

广东率先在全国进行农副产品价格和购销体制的改革，首先有步骤、分品种放开农产品价格，通过价格杠杆调动农民的生产积极性，刺激生产，以满足市场需要。1978年秋，根据广东省委的安排，全省放宽了计划外产品的价格管理，扩大实行浮动价的范围和幅度，开始实行质量差价、地方差价、季节差价，满足经济建设和人民生活的需要；同时，在产品流通方面，实行国家、集体、联合体、私人多家经营，让农民参与流通，逐步建立起一支庞大的流通队伍，开拓国内外各类市场。这些措施，实际上已冲破了过去按行

① 《习仲勋主政广东》编委会：《习仲勋主政广东》，中共党史出版社2007年版，第146页。

政指令层层调拨的封闭式、多层次的商业批发体制。1978年12月，广州市率先在全国同行中办起第一间行栏货栈——广州市河鲜鱼栈，这一改革打破了长期以来由政府统一制定农副产品价格的局面，迈出了农副产品放开价格的新步子。从1979年起，广东还对工业消费品和生产资料价格进行改革，把单一的国家统一定价改为在国家规定中准价的基础上实行上下浮动价以及工商企业协商定价的形式，逐步放开了小百货、小五金等小商品价格。省政府在不到1年的时间内，将117种统派统购的农副产品降为25种，这种勇气和做法在全国尚无先例。

企业经营管理体制改革的典型当属“清远经验”。1978年秋，十一届三中全会召开前，广东清远县委为了扭转国营企业生产长期徘徊不前的局面，在属下17个国营企业中大胆推行“超计划利润提成奖”的办法。一年后，总产值增长8.5%，利润增长两倍多，上缴税收增长30%，工人收入增长18.3%，在改革明显见效的前提下，清远县于1979年4月进一步改革工业管理体制，撤销局一级管理机构，成立县经济委员会，统管全县工交系统的人、财、物，并相应扩大企业的经营管理权限，县经委统一对县实行上缴利润。承包企业则对经委承包，开创国营企业承包之先例。这一措施扩大了企业自主权，将奖金与经济效益挂钩，极大地调动了职工的积极性，清远成为当年全省产值利润增长最高的一个县。

广东省按照减政放权、搞活企业等原则，还对传统的计划管理体制和政府职能进行了改革。这包括在工业部门适应有计划商品经济的要求和对外开放的需要。在原指令性计划的基础上不断扩大指导性计划，在农业方面，根据广东的实际情况，从1980年开始，对农业生产全部实行指导性计划，取消指令性计划，不仅加大了市场调节的比重，同时改变了传统的“以粮为纲”的格局，促进了农业经济结构的调整。在物质管理方面，也实行了以指导性计划为主的管理体制，改变了过去单纯政府部门分配物资的独家经营办法。1979年，广东根据中央的精神，实行对外贸易包干体制，在外贸体制上打破独家经营的局面，适当扩大了各地、市、县经营外贸的权限，外贸体制的改革促成了外贸出口三年翻一番的显著效果。1979年，广东还大抓旅游事业，开始重视旅游景点的建设，充分挖掘潜力，力促管理水平和服务质量，当年还引进外资兴建广州三大宾馆——白天鹅宾馆、中国大酒店、花园酒店。这使广东的旅游宾馆不仅走在全国前列，而且赶上了世界先进水平。

经济领域里的多项改革使广东经济发生了巨大的变化，新的经济运行模式被创造出来，使广东摆脱了旧体制的束缚，经济发展已远远走在全国的前列。

二、特区经济扬帆起航

深圳、珠海两个经济特区是我国打破闭关锁国、实行对外开放的产物，它们诞生于广东的土地上，带着强劲的海洋之风，是广东人勇于创新和敢为人先的见证。特区经济的腾飞是广东经济发展的重要标志，对全省乃至全国的改革开放发挥过极其重要的作用。

1. 创新精神推动下的特区建设

特区的设立是广东人民在中央改革开放政策支持下，以创新精神大胆探索、勇敢实践而实现的，是海洋文化推动广东经济和社会建设的有力见证。

1978 年 4 至 5 月间，中央选派三个代表团分别到港澳和国外考察经济，到港澳实地调研的一组回到广州，广东省的党政领导了解了他们考察的情况，为港澳弹丸之地的飞速发展而震惊，根据考察组提供的情况及其建议，省委领导迅速研究了毗邻港澳的宝安、珠海两县的建设问题。根据中央领导关于开放发展的指示精神和本省的实情，到当年 10 月份，省委制定并向国务院上报了《关于宝安、珠海两县外贸基地和市政规划设想》的报告，其中提出了两县的组织领导、机构设置、建设农副产品出口基地以及实行物资进出口、工交建设、来料加工、引进生产线、搞好城镇建设和发展旅游业等设想，这一设想已勾画出了两地未来的雏形。次年 1 月，为了加强对两地的领导，省委正式决定，将宝安县改为深圳市，珠海县改为珠海市，并派出得力干部加强两地领导，这当属特区的筹备过程。

1978 年 11 月，中共中央在北京召开历时 36 天的工作会议，广东省委领导在会议发言中提出，希望中央给广东以更大的支持，多给地方处理问题的机动余地，允许广东吸收港澳华侨资金以及开展“三来一补”等，得到与会者及中央领导的赞同。在接下来的十一届三中全会之后，广东省委在广泛调查的基础上，组织班子于 1979 年 3 月底撰写出了《关于广东经济工作的汇报材料（送审稿)》。提出了一些发展的设想和希望中央解决的几个问题，中心是要求中央允许广东在对外经济交流方面先走一步，并要求中央多给广东一点权力。省委初步决定把在深圳、珠海、汕头要设立的对外加工贸易区暂定名为“贸易合作区”。《汇报材料》被提交到 4 月份召开的中央工作会议上，得到了中央领导的大力支持，邓小平非常赞同广东关于对贸易合作区进行单独管理的创意设想，敏锐地感觉到这是促进经济发展的新思路，他一锤定音，说：“还是叫特区好，可以划出一块地方，叫做特区。”又说：“中央没有钱，可以给些政策，你们自己去搞，杀出一条血路来。”① 中央工作会议讨论并形成了《关于大力发展对外贸易，增加外汇收入若干问题的规定》，其中专门有“试办出口特区”一节，广东的深圳、珠海、汕头被正式列为出口特区，根据国家政策法令享受优惠政策。当年5月，中央派出工作组协助广东省制定起草《关于试办深圳、珠海、汕头出口特区的初步设想》，对特区建设作了更为具体的设定，特区建设至此已酝酿成熟。

1979年7月，中共中央、国务院颁发了50号文件，同意广东与福建省对外经济活动中实行特殊政策和灵活措施，提出：“出口特区可先在深圳、珠海两市试办，待取得经验后，再考虑在汕头、厦门设置的问题。”特区内允许华侨、港澳商人直接投资办厂，也允许某些外国厂商投资办厂，或同他们兴办合营企业和旅游事业。8月份，国务院委托广东起草了《广东省经济特区条例》。1980年8月，全国人大五届十五次会议通过了该条例，经济特区由此获得了应有的法律地位。与此同时，有关方面还制定了海关法、投资法、土地管理法、治安保护法等一系列单行法规，并成立了经济法庭、法律顾问处和经济仲裁办事处，保障了特区的立法和司法完善。广东省还请国内百余名专家学者用几个月的时间调查比较，提出了对特区面积的设想以及不同功能区的合理分布。在广东人的开创性实践中，深圳、珠海经济特区终于创办起来了，这一举措表明了中国政府改革开放的决心，也表明了广东在中国改革开放大潮中的领先地位，在国内外都引起了强烈反响。

自特区创办之日起，在深圳、珠海的广东人和全省人民一道，按照邓小平“杀出一条血路”的嘱托，在中国的南大门破冰起航，开拓创新，引领潮头，取得了令世人瞩目的成就，推动了全省和全国改革开放事业的发展。

2．誉满海内外的深圳理念

在中国改革的春潮中，在富有开放精神的南粤广东设立并创建特区，注定是天时、地利与人和一应俱全。从20世纪80年代起，深圳可谓创造出了足令世界惊异的成绩，20多年间它由一个边陲小镇发展到了人口超过500万、市民人均收入全国最高、城市综合经济实力跃居全国前列、吸引全国乃至海外优秀人才投奔创业的国际化都市。这中间许多奇迹的创造，应该得益于极具进取精神的海洋文化所铸造的独特的城市理念。

城市理念是一个城市富有个性特征的人文精神，它产生于城市的奋斗历程中，具有极深厚的社会基础和最广泛的社会认同，体现着该城市存在和发

① 《习仲勋主政广东》编委会：《习仲勋主政广东》，中共党史出版社2007年7月版，第244页。

展的独特风貌。应该说，在经济建设的“深圳速度”启动之初，特区的建设者奉行的“时间就是金钱，效率就是生命”的口号，实际上代表了深圳的建设理念，深圳的快速发展正是得益于这一理念的推动。

1982年，时任深圳蛇口管委会主任的袁庚找到当时蛇口工业区的负责人熊秉权，商量提出一个口号来鼓舞人们的创业激情，他们当时最迫切、最看重的就是建设的速度和效率，于是抱着试探的想法，将“时间就是金钱，效率就是生命”用红纸写出来，设置在蛇口码头旁。这一口号直接把“金钱”、“生命”视作应该崇尚的宝贵东西，并以此作为立论的本位，鼓励人们珍惜时间，追求效率。它冲破了“左”倾思想长期笼罩下的“革命”、“贡献”、“改天换地”等陈旧的舆论气氛，给人以灵魂深处的撞击，在人们的温饱问题尚未解决、致富尚属不正当行为的社会背景下，这一口号显得尤为醒目，汇聚于深圳的创业者、淘金者和建设者认同这一口号，他们被口号所体现出的激情所鼓舞和引导，感到了奋斗的希望，焕发出了不知疲倦的干劲，令世人震惊的“深圳速度”在他们手中诞生。

正像特区的设置曾引发了人们的争论一样，体现深圳理念的口号也一时引起了社会的争议。一些反对者认为深圳是“要钱不要命”，一些人抹杀特区的社会主义属性，有些人还写文章，影射特区变成了旧中国的租界，政治气氛不时紧张。然而，当时的广东省委始终给深圳工作以大力支持。邓小平同志1984年1月来深圳视察时看到设于蛇口码头的口号，他次月在北京的一次中央负责人会议上说：“深圳的建设速度相当快……深圳蛇口工业区更快……他们的口号是‘时间就是金钱，效率就是生命’。”这一口号在蛇口提出两年，历经风雨，至此得到了中央领导的肯定。数月后的建国35周年大庆中，这一口号在蛇口工业区的彩车上被显眼地标示出来，由此风靡全国。

深圳房地产公司与香港中发大同公司联合在罗湖区兴建一幢20层的国商大厦，试行“投标招标”和“内部承包”，则是“时间”和“金钱”对应关系的典型体现：“提前一天完工，奖励港币1万元；推迟一天完工，罚款港币1万元”，这一方法逼迫城建单位背水一战，实行内部承包，极大地提高了效益。最终使国商大厦提前94天胜利竣工，工资之外的94万元奖金被发放到施工工人的手中。深圳国贸大厦采用了先进的大面积滑模施工方法，也采用了与国商大厦同样的奖罚条例：“提前一天奖5万元，拖后一天罚5万元”，于是产生了“三天一层楼”的建设纪录，创造了“深圳速度”的经典之作。

在新理念的支配下，深圳人的生命潜能转化成了实实在在的建设效益，全方位地诠释了当代社会应有的“时间观”与“金钱观”。在深圳的企业千方百计地想法贷款，而银行想方设法到处吸储，深圳人看到，天上的太阳每天都是新的，他们相信一切都在变化，一切都是可能的，于是借鸡生蛋，借蛋孵鸡。几十年不变的银行体制松动了，整个城市的财富血管畅通了。在全国市场上，能在最短时间内调到资金的，深圳人总是占先，钱生钱，富更富。深圳还产生了全国最早的现代公关业，钢材、木材、水泥，还有极为紧缺的外汇，没有计划，没有指标，就靠公关。国内紧缺的建设要素，依靠公关，最终都不失时机地落在了深圳人手中，变成了高楼大厦，变成了金钱与财富，深圳一时变成了海内外著名的创业与致富之地，它本身所具有的神奇而美丽的光彩，令成千上万的热血男女为之心动、为之神往。

3. 一花引来百花开

广东创造了深圳，深圳带动了广东。在海洋文化深厚的岭南大地，特区的艳丽花朵带来了春天的芬芳，催生了广东热土上的百花争艳。

1980年11月，特区建设正在热火朝天地进行，邓小平对即去赴任的广东省委书记任仲夷说："特区不是仅仅指深圳、珠海那几块地方，是指广东、福建两个省。单搞那一点地方不行，中央讲的是两个省。你们要充分发挥这个有利条件，对于搞特区，你们要摸出规律，搞出个样子来。"① 改革开放的总设计师不是把特区建设限定于两个城市，而是视为整个省，这对广东的改革开放是极大的鼓动和鞭策。事实上，深圳、珠海在体制改革和对外开放上先行一步，而两市的许多做法则在政策允许的范围内被尽可能地移植到了全省各地，特区的理念也直接影响了广东全省的思想解放和改革之风，全省经济在特区建设的带动下迅速起飞。

当内地人还在为几元的工资级别、几十元的奖金纷争的时候，深圳人的工资已成千上万地发放，珠三角的工资也已冲破了"大锅饭"时的束缚而有了极大增长。人们的心理已无法平衡：算一算，在内地一辈子，还不如在深圳干几年，不能再等了！"时间就是金钱"。于是，当官的抛弃了乌纱，读书人离开了死水一潭的岗位，满腔热血的青年男女，从全国各地的工厂、街道、农村纷纷涌向南方。人们要在最短的时间内发财致富，要在深圳、在广东实现自己的人生价值。"孔雀东南飞"成了一种有所作为的标志，成为一种时尚。特区所带来的人才效应使广东的"文化洼地"变成了千万凤凰的栖息地。

深圳、珠海在经济建设上的许多领先方法也相继被推广于全省各地。如珠江三角洲学习沙头角和皇岗的做法，先后引进了大批"三来一补"和"三资"企业，与香港形成了"前店后厂"的紧密联系。深圳国贸大厦的工程建

---

① 中共广东省委宣传部编：《改革开放三十年历史回顾与经验启示》，广东人民出版社2008年版，第95页。

设方法不久也被广东省作为一项制度固定下来，在全省推广，这一方法对提高工程质量、节省工程造价和提高建设效率都发挥了重要的作用。我国首家由企业法人持股的商业银行——招商银行是为开发深圳蛇口工业区而获批准的，这家银行不久就在广东各地设置分支机构。

地缘上的相近也使特区建设的许多配套项目延伸到广东各地。1981 年 8 月，省政府批准省公路建设公司向澳门南联公司贷款，建设广州至珠海公路上四座总长为一千米的大桥，在全国开创了利用外资建桥的先例，三年后该公路通车，实行过桥收费，以收费偿还本息。至 1988 年底，全省用这种新的模式建桥 1 195 座，全省公路主干线已实现无渡口通车，广东由此开创了“以桥养桥”的投资发展新径。1984 年，国务院批准组建广深铁路公司，该公司突破国有国营旧的铁路体制模式，实行全面承包、以路建路、自主经营、自负盈亏、自筹资金、自我改造、自力更生的新体制。这是广东基础建设的重大项目，也为广东的经济建设探索了新的路子。1983 年 11 月，广东旅游部门开办了第一批中国公民从广州出发前往香港的旅游探亲，被香港媒体称为“新中国第一团”，次年又开办了省内居民赴澳门旅游的业务。与此同时，广东利用外资、侨资，改造和兴建了大批高级宾馆，包括中山温泉宾馆，广州白天鹅宾馆、中国大酒店、花园酒店、东方宾馆等，这些项目不仅使广东的旅游宾馆档次和服务水平走在全国前列，而且还达到了世界先进水平。1985 年 7 月，广州白天鹅宾馆成为中国首家被接纳为世界一流酒店成员的宾馆。据美国《国际旅游事业》杂志 1986 年报道，全世界共有 69 座超千间客房的五星级酒店，其中中国占四座，而这四座都在广州。[①] 广东经济的发展已呈现出一派盎然生机。

1984 年邓小平视察深圳时题词：“深圳的发展和经验证明，我们建立经济特区的政策是正确的。”这给深圳和广东的建设以极大的鼓舞。深圳的建设以工业为主，工贸技结合，实行金融、旅游和农、牧、渔业综合发展，这一发展方向与模式极大地带动了广东经济的突飞猛进。1992 年春，邓小平再次视察特区建设，他说：“1984 年我来过广东，当时，农村改革搞了几年，城市改革刚开始，经济特区才起步。8 年过去了，这次来看，深圳、珠海特区和其他一些地方发展得这么快，我没有想到。看了以后，信心增加了。”他还提出：“比如广东，要上几个台阶，力争用 20 年的时间赶上亚洲‘四小龙’。”[②] 邓

① 中共广东省委宣传部编：《改革开放三十年历史回顾与经验启示》，广东人民出版社 2008 年版，第 207 页。

② 《邓小平文选》第三卷，人民出版社 1993 年版，第 370、375 页。

小平已看到了特区建设的辉煌成果，看到了它们对广东全省经济的强力推动，预见到了广东经济社会发展的辉煌前景。

三、市场经济引领潮头

海洋文化的劲风在20世纪80年代中期已吹遍了祖国的大地，人们从农村改革中已得到了实在的好处，改革开放的车轮已不可逆转。地处祖国南大门的广东更是得风气之先，在中央各项方针政策的引导支持下和特区建设的带动下，广东人继续发挥敢创善做与敢为人先的风格，大力推进经济领域的全面改革，在中国社会主义市场经济中一直引领潮头。

1. 潮起广东：市场经济体制的建立

20世纪80年代，“亚洲四小龙”进入工业化成熟期，产业和要素的外溢效应惠及广东，珠三角地区成为国际产业转移的热土。广东作为中国改革开放先行一步的试验田，一批批的港澳同胞和海外侨商纷纷进来投资办厂，许多跨国公司闻风而来。以开放促改革，以改革促发展成为广东的最大特色和先行优势，市场经济体制逐步建立。

广东市场经济体制的建立是在中央各项方针政策的引导下完成的。1984年10月下旬，中国共产党十二届三中全会通过了《中共中央关于经济体制改革的决定》，其中明确提出，加快以城市为重点的整个经济体制改革的步伐，是当前我国形势发展的迫切需要，并提出改革的基本任务是建立起充满生机和活力的社会主义经济体制，促进社会生产力的发展，提出了建立公有制基础上有计划的商品经济的观念。两年后国务院作出了《关于深化企业改革增强企业活力的若干规定》，全民所有制企业改革开始启动。

1992年春，邓小平视察广东并发表重要谈话，廓清了长期困扰束缚人们思想和行动的一系列重大问题，肯定了广东改革开放所取得的成就，并为广东的发展提出了新的目标。1992年党的十四大确立了建立社会主义市场经济体制的目标模式，更是实现了社会主义认识史上的一次历史性飞跃，以南方谈话和党的十四大召开为标志，广东掀起了新一轮深化改革、扩大开放的热潮。其后，社会主义现代企业制度的建立被提上日程，在中国经济向市场化、国际化迈进的历史关头，诸如分税制改革，及金融体制、外贸体制、外汇管理体制等改革措施相继出台，广东的经济改革始终走在时代的前列。

广东20世纪80年代初就在企业管理中全面推广“清远经验”，在全国很有影响。20世纪90年代初，广东开始企业转制改革，全省在顺德市进行以企业改革为中心的综合改革，政资分开，精简机构，同时进行公有企业产权制度改革，实行“全员股份化”、“靓女先嫁”等措施，使市、镇属987家企业在短时间内全部转制完毕，开创了企业转制的“顺德模式”。全省在1993年11月根据中央有关决定，在全省大面积进行建立现代企业的试点和改组。首先是建立企业集团，实行规模经营，全省确定了50家集团为重点；其次是真正实行政企分开，企业转为向国有资产部门负责，并承担保值增值的责任；再次是进行产权改革，大企业改组为有限公司，实行国有全资或控股，对一般竞争性企业，采用多种形式放开经营。全省在企业改制中不仅建立职工社会保障、大搞科技创新，而且努力营造干事创业的社会环境，公平、公正、公开的市场竞争环境和健康优美的生活环境，这些都成为企业转制改革的成功之处。

在财政体制的改革方面，广东省实行核定收支、5年不变的办法，省对市，市对县，县对乡镇都层层包干，对有赤字的县实行定额补贴。全省决定以1983年决算为准，让利一年来计算，大大调动了各级政府当家理财的积极性，此前5年中每年财政增长10%，改革后的次年就增长到47.7%，收到了很好的效果。1987年以后国务院对省实行递增包干的办法，每年增加9%，而省对市县仍按原来体制不动，直到1994年国家实行分税制为止。①

外贸体制的改革也经历了一个较复杂的过程。广东在20世纪80年代初已打破了外贸部门一家垄断的局面，给地方和工厂企业放权，搞活出口。随着国家对整个外贸政策的调整，广东在1988年后提出新的方案，主要是承包经营，层层分年落实到人，这种方法调动了各方积极性。到1990年，出口创汇突破100亿元大关，但仍有职责不清、各方权利义务不对等的问题。1992年，根据国家对外贸体制的新调整，广东提出了建立现代化大经贸队伍、转变出口商品结构、大力发展技术出口、实行多元化的国际市场战略、修订与加强法制建设等新的措施。现在，广东进出口额已占全国40%以上，连续十多年居全国首位，领先的体制改革早已大见成效。

2. 彰显风骨：领先的市场理念

市场经济体制的确立进一步强化了广东人的市场理念，人们的金融意识、融资意识、资本意识以及各种市场意识进一步提升，广东人敢想敢创的风格在社会主义市场经济的发展成熟中得到了淋漓尽致的发挥。

20世纪80年代初，广东开创了“以桥养桥”的投资新路子，此后“以路养路”、“以电养电”、“以电信养电信”的融资方式被普遍采用。人们用市

① 中共广东省委宣传部编：《改革开放三十年历史回顾与经验启示》，广东人民出版社2008年版，第149页。

场的方法解决了许多项目投资资金的不足。1984 年，内地第一家财务公司——深圳特区发展财务公司由深圳特区发展公司投资创办，并经中国人民银行总行和国家外汇管理局批准，成为同时经营人民币和外汇业务的金融机构。1986 年 11 月，广东被中国人民银行总行和国家体改委确定为全国金融体制改革试点省，主要探索发展开拓资金市场，探索专业银行企业化改革的新路子，并发展多种金融机构。次年底，深圳招商银行作为境内第一家由企业投资创办的股份制商业银行正式开业，后在股票市场上市。1988 年，内地第一家地方性商业银行——广东发展银行也宣告成立。广东的金融市场得到了极大的发展。

广东人首先将土地视为资本的重要因素，1985 年 6 月，省政府发出《关于成立广东省国土厅的通知》，组建了广东省国土厅，代表省政府对全省土地、城乡地政进行统一管理，这是我国第一个土地管理综合职能机构。它的成立改变了新中国成立以来土地使用政出多门，多头管理的状态。次年 10 月，省政府颁布了《广东省非农建设占用耕地缴纳垦复基金办法》，决定对占用耕地进行非农业建设的单位和个人征收耕地垦复基金，在全国开创了从非农建设占用耕地中收取垦复基金用于开发垦复土地的先例。1987 年 9 月，深圳市政府将国有土地使用权和所有权分离，安排三块土地，分别采取公开拍卖、招标和协议方式，将国有土地使用权有偿、有限期转让给用地单位。这是在国内最先实行土地使用权有偿转让，开创了内地拍卖土地的先河。这些措施是开放、创新精神的产物，不久都引领了全国的市场风潮。

市场经济也提升了人们对知识和人才的尊重意识。1992 年春，珠海市举行 1991 年度科技进步突出贡献的奖励大会，用巨额奖金、奥迪牌小轿车和住房为奖品，重奖作出突出贡献的科技人员，显示了对知识和人才的充分看重，这在全国引起了巨大反响。

开放精神和市场理念使广东的招商引资也频频出现大的手笔。1984 年广东开始启动国内第一座中外合资的大亚湾大型核电站建设，1993 年 8 月开始并网发电试运行，该年年底已投入商业运行。当年我国第一座高水头、大容量的抽水蓄能水电站——广州蓄能水电厂在从化吕田投产，该水电站装机容量 240 万千瓦，是世界装机容量最大的抽水蓄能电站，是与大亚湾核电站配套的工程，获全国第一家“一流水力发电厂”称号。1998 年春，我国迄今最大的中外合资项目——惠州南海石化项目框架协议在荷兰海牙签字，该项目总投资45亿美元，年产80亿吨乙烯，2005年度投产。①

经过市场经济的多年熏陶，广东形成了许多先进的理念，这些理念重塑了广东人的心理结构，也必将对区域经济以后的发展起到积极的促进。这包括：其一，开放意识。市场经济中的开放意识要求解放思想、放开手脚、敞开胸怀，全方位地向国内外开放，热情欢迎各类投资者来开发建设。开放意识也反对任何自我封闭、自我陶醉的思想情绪，要求在各项工作中大胆地进行改革创新，凡是对生产发展有利的办法，都应当大胆采用，而不能思想僵化、墨守成规。其二，效率意识。"时间就是金钱"本身就是一种效率观念，这一观念扎根于广东人的头脑中，促进了惜时如金、争分夺秒和雷厉风行的工作作风，各级领导机关体现出了办事高效、积极主动的工作态度，反对不负责任的推诿扯皮，优化行政程序，简化办事手续，保证经济工作和各项工作以极高的效率展开。其三，创业意识。创业意识要求人们努力工作，勤奋劳动，厉行节约，反对浪费，以较低的成本换取最大的效益。其四，规范意识。市场经济也培育出了人们的规范意识，这种规范要求人们在经济工作中建立和健全各种严密的行为规范，并要求人们自觉按这种规范去办事，使工作有序、社会公正，并使每个人都能从这种规范中得到最大的实惠，促进社会活动的正常运转。其五，文明意识。市场经济中的"文明"指精神、行为和制度等方面，要求人们文明经商、文明执法、文明从政、文明办事。它促使人们不断提高自身的修养，维护经济建设和社会生活的优良环境。这些精神是海洋文化在当代社会生活中的新拓展，对市场经济的进一步繁荣将起到不可估量的作用。

3. 提升优势：后劲十足的产业经济

广东作为改革开放的排头兵，在改革开放30年中走过了一段思想大解放、经济大发展、社会大变革、人民生活大提高的时期。尤其是经济建设率先发展，从原来一个经济比较落后的边陲省份一跃成为国内经济发展最快、经济最具活力、经济规模最大的省份，使社会各项事业的发展具备了坚实的基础。

广东的经济总量连续多年稳居全国第一。29年来年均增长13.7%，近15年达到14.4%。这些都超过亚洲"四小龙"经济起飞时期的增长速度。1998年广东的经济总量超过了新加坡，2003年广东经济总量超过了香港。2007年全省经济增长14.7%，全年GDP达到3 900亿美元，超过台湾。经济总量已连超亚洲"三小龙"。同时，财政收入与经济增长相协调，来源于广东的财政总收入由2

① 中共广东省委宣传部编：《改革开放三十年历史回顾与经验启示》，广东人民出版社2008年版，第211～212页。

800 亿元到突破 7 000 亿元，地方一般预算收入由 1 201 亿元增加到2 710亿元，年均分别增长 22.7% 和 17.7%。近年来，经济发展方式加快向低投入、低消耗、低污染、高增长、高效益转变，呈现又好又快的发展态势。1978—2007 年广东人均生产总值由 247 美元增长到 4 080 美元，翻了四番，已经达到世界中等发达国家水平。

30 年的发展使广东产业经济具备了良好的发展势头。不仅对外贸易连续 20 多年保持全国第一位，成为名副其实的外贸大省，利用外资的质量也不断提高，来自发达国家的资金技术密集型大企业和大型项目日益增多，宝洁、本田、IBM、杜邦、爱普生等跨国公司大规模进入。基础设施建设成就巨大，全省公路通车总里程、公路密度、高速公路、一级公路、二级公路等指标均居全国前列。形成了广州、深圳、珠海、汕头、湛江五大港口枢纽，全省对外开放口岸 141 个，与世界 130 多个国家和地区的 1 100 多个港口通航。广东也实现了产业结构不断优化升级，三次产业结构由 1978 年的 29.8：46.6：23.6 调整为2007 年的5.7： 52.0： 42.3，现代化产业结构体系已经形成。物流业、旅游业、房地产业、金融业、会展业等现代服务业已成为广东第三产业增长的主要动力。广东的区域经济合作不断深化，民营经济发展迅速，在广东经济发展中占有不可忽视的比重。在此基础上，城乡居民收入水平稳步快速提高，生活质量不断改善。城市化快速推进，珠江三角洲城镇群繁荣兴盛，整体竞争力不断提升，成为全球性城市带，东西两翼城镇群初步形成。

产业经济中颇有前景的当属文化产业。被内地人历来视为“文化沙漠”的南粤之地，文化产业却发展得规模宏大，有声有色，这是广东人市场体制完善、市场理念领先的有力见证。看看广东文化产业发展的如下实例：1991 年 10 月，在深圳，全国第一个集民间艺术、民俗风情和民居建筑于一体的大型文化游览区——“中国民俗文化村”对外开放营业。1992 年初，全国面积最大、景点最多的微缩景区“世界之窗”在深圳华侨城破土动工。1994 年 6 月正式开放营业。1996 年 1 月，经中共中央宣传部和国家新闻出版署批准，国内第一家报业集团——广州日报报业集团正式成立。1999 年 10 月，首届中国国际高新技术成果交易会在深圳举行，参加本届“交易会”的共有国内外 86 个代表团，五大洲 27 个国家也组团参展和参加交易，参展的企业和机构共计 2 856 家，参展项目 4 159 项，成交 1 459 项，成交额达 42.78 亿美元。①

广东多年来对文化品牌的深度挖掘，极大地推动了相关产业的发展。演

---

① 中共广东省委宣传部编：《改革开放三十年历史回顾与经验启示》，广东人民出版社 2008 年版，第 212 页。

艺业、娱乐业、音像业、电影业、文物博物业、网络文化业、文化会展业、文化旅游业、工艺美术业、动漫业、文艺培训业等行业迅速发展，广东文化产业新格局显现出投资主体多元化、融资渠道社会化、投资方式多样化、项目建设市场化的特点。如2005年广东将广式凉茶认定为广东省食品文化遗产，就迅速提升了凉茶的文化形象，仅下半年红罐王老吉的销售额就达10亿元，同比增长25%，这是利用传统资源打造自主品牌的一次成功尝试。广东的旅游经济已经成为广东第三产业的重要支柱之一，是广东经济发展的重要增长点。又如近年广东会展收入约占全国1/4；城市旅游、经济旅游和会展旅游历来是广东旅游的优势项目，现在游客对人文景点的观瞻正呈上升趋势；广东的节庆文化在许多地方成了嫁接新产业的载体。

近年来，一大批文化产业工程、投资项目、大型文化活动，使广东成为“文化产业之都”，构建起全省文化产业发展的大框架、大舞台。全省文化产业产值占经济总产值比重居全国第一；广东文化及相关产业增加值约高出全省GDP增长率3.4个百分点，占全省GDP比重为7%左右，文化与经济互相促进的关系非常明显。① 文化产业的开拓和提升使广东产业经济的发展具备了充足的潜力。

海洋经济是广东产业经济的重要组成部分，改革开放30年来，广东海洋渔业等传统产业有了长足发展，随着政策的开放和资金与技术的积累，滨海旅游、海产品加工、包装储运等后继产业快速发展，海洋生物工程、海洋石油、海上矿业、海洋船舶等海洋第二产业迅速发展起来；同时，海洋运输、滨海旅游、海洋信息、技术服务等海洋第三产业也上升成为海洋经济的支柱产业，对广东国民经济和社会发展起到了重要的促进作用。现在，广东海洋产业的年总产值已接近5 000亿元，连续十多年居全国首位，形成了以海洋渔业、滨海电力业、海洋油气业、海洋交通运输业和海洋旅游业为主体，海洋船舶制造业、海水综合利用业、海洋生物制药业等全面发展的海洋经济体系，涉及国民经济十多个门类②，成为广东经济发展的重要增长领域。

广东海洋文化特有的开放创新精神在改革开放30年中发挥了巨大的效能，它催生了广东商品经济的萌生，推动了市场经济的繁荣，兴旺了特区经济和社会的建设，也预示了广东产业经济的巨大前景。开放创新、敢为人先的精神叩响了广东30年经济繁荣的旋律，并将引领广东经济由此驶入广阔的海洋。

---

① 梁桂全主编：《广东历史人文资源调研报告》，社会科学文献出版社2008年版，第40页。

② 广东百科全书编撰委员会、中国大百科全书出版编辑部：《广东百科全书》，中国大百科全书出版社2008年版，第858～859页。

第六章

制度变革迎浪前进

作为改革开放的排头兵，广东在发展中不断遇到各种新问题、新矛盾与新挑战。广东依托海洋文化的深厚底蕴，充分发挥敢为天下先、务实开放、勇于探索、勇于创新的精神，不仅在思想观念、经济建设、管理体制等诸多方面走在全国前列，在民主政治制度变革方面也迎浪前进，先行一步，不断推进政治体制改革，坚持民主执政、科学执政、依法执政，有序发展党内民主和人民民主，打造法治政府，在社会主义政治文明建设上取得了巨大的成就。

一、制度变革后浪推前浪

广东是改革开放的先行区和试验田。改革开放初期，广东的三个经济特区在发展经济过程中，碰到行政制度方面的各种阻力，但深受海洋文化影响的广东人迎难而上，勇于探索，在民主政治制度变革方面创造了许多奇迹，引领全国发展。广东早期的改革开放催生了各种制度变革，海洋文化的影响无疑起了重要作用。如今，广东的改革开放进入深水区，广东要继续领先全国，就必须发掘海洋文化的深层内涵和价值，就必须破除各种制度阻力，改变旧的、僵化的行政体制模式，建立新的、高效的制度，就必须在政治制度上先行一步，为飞速发展的经济建设提供制度保障。

1．思想解放促进制度变革

广东海洋文化的一大特色就是敢为人先、务实开放，广东改革开放早期在政治制度变革方面就充分实践和发扬了这一特色。社会发展的实践证明，思想解放和理论创新是社会变革的先导，而人的观念更新和思想解放往往会成为社会历史进程得以深化的关键所在。制度变革作为社会变革的深层次内容，要求思想先行。广东改革开放的历史也印证了这一点。改革开放初期，全国人民的思想观念还处于旧体制、旧观念的束缚之中，对改革开放犹豫、徘徊和观望，有争论、非议和干扰，特别是“左”的影响根深蒂固，阻力无处不在。广东也不例外，人们形容当时的广东是“香三年，臭三年，香香臭臭又三年”。显然，不排除“左”的僵化思想的干扰，就激发不起敢闯敢冒的勇气，就走不出因循守旧的“死胡同”。在这种情况下，广东敏锐地认识到，解放思想是必须首先解决的问题。可以说，这一时期，广东每一项改革开放重大举措的出台和实施，都是以思想解放、观念更新为前提的，每一次制度变革，都是以思想的激烈冲突和观念的大胆更新为基础的，而每一次思想解放、观念更新，都引发了新的制度变革，都有力地推动了改革开放的进程。

在十一届三中全会前后，广东开展了以破除“左倾”僵化观念为内容的思想解放运动；到1980年，提出“三个统一”（把进一步调整国民经济同继续实行特殊政策统一起来，把必要的集中同继续搞活经济统一起来，把某些方面的“退够”同全省国民经济的继续前进统一起来）；到1981年，提出“三真”（特殊政策真特殊，灵活措施真灵活，先走一步真先走）、“三放”（对外更加开放，对内更加放宽，对下更加放权）；到1982年，提出“两个坚定不移”（打击经济领域的犯罪活动坚定不移、对外开放和对内搞活经济坚定不移），并强调对外要“有所引进，有所抵制”；再到1983年，提出发展农村商品生产、搞特区利于社会主义等新观念。① 每一次的思想解放都形成了新的、相对稳定的规章制度，这些制度变革不断地巩固改革开放的成果，为下一步的改革开放提供坚实的制度保障。广东掀起的持续的思想解放潮流，不但清除了阻挠改革开放的惯性思维和传统势力，而且焕发出一往无前的改革热情和开放冲动，激发起广东人敢为人先、勇于探索的海洋文化精神。广东改革开放的辉煌历程不断证实海洋文化对广东重要而深远的影响。

难能可贵的是，广东的思想先行和制度变革不是停留在口头上，而是实实在在地体现在改革的探索和实践中，体现在以解放思想、更新观念为先导，从实际出发探索和开辟前进的道路中。其实，这与广东海洋文化的影响密不可分，敢为人先、务实开放的海洋文化使广东而非别的省份，为中国的改革

① 参见1980—1984年《广东年鉴》，广东年鉴社出版。

开放和经济发展打开了一条成功之路。改革、开放、搞活又结出了制度文明和精神文明的硕果，促进了思想解放和观念更新，带来了社会精神风貌和社会风气的深刻变化。广大干部和群众信心百倍，异口同声地称颂十一届三中全会以来的路线，称颂党的改革开放政策给广东发展带来了“黄金时代”。

2. 从“要政策”到“创制度”

改革开放以来，广东凭借海洋文化的深厚底蕴，在思想观念上先行一步，解放思想，冲破樊篱，注重吃透、用足、用活中央政策，敢干敢闯、敢试敢冒，致力于营造干事创业的宽松环境；敢于向上“要权”，要求中央对广东的经济体制采取特殊政策和灵活措施，给广东以更多的自主权；敢于向下放权让利，把旧体制下形成的集中太多、管得太死的领导体制改变过来；敢于松绑放手，实事求是，从实际出发，把中央的指示精神和方针政策交给下面，让其结合当地的实际情况去贯彻实施；敢于搞活流通，大力发展第三产业；敢于进行制度的变革等。这一系列放权让利、放开搞活的做法，不仅有效减少了领导上的官僚主义，而且极大地调动了方方面面的积极性，使广东保持了良好的发展态势。

海洋文化“敢为天下先”特质的浸润使广东敢于向中央要政策。广东设立经济特区、变革制度的政策就是要来的。广东省委在加强对出口商品基地建设领导的同时，加强了调查研究工作，分析广东的优势和弱点，研究亚洲“四小龙”经济腾飞的成功经验，形成了向中央要政策、带领广东“先走一步”的重大决策。1978 年 7 月至 8 月，主持广东省日常工作的习仲勋同志先后考察了宝安和梅县、汕头、惠阳地区的 21 个县。他接触了很多老百姓和基层干部，了解到了许多历史的、实际的情况，掌握了大量一手的、鲜活的资料。在听取宝安县领导关于吸收外资搞加工业、小额贸易的工作汇报后，他立即鼓励当地干部：“说办就办，不要等”，“只要能把生产搞上去的，就干，不要先去反他什么主义。他们是资本主义，但有些好的方法我们要学习。”①香港人 80% 以上是广东人，为什么香港能把经济搞好而广东却不行？经过研究论证，广东对邓小平“关键是政策”的论断有了新的更深刻的认识，对国家在宝安、珠海两县建设外贸基地的部署有了新的更深入的考虑。广东省委研究认为，根本的出路是向中央提出给广东先行一步的政策。如果中央给广东一些特殊政策，广东人民完全有能力把经济搞上去。1979 年 4 月，中共中央在北京召开工作会议，习仲勋同志介绍了广东根据中央的指示，从港澳引

---

① 王全国、杨应彬、张汉青：《深切怀念习仲勋同志》，《广东党史》2002 年第 4 期。

进技术、设备、资金、原料，搞加工装配的进展后，大胆进言：希望中央能允许广东在香港设立办事处，与港澳厂商建立直接的联系；希望中央下放若干权力，让广东在对外经济活动中有必要的自主权，允许在毗邻港澳的深圳市、珠海市和重要侨乡汕头市举办出口加工区。广东省委多位同志还在会议发言中多次提出，不破不立，首先得破，才能立，不能再闭关自守了，要改革开放，而且已经到了不搞不行的地步，迫切要求进行体制改革。习仲勋同志也强调："不仅经济体制，整个行政体制上也要考虑改革。"① 广东的发言，涉及的范围非常广泛，引起了与会者的强烈反响。广东提出的新思路，为邓小平所认可，他深思熟虑地说："中央没有钱，可以给些政策，你们自己去搞，杀出一条血路来"。②

作为改革开放政策的试验田，广东之所以能够在不长的时间里取得明显的成就，除了海洋文化的影响外，最根本的原因就是党中央和国务院给予广东特殊政策和灵活措施。在这方面，特别要提到改革开放的总设计师邓小平。改革开放之初，邓小平就一直关注广东，曾多次视察广东。1977 年 11 月，他亲自为广东经济困难的病根作诊断，认为广东最主要的是政策问题，启迪了广东省领导集体的改革思想。1979 年 4 月，他在中央支持广东改革开放"先走一步"的请求，亲自为特区命名，冀望特区"杀出一条血路"。1980 年，他接见即将赴粤就任的任仲夷、梁灵光，并指出，"特区不是仅指深圳、珠海那几个地方，是指广东、福建两个省"，③ 这进一步解放了任仲夷、梁灵光的思想。1982 年春，他在广东专门听取广东省委的工作汇报，明确表态，支持广东，坚定了广东实施特殊政策的信心。1984 年春，他视察深圳、珠海特区并题词，给广东的改革开放以最直接、最有力的关心、信任和支持。

广东"先行一步"的生动实践和丰富经验，进一步坚定了邓小平推进中国改革开放事业的信心和决心，丰富和发展了邓小平理论。这一时期，邓小平在北京多次发表讲话，为广东、也为全国的改革开放指路、壮威，扫除思想障碍。他反复强调：改革开放的"路子走对了，政策不会变"；"改革是中国的第二次革命"，是"中国发展生产力的必由之路"；"社会主义和市场经济之间不存在根本矛盾"，"计划和市场都是发展生产力的方法……只要对发

① 引自《王全国同志在中央工作会议中南组的发言》，见中共广东省委四届三次常委扩大会议文件之一，1979 年 4 月 7 日。

② 冷溶、汪作玲主编：《邓小平年谱 1975—1997》（下），中央文献出版社 2004 年版，第 510 页。

③ 《任仲夷论丛》第 2 卷，广东人民出版社 2000 年版，第 4 页。

展生产力有好处，就可以利用”；“思想更解放一些，改革的步子更快一些”。①正如任仲夷所说：“小平同志最伟大、最光辉、最有意义的思想就是在广东发表的。”②

1978 年 12 月，中共十一届三中全会召开，实现了伟大的历史性转折。1979 年 4 月，中央工作会议赞同和支持广东省富有创意的提议，决定发挥广东毗邻港澳、面向大海、华侨众多的优势，让广东在改革开放中先行一步。同年 7 月，中共中央、国务院正式批准广东实行特殊政策和灵活措施，决定在广东的深圳、珠海、汕头试办出口特区。1980 年 8 月，第五届全国人大常委会第十五次会议批准了《广东经济特区条例》，将“出口特区”正式改名为“经济特区”。这一历史性文件，拉开了广东改革开放和经济特区建设的序幕，吹响了广东“先行一步”的进军号。

实践证明，中央改革开放的决策完全正确，中央对广东实行的特殊政策和灵活措施，是一项行之有效的正确决策，它充分表明了中央对广东海洋文化精神的准确把握。对自身而言，广东取得的成就不仅表现为当时工农业生产的成绩，更重要的是为以后进一步实现更大的发展积攒了“后劲”，为以后各项制度的制定扫清了政策障碍，形成了前进的势头。对全国而言，广东的改革开放还具有示范意义和导向作用，其实践和成就给全党全国人民以信心、勇气和方向。正如谷牧所说，过去几年实行特殊政策、灵活措施的成就，已经给全国提供了一些探索和不少好的具体经验，先行了一步。以此观之，广东改革开放初期的探索无论在理论上还是在实践上，都具有重大意义。

3. 政治风尚务实开放

改革开放 30 年来，深受海洋文化影响的广东，在广东省委的领导下，形成了务实开放的政治风尚。广东省委的历届领导人坚持解放思想、实事求是、灵活开放、务实求真的工作作风，从习仲勋、任仲夷、谢非、李长春、张德江再到汪洋，每一届领导人都延续了广东改革开放初期以来务实开放的优良传统，延续了广东海洋文化的敢为人先、务实开放的精神特质，这也是广东一直保持排头兵地位的关键因素之一。

务实开放的政治风尚还表现在政务公开和信息公开制度的保障。广东省各市先后在政务公开和信息公开制度方面采取的一系列措施就是广东务实开放、透明公正的政治风尚的明证，也是广东敢为天下先的海洋文化精神的最充分展露。2003 年 1 月 1 日起，《广州市政府信息公开规定》开始实施，被称

---

① 参见《邓小平文选》第 3 卷，第 113 ~ 150 页。

② 引自任仲夷访谈：《广东这十年：先行一步，永不停脚》，金羊网，2007 年 2 月 19 日。

为国内首部“阳光政府”法案。据悉，广州市的这一行政规章提出了两个崭新的概念：政府是信息公开的义务人，老百姓是信息公开的权利人。2005 年 8 月 4 日，广东省人大、省政府和省纪委联合召开《广东省政务公开条例》（以下简称《条例》）新闻发布会，这一《条例》是全国首次全面、系统规范政务行为的省一级地方法规。2005 年 10 月 1 日起，该《条例》将在省各级政府内全面实施。《条例》概括了政务公开的基本原则、内容形式、方式时限和法律救济与责任追究，明确了包括政府网站、听证会、新闻发布会等十一种信息公开形式。同时规定，主动公开政务信息的时间应该与内容相适应，如果政务公开权利人认为合法权益被侵犯可提起诉讼。《条例》的另一特色在于与事权、财权、人权有关的事项成为公开的重点。同时，提供政务信息，政府部门不得收取任何费用。在“可公开信息”与“不宜公开信息”的界定上，《条例》迈出了一大步，规定除国家秘密、依法受保护的商业秘密、依法受保护的个人隐私和法律、法规禁止公开的事项之外，所有有关国计民生的大小事情都应该公开。

《广东省政务公开条例》是公民知情权保障的“一大步”，反映了政府公开信息、注重民意的决心，反映了政府务实开放、透明公正的政治风尚，是广东海洋文化精神的一次展现。

广东省在新闻发言人制度的先行一步，也是务实开放政治风尚的一个明证。早在 1984 年，深圳就设立了新闻发言人，但是当时新闻发言人的工作不够规范和高效，未充分地发挥作用；1993 年，广东省就开始在“两会”期间向境内外记者发布新闻。1998 年，广东省下发《中共广东省委办公厅、广东省人民政府办公厅关于在乡镇政权机关全面推行政务公开制度的意见的通知》；1999 年，省政府明确以“广东省人民政府新闻办公室情况介绍会”的形式，定期向境内外媒体发布广东社会经济发展最新信息。这标志着广东成为中国第一个正式建立新闻发言人制度的省份。新闻发言人制度在广东的政治生活和社会生活中扮演着越来越重要的角色。让人记忆犹新的湛江、江门连环爆炸案，就是因为及时启动新闻发言人制度，使“恐怖袭击”之说不攻自破。如今，各政府部门发布新闻的质量和积极性越来越高。省统计局主动将发布新闻的频率由以前的每年两次改成每季度一次，设立新闻发言人的省直单位也增至 29 个，全省各个市也已经或正在建立新闻发言人制度。

广东省重视对新闻发言人的培训，不仅请国务院新闻办领导前来讲课，还出重金请来全球最大的公共关系公司——博雅公司，对省直 10 个单位及 2 个市的新闻发言人进行培训。正因为如此，广东省的新闻发言人队伍视野开阔、反应敏捷、平和务实、熟悉业务，展现出带有海洋文化特质的独特的风采，广受好评。

广东敢为人先、先行一步的探索，为兄弟省市建立新闻发言人制度提供了借鉴，多个省市在建立新闻发言人制度的过程中，都派人到广东考察。广东迎浪前进的示范作用，惠及全国。

二、民主政治建设潮流奔涌

广东是中国改革开放的前沿阵地，探求民主政治建设道路的步伐永远都与经济的高速发展紧密结合。从这个层面上说，广东的经济腾飞具有深刻的政治意义。经济腾飞的奥秘之一，就在于有深厚底蕴的海洋文化支撑，就在于通过民主政治建设不断增强党和社会的活力，就在于发挥社会主义制度集中力量办大事、全省一盘棋的政治优势。广东对中国民主政治建设的贡献是双重的，在理论和实践上都具有示范意义和推动作用。

1. 民主政治制度首开先河

广东在民主政治制度的探索上，充分发挥了广东海洋文化所具有的灵活变通、敢为人先、勇于创新的精神，在健全人大代表制度和政治协商制度、干部任用票决制、“村官”直选制度、听证制度[①]等方面，创造了许多奇迹，引领全国潮流。

广东省较早实行干部任用票决制。2002 年 4 月，中共广东省委八届九次会议决定，新任地级市党政正职的拟任（推荐）人选，由广东省委全委会审议表决。2002 年 5 月，广东省委规定，县（市、区）党政正职人选，须由地级以上市委全委会表决。2005 年 9 月，广东进一步明确规定，地级市党政正职和省直机关党政正职的拟任人选和推荐人选由省委全委会投票决定；地级以上市委决定县（市、区）党政正职和市直机关党政正职人选。

从 1998 年起，广东省统一实施了“村官”直选制度。1998 年《中华人民共和国村民委员会组织法》颁布后，广东在首届村委会换届选举中，确立了“高起点，后来居上”的指导思想，一步到位实施直接的民主选举，即村委会主任、副主任和委员都由本村有选举权的村民依照法律法规规定的程序直接选举产生。广东的“村官”直选已进行了三届，选举的民主程度、选民的参选率一届比一届提高，选举的程序一届比一届规范，选举的效果和“村官”的质量一届比一届好。

---

① 参见《广东百科全书》，中国大百科全书出版社 2008 年版，第 324 ~ 338 页。

广东省对公选公推工作的探索和实践起步较早，力度较大。1997年公开选拔了5名副厅级领导干部，2000年公开选拔了14名副厅级领导干部，2001年公开选拔了20名副厅级领导干部，2002年公开选拔了1名副厅级领导干部，2003年实行全省联合公选“三种干部”（年轻干部、女干部、党外干部），选拔了20名副厅级领导干部、100名副县级领导干部；2004年则采取公开选拔和公开推荐相结合的方式，选拔了38名优秀年轻干部到粤东等条件艰苦地区的县级党政班子任职……公选公推作为选拔党政领导干部的重要方式，较好地贯彻了公开、平等、竞争、择优的原则，有效地推进了干部工作科学化、民主化、制度化，较好地落实了群众在干部选拔任用工作中的知情权、参与权、选择权和监督权，为优秀人才脱颖而出创造了良好的制度环境。

1999年9月，广东省人大环境资源委员会就《广东省建筑工程招标投标管理条例（修订草案）》的审议举行了听证，这是中国内地首次地方人大的立法听证会。2001年实施的《广东省地方立法条例》第40条明确规定：“列入常务委员会会议议程的地方法规案，法制委员会、有关的专门委员会和常务委员会工作机构应当听取各方面的意见。听取意见可以采用座谈会、论证会、听证会等形式。”此后，广东省人大常委会主持召开了《广东省爱国卫生条例（草案）》等多场立法听证会；省政府法制办、省建设厅在起草《广东省物业管理条例（草案）》时也召开了立法听证会。广东省有地方立法权的广州、深圳、汕头等市在立法过程中积极开展听证活动，并出台了相关的听证条例。自1996年听证会制度确立至今，已走过了12个年头。在此期间，从水电价格、教育收费到行政决策，进行了各种类型的听证会，“听证会”已成为广东人民耳熟能详的词语。

在基层组织中，广东的民主政治也走在前列。广东省云浮市自2006年3月起开展实施“阳光村务工程”试点，2007年4月在全市铺开。云浮市“阳光村务工程”是在村民代表会议下设立会议召集组、监督组和发展组。“阳光村务工程”解决了《村委会组织法》存在的一些条文可操作性不强的问题，提高了村务、财务管理的透明度和监督的主动性、可操作性，初步建立起村务公开民主管理的长效机制；有效地消除了村民自治中出现的“村官自治”的权力失衡现象，保障了村民的民主选举权、决策权、监督权、管理权和知情权；提高了村民依法自行解决问题的能力，化解矛盾于基层，有利于政府转变对基层的管理模式；有效发挥党支部的领导核心作用，创新了农村党组织的领导模式；建立村内外能人参与机制，激发农村发展活力，促进了农村各项事业的发展。

广东省通过对民主制度的率先探索，充分彰显了海洋文化敢为人先、勇于探索的精神，打破了僵化、高度集中的政治体制，确立起民主、灵活、高效的政治制度，打造出政府全新形象，提高了政府的公信力，促进了经济的快速发展。

2. “阳光决策”成就“广东现象”

阳光决策是指决策的透明、公开、公正，经得起人民群众的检验。阳光是强身剂，又是最好的防腐剂。打造阳光政府，让决策在阳光下进行，最能代表广东在历史新起点上发展民主的气魄和雄心，也是广东敢为天下先的一种成功试验。以阳光来体现民主，以阳光来制约权力，以阳光来保障科学决策、民主执政、依法执政的贯彻实施。阳光决策使广东获得了完全的主动，增强了创造力、战斗力、凝聚力。

在决策的科学化、民主化、法制化方面，广东有一些新的创举，比如注重“洋顾问”的作用。从1999年起，广东省政府每年在确定经济发展政策时，均以广东经济发展国际咨询会的形式，请来包括美国伊士曼柯达公司、澳大利亚BHP公司等世界跨国公司“洋顾问”为经济发展把脉。广东各地也把一些重大决策咨询研究课题公开向社会招标，发动社会咨询机构进行研究，为领导决策提供依据，取得了较好效果。另外，广东省还建立健全了决策研究咨询制度，健全和完善各级政府的“政策研究室”、“调研室”、“研究中心”等机构，并从法律上保障其应有的地位，从人力、物力、财力等方面提供可靠保障。在严格规范决策程序，实现决策过程的制度化方面，广东省做了许多探索。中共广东省委牵头执行议事决策民主化，坚持遵循“三不”原则（不调查研究不决策，不征求专家意见不决策，不集体讨论不决策）。

广东省在增强决策的透明度、扩大决策过程的民主参与等方面，也作出了有益的探索。例如，汕头市从2002年9月起，在汕头市委机关报《汕头日报》设立《汕头市人民政府公报》专版，集中发布市政府规章、市政府及工作部门的规范性文件、市政府的行政措施。规定这些文件必须在《公报》上发布，否则不具有行政执行力。此举在社会上引起强烈反响，受到广大企业和群众的欢迎。

阳光决策需要关注民意，尊重公众的知情权，注重民众参与。公民政治参与，是监督、限制政府的前提。深圳市历届党代会、人民代表大会、政协代表大会都设置了旁听席，邀请普通民众参与政府决策，这是阳光决策的一个重要举措，走在全国前列。广东省电子商务普及后，民众还可以通过网络参与决策、监督决策过程。2008年，广东面向互联网世界征集科学发展的建议，得到全国网民的积极回应，收到一大批高质量的网文。一时间，广东开风气之先，大胆将民间智慧应用于民主决策，反响甚为强烈。

阳光决策也需要监督，广东建立起了行政决策主体的问责制度。2004 年，广东省政府提出：按照“谁决策、谁负责”的原则，建立健全决策跟踪反馈和决策责任追究制度，建立贯穿决策过程的监督制度，加强对阳光决策的事前、事中和事后的监督。此外，广东人大代表还充分发挥了对决策的监督，产生了闻名全国的“广东现象”。广东是最早开始市场取向改革的地方，受海洋文化的熏陶日久，再加上毗邻港澳，得风气之先，这里的人们似乎与众不同。比如，人大代表敢于监督，官员们习以为常；媒体时常批评政府，但官员们也慢慢接受，不会视不同声音为“洪水猛兽”。这一相对良性的发展趋势，对致力于建设公民社会的广东来说尤为可贵。从人大对政府部门监督角度看，广东人在观念上走在全国前面。新的观念是随着改革开放的推进而产生的。香港回归前，广东各级人民代表大会中多数港澳代表带来敢想敢言的参政议政意识，他们的表现令广东的代表们深受影响，此后，广东代表中也出现越来越多的人敢于监督公共部门的工作。质询现象的出现则标志着“广东现象”的诞生。到第九届、第十届人民代表大会时，广东人大代表的监督形式更加灵活多样。除“质询”外，还可以采用“约见”的形式向政府部门提意见。这种新的形式提供了更多的监督渠道，使政府的决策更透明、更公开、更公平。

3. 行政效能渐趋公平高效

广东有浓厚的海洋文化氛围，又得改革开放风气之先，充分发挥务实开放、敢干敢闯、勇于尝试、善于创新的优势，不仅在经济领域领先一步，在建设科学、精简、高效和廉洁的现代政府方面，同样发挥了排头兵的作用。回顾广东行政体制改革的历史，我们发现，自 1990 年以来，广东就不断加快政府职能的转变，尤其是在追求开放有序的行政效能方面，走在全国前列。

行政效能是衡量政府行政管理水平和政府公信力的一个重要指标，也是群众反映最强烈的方面。广东是改革开放的排头兵，改革开放紧迫的形势要求政府迅速提高行政效能，提高办事效率，广东为此吃过苦头，也尝过甜头，深知开放有序的行政效能对于改革开放的重要性。深圳在改革开放之初，对有利于深圳经济发展的外资、合资等经济体大开方便之门，精简审批程序，大力提高行政效能，促进了深圳经济的快速发展，也使“深圳速度”闻名全国。广东追求开放有序的行政效能，注重吸取港澳等发达地区的经验和教训，结合自身特殊情况，主要在转变政府行政职能、合理划分职责权力、不断精简政府部门、改革行政审批项目、规范各项管理制度等方面加大改革力度，基本形成了规范有序、运转协调、公正透明、廉洁高效的行政管理体制。这里仅以行政审批制度的改革为例，展现广东在提高行政效能方面的不懈追求。

早在1997年，深圳市就在全国率先开展了行政审批制度改革，2001年才在全国范围内开始推广，这是广东制度变革先行一步的具体表现。从1999年开始，广东全省范围内的政府审批制度改革全面铺开。审批方式也有了明显转变，“一站式”电子审批大范围推行。《广东省行政审批监督管理办法》的制定、修改和完善，进一步将行政审批行为制度化，使行政审批行为有法可依，为行政效能的提高奠定了制度基础。广东通过改革行政审批制度，推行政务公开，大大提高了行政效率和行政公信力，密切了党群、政群关系，为行政体制改革作出了重要贡献。

此外，在探索建设电子政务的进程中，广东也走在了全国前列，并积累了不少电子政务建设的经验。广东省政府系统政务信息化建设起步于20世纪80年代中期，目前，全省已经建立了公众服务网站2 380多个，覆盖各级行政单位，省直机关100%建设了办公内网、政务公开网站和业务信息化系统，21个地级市全部开通了公众网站，其中，19个市建立了行政服务中心和行政效能投诉中心，积极推进“一站式”电子政务服务，努力提高行政效能。深圳市2004年11月在全国率先正式开通行政审批电子监察系统；广州、深圳、珠海、佛山、东莞、中山、江门等10个地市系统建成开通，实现省市联网监察，该项目极大地提高了电子政务应用效益，行政审批平均提前办结率达77%，提高了政府的服务水平、服务效率，提升了政府的服务形象，受到社会广泛关注。2005年2月广东省政府发布实施《广东省电子政务建设管理办法》，着眼破解电子政务建设投资分散、资源浪费、信息分割的难题，着力提高行政效能。电子政务建设推动了广东省各级政府部门的行政效率，比如原来领一个工商营业执照需要两三个月甚至半年，广州市工商局在建立网上注册和年审并联网审批制度后，如今办理一个工商营业执照只需要8天。电子政务是提高政府工作透明度、建设服务型政府的一项重要举措。几年来，广东省政府门户网已经成为政府信息公开的重要渠道，为民服务的重要平台，政府与公众互动交流的重要途径，它拉近了政府和群众之间的距离，提高了办事效率，深受群众欢迎，充分体现了广东海洋文化开放、务实、创新的精神特质。

三、变革成果渔歌高唱

在海洋文化多元、开放、创新精神的影响下，经过改革开放初期艰苦的制度探索和实践，如今，广东的民主政治建设有了长足的进步，地方立法率先起步，社会运行机制更加通畅，政治文明方面的制度变革全面开花，结出了构建和谐广东伟大战略的丰硕之果。

1. 地方立法率先起步

广东30年改革开放的实践证明，社会运行要通畅，必须改革政治体制，而政治体制改革必然要建设法治社会，其关键在于在全社会树立法律权威，使法律意识深入人心，使依法办事成为一种风尚，从而形成有法可依、有法必依、执法必严、违法必究的良好局面。广东海洋文化的创新特质也有力地支持了地方立法的不断创新。

广东的地方立法全国先行，大胆探索，充分体现了广东海洋文化敢为人先、敢于拼搏、勇于创新的精神。1981年，全国人大常委会授权广东省人大及其常委会制定所属经济特区的各项单行经济法规的决议，即针对改革中出现的新情况和新问题，在当时国家没有立法的情况下，广东开展先行性经济立法，大胆探索地方性立法新领域。1981年11月通过了《深圳经济特区土地管理暂行规定》，首次在我国将土地使用权和所有权相分离，确定了特区土地有偿使用和转让制度。1987年9月，深圳土地拍卖开创了国有土地使用权以拍卖方式有偿转让的先河。1993年，广东就在全国率先实施依法治省方略，在党委依法执政、人大完善立法、政府依法行政、司法部门公正司法和培育人民群众法治观念等方面，形成了不少好经验、好做法。至1993年底，广东省级地方立法已有130多项，省政府制定各种规章200件。十多年来，广东的立法与经济发展的关系非常密切，新出台的地方性法规半数以上与市场经济相关。日益优化的法治环境成为广东在新一轮竞争中继续保持先行一步的新优势。2001年，广东省人大通过了《广东省预算审批监督条例》，使"政府要花钱，人大说了算"成为一项制度。2004年广东又在全国首开先河，通过省人大财经委与省财政厅联网，共享"国库集中支付系统"，实现了人大对政府花钱的实时在线监督。这一切表明：广东通过种种方式对权力进行监督和约束。1999年9月，广东省人大常委会就《广东省建设工程招标投标管理条例（修订草案）》在全国率先举行立法听证会。2001年，就电子商务立法在全国率先开办立法论坛。

在我国不存在不受监督的权力，对权力的制约和监督是一个动态的、不间断的过程，是长期性、经常性的工作，需要我们及时发现问题、总结经验，持之以恒地对权力实施有效的制约和监督。广东通过积极探索已经建成一套对各种权力进行全方位、多层次制约和监督的机制，为真正落实"权为民所用"提供了制度保障，并在实践中收到了明显成效。

在法律援助方面，广东成绩斐然。1995年，广东成立中国首家法律援助机构——广州市法律援助中心。1999年，广东省人大常委会通过了中国第一个法律援助地方性法规——《广东省法律援助条例》，为维护社会公平与正义，保证社会运行通畅提供了法律保证。

广东在地方立法方面取得的成绩，究其根源，都与广东海洋文化的影响密不可分，充分彰显了海洋文化敢为人先、勇于创新的精神。

2. 精神文明内外兼修达双赢

改革开放以来，在精神文明建设中，广东敢为天下先，积极探索，突出特色，抓住亮点，迎浪前进，很多方面都走在全国前面，极大地促进了广东的物质文明和政治文明建设，达到了双赢。

广东省的历届领导人都很重视精神文明建设，一再强调精神文明建设对经济建设的重要促进作用。在广东省委、省政府的重视下，广东省建立了第一个精神文明学会，率先开始探索精神文明建设的规律，制定各项制度。近年来，广东省积极开展精神文明建设：在理论建设方面，组织编撰、出版了《邓小平理论与广东实践研究丛书》（获中国图书奖）等一批优秀读物，多次召开大型理论研讨会，开设广东学习论坛。在思想建设方面，开展了“两思”教育、爱国主义教育，进行了新时期广东人精神大讨论。在道德建设方面，推出了《新三字经》、《中华美德书》等思想道德普及读物，开展了“爱国、守法、诚信、知礼”现代公民教育活动，进行未成年人思想道德建设，组织了广东青年志愿者活动，涌现了一批榜样人物与先进典型。在文明创建活动方面，积极开展各种创建文明城市、文明村镇、文明行业、文明社区的活动，并取得了显著成效。在文化建设方面，大力发展新闻出版和广播影视业，努力创作丰富的文化精品，加强文化基础设施建设，发展各类群众文化，丰富群众文化生活。

广东善于运用创建文明城市这一载体推动贯彻落实科学发展观，推动和谐文化建设，推动解决民生问题。从1995年起，以确定中山市为创建文明城市先行点为标志，全省大力开展创建文明城市工作。至2005年，全省已有广州等17个市建成“广东省文明城市”。中山、深圳、广州、惠州市创建文明城市的经验先后被中宣部组织的中央新闻采访团在全国集中宣传推广。2005年，在首批受表彰的9个全国文明城市中，深圳、中山获得“全国文明城市”称号，广州、东莞、惠州获得“全国创建文明城市工作先进城市”称号，在全国名列前茅。

在教育方面，广东也发展迅速。20世纪90年代初，广东省在全国率先建立高等学校毕业生就业双向选择模式。广东高等教育最先产业化、民间资本投入最多。1994年，广东省委省政府提出“把广东建成教育强省”的奋斗目标，优先发展教育，作出了《关于教育改革和发展的决定》，提出加快教育改革发展，建设教育强省的目标任务。广东在教育体制改革上进行了大胆探索，在教育制度、教育办学模式、引进教育人才、教育资金的筹措、基础教育网络建设等方面率先进行了探索和改革，比如广东是全国民办教育最早出现、规模最大和办学水平最高的省份，广东省的民办教育管理体制和办学机制发展得较为完善。1996 年，广东通过国家基本普及九年义务教育、基本扫除青壮年文盲（简称“两基”）验收，率先成为全国实现“两基”的省份。2002 年广东省在全国率先实现远程网上监考、网上评卷试点和所有批次网上实时远程录取。广东在高等学校教育方面也走在全国前列，最著名的例子是广州大学城。广州大学城于 2004 年 9 月建成投入使用，创造了多个全国第一，打破了传统高等教育相对封闭的藩篱，改变了高等学校“小而全”的发展模式，开拓了新的教育办学模式和管理模式，是中国高等教育发展史上的一大奇迹。2006 年秋，全省农村全面实行农村免费义务教育，成为在全国率先实行农村免费义务教育的省份。2006 年，全省中小学拥有可供教学使用的计算机 81.54 万台，计算机室11 998间，语言实验室 5 470 间，领先全国。作为改革开放的前沿阵地，广东的教育国际交流和合作一直走在全国前列。广东教育制度改革先行一步，使广东的教育迅速发展，蒸蒸日上。

广东在改革开放过程中，将文化建设放在重要位置，取得了丰硕成果。1994 年，由广东省新华书店牵头组建了广东省新新图书股份有限公司，这是全国新华书店系统组建的第一家股份制企业。1996 年，广东组建中国内地第一家报业集团——广州日报报业集团，后又相继组建南方日报报业集团、羊城晚报报业集团、深圳特区报报业集团，在全国居于领先地位。2002 年，广东又成立了中国首家期刊集团——家庭期刊集团。2004 年，广东组建中国首家初步实现全省广播电视资源整合的南方广播影视传媒集团。改革开放后，广东人的文化标高始终处在快速的上升中，并达到了一个高水平。1999 年以来，在第七、第八两届全国“五个一工程”奖评选中，广东都是得奖最多的省份。广东各级政府还为如火如荼的群众性文化活动搭建“舞台”。至 2000 年底，已建成广东星海音乐厅、广东演艺中心、广东美术馆等一批规模大、档次高、设备先进的文化设施。同时，全省已有县级以上公共图书馆 115 所，博物馆 114 座、农村集镇文化中心 1 190 个，基本构建起艺术创作演出、群众文化、公共图书馆、电影放映、文物文博、文化市场六大文化网络。

广东人民在受文化艺术陶冶的同时，精神境界不断提高，很多人开始投身到公益、慈善事业中去，奉献爱心在广东逐渐成为一种时尚。1998 年长江中下游地区和松花江、嫩江流域发生水灾，广东省的捐款达 6.5 亿元，占全国总数的 1/6，创下全国各省之最。还有，广东是中国青年志愿服务的发源地之一，广东的志愿者闻名全国。1990 年成立的深圳市青少年义务工作者联合会，是全国第一个正式注册的青年志愿服务团体。1999 年 8 月 5 日通过的《广东省青年志愿服务条例》是我国首部关于青年志愿服务的地方性法规，标志着广东青年志愿服务从此有法可依，步入法制化轨道，并为全国青年志愿服务立法提供了宝贵的探索经验。到目前为止，全省共有各级青年志愿者协会 180 个，青年志愿者服务站 5 500 个，青年志愿服务队 64 708 支，已初步形成了由省、市、县三级协会和服务总队、服务队、服务站（中心）组成的志愿服务网络。在志愿服务队伍、网络、活动、基金的建设等方面，广东都走在全国前面。

3. 制度变革升级结出和谐之果

广东海洋文化创新 30 年来，在政治上进行的各种制度改革，大大提高了行政效率和行政公信力，改善了政府和群众之间的关系，建立起运转协调、高效廉洁、公正透明的行政管理体制，彻底改变了广东的政治面貌，极大地促进了政治文明建设。经过广东全省人民在民主政治制度变革方面的不懈努力和政治文明成果的积累，制度变革升级终于结出和谐之果，即制定了“构建和谐广东”的战略目标，在全国各省最早提出建设和谐省市，先声夺人。建设和谐广东战略目标的提出，规划了广东民主政治制度发展的前景，是各种制度的和谐共生、相互促进、共同发展，也是广东海洋和谐精神在改革开放新时期的最好展现。

2004 年 9 月，党的十六届四中全会提出构建社会主义和谐社会的战略任务，为全国人民勾画了一个“民主法治、公平正义、诚信友爱、充满活力、安定有序、人与自然和谐相处”的美好图景。十六届六中全会进一步提出把构建和谐社会主义社会作为全面建设小康社会、开创中国特色社会主义新局面的一项重大战略任务。在中央的号召下，广东省迅速行动起来，中共广东省九届五次全会提出了“构建和谐广东”的战略目标。2005 年 9 月，中共广东省委、省政府下发了《关于构建和谐广东的若干意见》，明确提出了构建“和谐广东”要以建设经济强省为核心，以建设文化大省为支撑，以建设法制社会为基础，以加强社会建设为重点，以加强党的建设为保障，努力建设“富裕、公平、活力、安康”的广东。2006 年 10 月，中共广东省委九届九次全会进一步出台了《关于贯彻〈中共中央关于构建社会主义和谐社会若干重大问题的决定〉的实施意见》，要求广东省在构建社会主义和谐社会的伟大实践中走在全国前列。诚如《南方日报》评论员在《南方论坛》撰文所说的：“广东是改革开放的领头羊，经济成就骄人，但也最早步入改革深水区，中国所面临的诸多问题，广东人有更早和更为深刻的体会，在一定意义上我们甚至可以说，谈‘中国问题’须先谈‘广东问题’；而要解决‘中国问题’亦须先解决‘广东问题’。正是由于广东所处角色的特殊性，决定了在构建社会主义和谐社会的大局中，广东有先行之条件，破冰之基础，亦有‘敢为天下先’之传统。诸般条件汇集在一起，决定了广东不仅是改革开放的先行地区，也理当成为不断化解社会矛盾，构建和谐社会主义先行地区……”① ——正是广东海洋文化的深厚底蕴，使广东有条件和实力，有责任和使命去建设和谐社会，使广东在构建社会主义和谐社会方面发挥排头兵作用。这是广东的光荣使命和历史责任。

为了推动和谐社会建设取得新成就，广东省委还确定了当前要突出抓好的工作：一是坚持把构建和谐广东摆在重要位置，加大和谐社会建设力度。二是坚持狠抓发展第一要务，为构建和谐社会奠定更加坚实的物质基础。三是坚持注重社会建设，不断提高社会事业发展水平。四是坚持扩大民主，完善民意表达机制。五是坚持依法治省，维护公平正义。六是坚持继承创新，建设和谐文化。七是坚持为民务实，改善群众生活。八是坚持加强和改进社会管理，促进社会安定有序。九是坚持见微知著、未雨绸缪，切实维护社会稳定。十是坚持深化改革，积极探索和谐社会建设新途径。

近几年广东的实践，就是不断构建和谐社会的实践，在全省人民的努力下，和谐广东的建设已经取得了重要成果。广东率先实践科学发展观，狠抓发展不动摇，增强公共财政的均等性、普惠性，纾解民困，统筹城乡、区域发展，夺取了GDP总量全国最高、单位GDP能耗全国最低“双冠军”，使广大人民共享了经济发展、公共福利、环境改善和公平正义的改革发展成果，实现了经济社会的全面发展、和谐发展、科学发展，已经构建出“和谐广东”的雏形。

广东所取得的这些丰硕成果，与广东海洋文化的深厚底蕴和潜移默化的影响密不可分。毫不夸张地说，正是海洋文化敢为人先、务实开放、勇于创新的精神，才使广东成为中国改革开放的先行者。

① 《南方日报》评论员：《期待构建和谐社会的“广东经验”》，金羊网，2006年10月13日。

第七章

世俗化的滨海人居新貌

对于一个普通广东人来说，30 年前的改革开放，也许不是从真理标准的讨论开始的，而是从广州蔬菜和河鲜价格的自主变化[1]开始的。当年“真理标准问题大讨论”是一场政治话语的运作，一般人是不容易捕捉到中国未来的变化的，但蔬菜和河鲜价格就不同了，民以食为天，它属于生活本身，是对世俗生活的回归，鲜活生动，易被感知。

改革开放 30 年来，生活在海洋文化中的广东人，展示出光彩夺目的世俗化的滨海人居新貌。

一、平民的狂欢

广东是个平民社会。在这里，人们更多享受到平民的狂欢，就像大海之中众生平等一样，自由、奔放、生动。对世俗生活的参与和关注愈来愈充满兴趣并且乐此不疲。

1. 平民社会的生活常态

所谓平民社会，其实就是以平民为主体的社会，平民的价值观和生活方式代表着整个社会的价值风标和风俗习惯。

---

① 价格改革和搞活城乡流通，历史地成为广东经济体制改革的突破口。1978 年，广州率先放开部分蔬菜价格，同年冬，放开河鲜价格。

广东的历史传统形成了平民社会。广东地处南海之滨，远离中原，岭海自古没什么世袭贵族，自古以来就是移民大省，没有中原长期形成的自我中心主义的思想传统，等级秩序的烙印不明显，是一个开放、包容的社会。并且，广东人出海远航，频繁的海外贸易活动中发展出浓郁的重商主义精神，商场是大众化的，商人是各色人等都能从事的职业。在重商的社会氛围中，士绅商贾多出自寒门。俗话说“富不过三代”，以后崛起的是另一批富绅名人。官无世袭，学问传家更难。此外，广东的对外贸易商人和华侨众多，西方民主平等的思想和基督教的平等观念，植入他们的脑海中，并带回故土，影响甚远。因为广东人勇于接受西方的先进思想意识，广东成了“近代史上思想家的摇篮”。这些多元、开放、包容、平等的理念和重商主义的历史传统共同造就了广东浓厚的世俗精神。平民意识、平等观念和市民社会最早在广东形成。随着近代资本主义萌芽和中西文化碰撞，平民意识、市民精神在岭海，尤其是在珠三角，表现得比内地更加突出。

在改革开放的时代，广东得风气之先，享天时地利人和之利，一跃成为经济大省。在此过程中，广东人的务实求实和重商主义精神功不可没。由于整个社会的文化价值结构开始充分体现出“经济—商业”的利益主导性，所以，对于处在改革开放中的广东普通大众来说，把现实活动的基本目标落实到物质生活积累和占有的过程中，落实到直接具体的日常享受之中，便是一个应和了现实社会与文化的基本结构且又非常实际的价值前景，即世俗化、务实求实、拼命赚钱、为人处世淡定从容、不张扬、追求休闲娱乐、重视享受生活。这一点，也在20世纪90年代的中国审美风尚中体现了出来。整个中国，当时审美风尚大改变，呈现出由统一向分化、由自发向自觉、由教化模式向消费模式、由社会活动向个人娱乐的转换。当然，除了特殊时期，注重实务、实利和世俗生活，讲求感官享受、享受娱乐多为广东人的生活常态。

这种“世俗化”的平民狂欢，同一般意义上的“庸俗”、“低级”是有所不同的。广东人生活的“世俗化”的特征正体现在人们的日常生活层面，体现了最广大群众的基本要求和欲望，体现了普普通通的生活满足的爱好与感动。比如喝早茶，享受美味与休闲时光，广东人以一种直截了当的方式，感性地构筑了日常生活的审美价值，毫不掩饰地道出富足与安逸是人在现实中的基本追求，对它的表达与满足则给了人们一种快乐的安慰，一种实现人际间在日常生活中那份脉脉温情的渴望、满足生活基本享受的热情。

2. 岭海民俗文化的张扬

岭海民俗文化中蕴涵着很多海洋宗教信仰、海洋风俗、海洋传说以及海洋艺术的表现形式。下面以南海波罗诞和湛江人龙舞来讲述岭南民俗文化中的人海情。

波罗诞又称南海神诞、南海波罗诞，是广州地区最大的民间传统庙会之一。波罗诞至今已有一千四百余年的历史，会期为每年农历的二月十一日至十三日，十三日为正诞。南海神庙①（波罗庙）方圆数十里的民众都前来“游波罗”，包括水上、陆上地区都热闹非凡，四乡云集赶赴庙会，热闹程度胜似春节。波罗诞延续至今，人们在这里烧香祭祀南海神，纯粹是民间性的祈祷求愿，不再与海上贸易以及官方拜祭南海神有关。从官府的拜祭演变成了民间的娱乐，波罗诞的历史见证了我国古代祭海文化的发展。波罗诞与人们的生活密切相关，买波罗鸡的习俗融合了广州人“讲意头”的传统，形成了独特的庙会文化。

改革开放以来，随着民俗的复兴，波罗诞又渐渐出现在广东人的生活中。近年来，波罗诞上，民俗活动异彩纷呈，有水上庆会、四乡会景、化妆巡游、龙狮相会、飘色表演、大戏杂耍、龙舟盛会、文人雅集、“万花与”、花朝节等活动，在庙会上还有民间工艺、美食一条街、非物质文化遗产一条街，可供游人尽享游购、美食之乐，同时，还有一批诗书画名家即席挥毫、即兴赋诗。前往参加波罗诞的市民已超过几万甚至几十万人次。可见，民俗文化（非物质文化遗产）品牌魅力无限。

湛江人龙舞是表现岭南人与海相融的舞蹈。人龙舞是东海岛特殊社会历史因素与地域自然条件的产物，它将古海岛群众娱龙、敬龙、祭海、尊祖、奉神等多种风俗融人“人龙”之中，形成了自创一体、独具一格的龙舞表演形式和“人龙”精神。据艺人说，人龙舞大约始于明末，被清军打败的明军撤退到雷州半岛和东海岛，适逢中秋，地方百姓为鼓舞明军士气，编排了这个舞蹈。此后人龙舞便在这里流传开来，至清乾隆、嘉庆时达到鼎盛。表演时，几十至数百名青壮年和少年均穿短裤，以人体相接，组成一条“长龙”，在锣鼓震天、号角齐鸣中，“长龙”龙头高昂，龙身翻腾，龙尾劲摆，一如蛟龙出海，排山倒海，势不可当，显现出独特的海岛色彩和浓厚的乡土气息，是东海岛乃至雷州半岛经久不衰的民间风俗和大型广场娱乐活动的重要组成部分。每逢春节、元宵、中秋佳节和一些重大喜庆节日，便“人龙”飞舞。

---

① 南海神庙，又称波罗庙。南海神庙坐落在广州黄埔区庙头村，是我国古代东南西北四大海神庙中唯一留存下来的建筑遗物。神庙是中国古代祭海的场所，创建于隋开皇十四年（594 年）。自隋唐以来，历代皇帝都派官员到庙中举行祭典。古庙地处珠江出海口，中外海舶出入广州，按例都要到庙中拜祭南海神祝融，祈求海神保佑，出入平安，一帆风顺。所以古庙又是中国古代海上交通贸易的重要史迹。

湛江人龙舞远望动感十足，近观粗犷雄壮，舞龙者们展现出不可战胜的群体力量和聪明才智，成为中华海洋文化发展的重要组成部分。

“人龙舞”曾经在“破四旧”中渐渐销声匿迹，直到20世纪八九十年代才又被挖掘出来。由于人龙舞赖以生存、发展的社会基础发生了深刻变革，一些颇有造诣的人龙舞传承人因年事已高逐步退出舞台，人龙舞演员队伍青黄不接，人龙舞仍然面临着失传的威胁。随着非物质文化遗产保护热潮的兴起，政府和社会各界对人龙舞的抢救、保护和发展做了大量工作，使人龙舞重新焕发了活力。

这些均是广东海洋文化不可或缺的组成部分。历史上人们缘于海洋而创造出来，因其妙处而传承发展，在当代生活中，在这些民俗张扬的展演中，只有进入历史发展纵深处才能深刻地理解和领会海洋民俗文化的内涵，感受到岭南人的那份快乐。

21世纪是海洋经济时代，海洋民俗品牌（非物质文化遗产）由于可以带来巨大的社会效益和经济效益，被认为是海洋文化产业的重要方面。

3. 港台、广东、内地大众文化“一锅粥”

改革开放以来，广东敢为人先，以海的热情欢迎了港台流行文化的到来。广东本土的娱乐方式也得到发展，随着内地娱乐文化的长足发展，随着新客家的到来，广东照样实践“拿来主义”。就这样，在广东，港台、广东和内地，娱乐文化就像广东人煮的一锅艇仔粥，包容万千，沸沸扬扬。

港台文化如潮水涌入广东。二十世纪八九十年代曾是内地电影的黄金时期，许多电影如《红高粱》、《霸王别姬》等都在国外重要电影节上拿了奖。但随着改革开放，港台影片大量进入内地，这些题材多样、娱乐性极强的电影引起了内地观众的极大兴趣。港片中的许多奇异人物，如《英雄本色》里的小马哥、《倩女幽魂》里的女鬼小倩，甚至侠盗、警匪、赌王等，让看惯了形式化的主旋律影片、晦涩的艺术片的内地观众耳目一新。且港星在片中反映的现代都市生活和各种时尚潮流也令许多人着迷。身处改革开放大潮中的大众正对内地电影感觉单调时，港片的出现正好满足了内地观众的需求，港片借此迅速攻占了内地市场。

流行音乐似水盛行，20世纪80年代中期到90年代，流行音乐在广东的红火也充分彰显了广东大众娱乐的特色。流行音乐在1978—1988年处于多元化流行音乐的初期。港台音乐进入了内地，让人感觉非常新鲜，歌词很贴近大众的心理，不是探讨另外一个高高在上的东西，而是直接讲述平常人的生活。文化市场是多样文化相竞逐的平台，更是流行文化的大本营。这时的广东，率先开始进行文化产业改革，以海的宽容胸怀为流行文化开辟了一个比较自由的发展空间。

如今，广东已经基本上告别了数千年的乡村时代，进入城市化时代。在新时代开始时，广东应该大力建设城市的世俗文化，缔造世俗生活的幸福，即追求休闲娱乐、重视享受生活。不要害怕丢掉一些没有生命力的所谓精致文化，要让文化去丰富我们的生命、生活，而不是牺牲生命、生活去保存文化。广东的大众娱乐文化就是回到生活的文化，享受王德胜所说的大众日常生活的快乐："一方面，大众日常生活意志的坚定性，维护了每一个普通人的日常生活权利及其感性选择。由此，在社会审美风尚的现实流变中，价值的天平无疑倾向了大众需求这一边，充分体现大众的生活利益和满足标准，充分再现大众的文化价值态度，是决定20世纪90年代中国社会审美风尚流变的最终因素。另一方面，大众日常生活满足的实现又不断再生出范围更为广大的新的占有欲望。感性愉悦既是生活的形式，又成了生活的直接动力。"①

4. 志愿文化领国内风气之先

公民社会的组合方式是水的汇聚，每一滴水都是平等的，公民社会的文化以海为形象标志，重视合力和自觉。随着我国开放程度的不断加大，公民文化越来越受到国人的青睐，法制文化、纳税意识、志愿文化，等等，就在其中。

走在前列的广东，凭借地缘、血缘的先天优势，加上海洋文化的开放特性，提倡"拿来主义"，最先发展了志愿文化。也因为海洋文化熏陶出的务实求真的秉性使得广东的志愿文化摆脱"高、大、全"的形象追求，呈现出"助人自助"和"日常化"的平实和理性。

广东的志愿服务领中国志愿服务潮流之先。广东人最早从海外和港澳认识到志愿文化，加上岭海人本身的乐善好施，这种文化最先在这片热土生根发芽。1987年，"广州市中学生心声热线"诞生，拉开了我国志愿服务的序幕。1999年，《广东省青年志愿服务条例》出台，这是中国首部关于青年志愿服务的地方性法规。经历20年的发展，志愿者队伍越来越庞大，截至2007年12月，全省共有注册志愿者300多万人，累计组织动员1 000多万人次参与志愿活动，为社会提供了超过4.6亿小时的服务。广东打造出一批具有重大影响的志愿服务品牌，建立了各区、街、社区、各级综合志愿服务队和启智、松柏、医疗、助残、外展、网络等专业志愿者服务队，志愿服务覆盖了社会发展和民众生活的所有领域，甚至走出国门，承担了中国志愿服务海外

---

① 王德胜：《世俗生活的审美图景——对90年代中国审美风尚变革的基本认识》，《思想战线》，1998年第10期。

援助缅甸和塞舌尔项目。广东成为我国志愿服务事业发展最快、规模最大的省份之一。

志愿服务的发展状况是判断公民社会发育程度的一个标志性尺度。公民社会的建立与和谐社会的发展，最终需要大量为社会民众服务的非盈利组织来弥补政府部门和市场经济所未能顾及的缺陷。中国志愿者精神为“奉献、友爱、互助、进步”，志愿服务的无偿性和公益性决定了它能够发挥政府及市场无法替代的社会保障功能，每次志愿活动都是一滴水，点点滴滴，积少成多，汇聚成爱的海洋。20 年来，广东志愿组织实践着“第三部门”的功能，促进公民素质提高，努力改善民生、建设友爱互助的社会，成为广东社会保障体系的显著优势，当之无愧地成为建设和谐广东的重要力量。

“参加志愿活动就像广东人喝早茶一样平常”，这是广东志愿文化的特有表述。第一，“助人自助”志愿理念。志愿者不为“崇高”，也不为“博取名利”。志愿者是普通人，不是媒体塑造的“高、大、全”英雄，他们自愿帮助他人，同时提升自己，即“助人自助”，这是人与人之间的互助，这种“利他”和“利己”相结合的“双赢”理念，能够为更广泛的人所接受。第二，日常化的活动方式。不同于党政号召下的运动式的学雷锋活动，志愿活动是公众参与社会生活、参与推动社会进步的日常化方式，提供志愿服务是一件平常的事情，是一件快乐的事情，“乐人乐己”，随时都可以进行。

广东“助人自助”和“日常化”的现代志愿服务理念，拓展了雷锋精神，增强了“雷锋”的生命张力，必然对社会公益行动产生最强劲的推动力。志愿者事业已经发展成为广东省参与面最广、参与度最高、影响力最大的公益事业。广东早期志愿者率先学习外国和港澳经验时，对于志愿服务就是采取务实态度，不神圣化，既能够帮助他人，又能够让自己充实，这是广东志愿服务发展的特点，这是广东海洋文化的先进性。因为这样普通平凡的合情合理合实际的动机，所以“我志愿，我快乐”，志愿文化深入人心，开花，结果，在不依靠行政手段的形势下，实现了广泛而持久的良性循环。

海洋文化支持着广东志愿文化的创新。党的十七大报告明确提出：“完善社会志愿服务体系。”在新形势下，广东继续当好志愿文化建设的排头兵。2007 年，广东筹款 3 130 万元成立志愿者事业发展基金会，还设立了全国第一个省级志愿服务政府奖“广东志愿服务最高荣誉奖”。如今，广东正努力构建城区基本覆盖、需求及时响应、服务规范高效，与建设现代化文化大省相适应的志愿服务体系，为建设和谐广东贡献力量。

平民文化、大众文化、公民文化，以及多次论及的移民文化，都在广东这个自由开放、追求多样性和宽容的文化生态中得到充分的发展，风生水起，活力无限。无疑，这是广东海洋文化发展的结晶，也是广东海洋文化创新的出发点。

二、移民的精神家园

广东为什么充满活力？因为它自古以来就是一个移民大省①，不断有新鲜血液的补充，不断在种族上、文化上进行文化交融和文化创新。海洋文化的开放多元包容了这些因为各种各样原因来到这里的人，让他们不断建设着移民的精神家园。

1. 新客家应运而生

历史上的岭南，因地处偏远、环境恶劣，曾是中原人被充军、发配和躲避战乱的荒凉之地，不少仁人志士因罪流放这里，心绪起伏，去国怀乡、孤蓬万里，居住在这个避难所一段时间后，却不由发得出“日啖荔枝三百颗，不辞长作岭南人”的感慨，充分表达被流放者的喜爱，这是岭南人包容了他们，这是海洋文化滋养了他们。

时过境迁，流放一词已成历史云烟。进入 20 世纪 80 年代，“东西南北中，发财到广东”成了人们的口头禅。改革开放以来，广东作为中国改革开放的前沿地带，经济迅猛发展，为各色人等提供了广阔的天空。改革开放也使广东在人口流动政策上解除了束缚，这些开放创新的政策与制度成为“新客家人”南下广东的通行证。滚滚南下的外来人员满怀希望与梦想，如潮水一般涌入广东省，尤其是珠江三角洲地区，形成“孔雀东南飞”这一中国当代社会的独特景观。据统计，自 1992 年以来，外省到广东的打工者每年都在 1 000万人以上。根据 2008 年广东省人口和计划生育电视电话会议信息，2007 年广东常住人口已达约 9 449 万，超过河南，居全国第一。目前，广东拥有 1 600万流动人口，约占全省人口的 1/6，堪称全国第一。广东以全国经济总量排名第一的形象，承载全国第一人口大省的盛名，人口数量和 GDP 总量趋向统一。

广东海纳百川，各类人在这里安身立命。在南下广东“淘金”的“新客家”中，对于那些有文凭、有学历的知识分子来说，广东更是一个机会之都，是他们自主创业发展、施展才华抱负的广阔天地，也是他们享受生活的自由空间。但是，对于“新客家”的主体——外来工来说，他们来自异乡和社会

① 广东的移民文化，除了本节讲述的移入，还应包括广东的海外移民，即华侨文化，这一内容，在本书第十章第三节中阐述。

底层，城市的灯火因他们而闪耀，但城市的灯火不一定是为他们闪耀。他们需要物质收入，他们同样期望享受到愉悦、温暖，让生活不仅仅是活着，还有“此心安处是吾家”的安心。因此，一些专家提出，现在的广东和当年美国面临的“移民文化的融合”问题类似，在国家户籍制度不改变的前提下，应该让外来工不要总感到自己是外人。2004 年 4 月，香港凤凰卫视《纵横中国》做过一个节目，对“你如何看待新客家人”等问题，征求观众和网友们的意见，结果答案五花八门，但是比较一致的意见是认为外来工是“新客家”的主体。“新客家”的说法，就是一个消除歧视、具有人情味的称呼，不把外来工当成发展工具，才能推动整个广东社会的和谐发展。

近几年，“新广东人”的说法渐渐获得更多人的赞同。无论来自哪里，都是广东的建设者。一方面，大家从祖国各地南迁广东，创海，赶海，他们凭借自己的勤劳与智慧，加上广东提供的机遇，努力工作，为广东改革开放带来了旺盛的活力，创造了海洋大省的奇迹。另一方面，广东省各方面共同努力，在广东建设者为生活、为事业全力打拼之时，社会也伸出了友爱之手接纳他们的到来，构建了千千万万建设者的温馨家园。

2. 此心安处是吾家

当下广东正处于黄金发展期，但是东西发展、南北发展、山区与沿海发展出现不平衡，贫富差距逐渐拉大，社会的异质性越来越强，社会文化愈加复杂多样，这些无不促使生活于其间的人们产生文化焦虑和文化自觉。除了物质的保证，人们需要归属感和幸福感，期望享受到愉悦、温暖，需要同舟共济的友爱互助，需要一种能够认同的岭海文化，得到“此心安处是吾家”的安心。

广东海洋文化的多元、开放和包容给了不同的人生存空间。岭南处于大陆文化和海洋文化的中间阶段，这既决定了岭南文化的边缘性，也决定了广东海洋文化在不同文化碰撞中的兼容特色。同时，从“百越”之地开始，广东省不断接受移民，逐渐形成广东人开放、兼容的文化心态。历史上，岭南文化曾吸收了百越文化、荆楚文化、吴文化、中原文化、巴蜀文化等传统中华文化因素，亦受到了基督教、佛教、伊斯兰教等世界文化的影响。这种多元文化融合而成的岭南文化能够包容不同层次、不同职业的人才，能够以宽容的心态接纳“异己”文化。到了新时代，这种文化心态更得到了进一步发扬，广东不排外，没有如同皇城根下的那种高傲，吸引众人来此发展，以至安居乐业。

广东务实求真，尽力为外来人员建设具有归宿感的“家”。广东先后制定了《广东省流动就业管理条例》、《广东省劳动监察条例》等一系列相关法规，以维护外来工的合法权益；广东解决建设领域拖欠外来工工资问题走在全国前列；广东全省工会组织已覆盖企事业单位26万家，以各级法律援助中心为载体，帮助外来员工解决“打官司难”问题；广东推广了职工医疗互助保障计划，大约30万女职工参加了其中的“安康互助保险”；广州市政府制定了《广州市接受外来人员子女入学办法》，确保10万外来工子女平等入学……广东在行动，为广东户籍的居民提供安全安心的服务，也为外来人员提供医疗保险、教育培训等保障。广东的“安家”工程以人为本、服务民生，是广东建设和谐社会的重要实践，反映出对和谐社会的先进性、群众性和实践性的追求。没有先进性，就没有感召力、引导力，就不可能带动整个社会和谐思想观念的不断提升；没有群众性，没把人民群众的社会生活和精神需求紧密结合起来，就没有被社会大多数成员所接受的可能；没有实践性，就难以贴近生活、切合实际，就难以调动人民群众的积极性。和谐广东意味着社会各阶层在共建中共享、在共享中共建。广东建设得好，生活在广东的人们才能有更好的发展，同时，生活在其中的各阶层的人都得到保障，才会认同广东，安心在广东发展。

能够“安心”的广东，应是本土文化、移民文化与外来文化整合出新型海洋文化的广东。这个发展过程受到许多因素制约。无疑，经济交往的广度与深度是最为活跃的催化剂，政府的宏观调控起着重要的积极促进作用。当然，在广东多元的海洋文化氛围中，人们开放的心态有益于这种融合。本土人与先到者很清楚自己受到了前所未有的挑战，有突破自我的渴望，他们的心态普遍开放务实；而后来者一方面带来新的文化元素，一方面迫切要求站稳脚跟，走出自己的文化樊篱来适应广东。这样，在海洋品格熏陶下，人们能够在多元文化的碰撞甚至是冲突中取得趋同，达到融合，和而不同，创造出新广东文化，形成对广东的文化认同，凝聚创造活力去建设家园。

广东的和谐社会建设，就是生活于其中的人通过共同建设，共同生活，共同享有，在新广东文化中认同广东，在这片热土上安家、安居、安心，自豪地说：“我是广东人！”这就是广东海洋文化的魅力，更是广东进一步发展的制胜法宝。

三、衣食住行领潮流

广东是改革开放的“试验田”，海洋文化的创新精神也导致广东文化“生鲜活猛”，成为中国流行文化、大众文化的发祥地。伴随着经济速度和经济模式的贡献，广东的饮食文化、服饰文化开始“北伐”，粤菜的美味让人赞不绝口，T 恤、牛仔裤、波鞋也曾是很多人效仿的装扮风格，风行于大江南北。广东的很多文化因素随着改革开放的深入不断地融入国人的生活中，在衣食住行等方面引领中国潮流。这些都反映着广东海洋文化的先锋效应和引领力。

1. T 恤衫、牛仔裤、迷你裙流行

广东人不仅拼命工作，也尽情享受生活。海洋文化的开放使得广东人乐于并易于接受新鲜事物，并创新催生了新服饰文化、新大众文化、新流行文化，广东文化已成为当代中国最“生猛鲜活”最强势的地域文化。

广东文化对内地的影响已远远不止于经济方式。如今，广东人的生活方式和生存方式已越来越成为内地人们的仿效对象。文化凭借经济实力而播扬的例子极多，大的如西方文明的扩张，小的如当年徽剧的传播。无可否认，有经济实力作坚强后盾，一种文化就比较容易让人刮目相看、竞相模仿，比如岭海文化的“大举北伐”并大获成功，则首先因为这个地区经济上的成功。

20 世纪 80 年代，广东流行音乐在内地遥遥领先，卡拉 OK、流行音乐榜、MTV 等新媒体率先出现。伴随着邓丽君的甜蜜歌声，由广东输入的产品和洋装洋货长驱直入，“猛袭神州”，是 20 世纪 80 年代初广东之于内地的第一次冲击波。随着广东经济的发展，数年之后，从“珠江水、广东粮”，到“岭南服、粤家电”，再到今天的“IT 簇群、汽车基地”，精美、新潮，代表着优质生活水平的广东消费品以其凌厉的攻势大举占领内陆市场的第二次冲击波，更使人们对广东刮目相看。

随着经济的北上，第三次冲击波、广东的“文化北伐”开始了。广东的大众文化一扫南风不劲的弱势，成为最为抢眼与富有活力的“新文化”，成功地占领了中国文化市场，与北京文化、上海文化三足鼎立。一时间，无论大江南北，只要有中国人的地方，就有广东产品。“北伐”的先遣军是 T 恤衫、牛仔裤、迷你裙以及唱碟、冰箱等新潮商品。人们对“广货”的选择，其实也就是对广东海洋文化的选择，对广东改革故事的选择，对广东创新情感的选择，当时的港片、粤语歌曲，包括生活方式等都潜移默化地流行于内地。

可以说，1978 年之后，改革开放的春风吹拂中国大地，向年轻一代传递着最新的潮流信息，也唤醒了中国人的美丽意识。尽管那个时代的中国人对时尚的感觉似乎处在似懂非懂、似爱非爱之间，但不可否认的是，“人靠衣装”，时尚如潮水般地从广东席卷中国大地。从喇叭裤到牛仔裤，从长裙到短裙，从蝙蝠衫到文化衫，中国人衣着品味的变化，从某种程度上传达出逐步开放的意识，反映出广东海洋文化的先锋效应。

广东的很多文化因素随着改革开放的深入不断地融入国人的生活中。这些都与广东的海洋文化的浓郁氛围和对实际生活的极大关注密不可分。杨东平因此高度评价广东文化，认为“进取的、雄劲的广东文化与退守的、委顿的上海文化形成鲜明的对比”。广东文化作为当代中国最强势的地域文化，当之无愧地与北京文化、上海文化鼎足而立，打破了城市文化双峰对峙的陈旧格局。”①

2. 粤菜餐馆酒楼风行

大众文化另一个显著的体现，就是所谓的“饮食文化”。在广东各地有一种生活常态，拖家带口的老老少少一大早就把一个小小的乡镇茶楼弄得人声鼎沸，人满为患，那种热闹，是真正属于老百姓的热闹；那种富足，是真正属于民间的富足。大众化的“大排档”更是“南国一景”。以广州为例，居民在各大城市饮食方面的消费水平长期居全国之冠，赢来了“美食天堂”的声誉。

粤菜作为中国菜四大菜系之一，以其独特的风格和风味而享有盛誉。粤菜包括广州菜、潮州菜、东江（客家）菜，而通常以广州菜为代表。广州菜既集“南（海）、番（禺）、顺（德）、中（山）”等珠江三角洲地方风味的特色，更兼采京、苏、杨、杭、鲁等外省菜以及西菜之所长，融会贯通而自成一家。这也是广东海洋文化具有极大包容性的力证。

粤菜充分反映了广东海洋文化的特点。它的最大特色是采料复杂、菜式丰富，“广东人什么都敢吃”，这是海洋文化敢闯敢干的体现。广东地处我国南端沿海，高山平原错落有致，江河湖泊纵横交错，气候温和，雨量充沛，动植物类的食品源因此极为丰富，粤菜中的原料也就显得非常广博珍奇。所谓“吃头箸”、“头啖汤”，广东海洋文化中大胆自由、敢为天下先的精神，在“吃”中表现得淋漓尽致。粤菜的第二个特色为口味清淡，可用“清鲜嫩滑爽香”六字概括。这是粤菜广受欢迎的根本原因，这种追求清淡、追求鲜嫩、追求本味的特色，既符合广州的气候特点，又符合现代营养学的要求，是一种比较科学的饮食文化，反映出广东海洋文化的求真。粤菜的第三个特色是具有“杂交”的优势。博采众长，善于变化，制作精良，勇于创新。广东人思想开放，不拘教条，一向善于模仿创新，因此在菜式和点心研制上，便富于变化，标新立异，制作精良，品种丰富。粤菜的菜式还注重随季节时令变化而变异，夏秋求清淡，冬春重浓郁，多彩又多姿，就像海洋的风貌。

粤菜自身所展现出来的大胆、开放务实、创新求变的文化特点，使得粤菜成为广东的文化名牌，并不断创新，推动了自身的持续发展。随着经济的

① 杨东平：《城市季风》，东方出版社 1994 年版，第 525 页。

强势影响，“粤菜”借着这股东风吹遍中国，从20世纪80年代初在全国风靡至今，走上各大菜系的霸主地位，成为各大都市菜品的龙头，引领消费潮流。如今“粤菜”酒楼遍地开花，成为档次最高、身价最贵的“中国第一菜系”。

粤菜20多年来长盛不衰。由于粤菜的“北伐”，那种广东海洋文化特有的“什么都敢吃，敢为天下先”、“食头箸”、追求“生猛”的文化理念也随之走遍中国，深入人心。

3. 住房改革与装修浪潮渐行

广东人的世俗化生活享受常让内地民众欣赏，在于常变常新，以最能满足生活需求为最大目标，住房改革和住房装修均走在前列。

房价随行就市，中国的住房改革被认为是市场化的最后堡垒。中国计划经济时期形成的“单位制”，使单位在房产资源的配置过程中权力过大，住房改革举步维艰，广东发挥海洋文化品格中的敢闯敢干精神，进行了有效的尝试。

随着整个国家改革的“春风吹又生”，城镇住房制度开始改革。1978年邓小平同志提出了关于房改的问题。1949年建国后，新中国城市住房分国家投资和单位投资两种投资方式，投资建房后分给干部和职工住。1978年，下乡的知青和干部纷纷回城，都有住房需求。很多城市大龄男青年，和父母一起住到30岁还没成家，因为他们必须面对“找房子比找老婆还难”的问题。原来的“收低租”走不通，中国的一批理论家、专家学者看到了城市住房问题的困窘，开始了城市住房制度的改革。

1979年开始实行向居民全价售房的试点。为人们提供住房的主体，由单位逐步变为开发商。从住房制度改革到房地产的兴起，住房领域逐渐朝商业化、专业化、社会化，也就是市场化发展。20世纪80年代，广州市有了房地产开发企业。到1988年，第一批房地产开发企业大概有100多家。这些企业进行商品化运作，使生产链条专业化。将房屋的投资、建设、施工、部门、产权、销售变成一条龙。新的行业产生了，由以前的“千家万户建房”变成了“专业建房”，社会分工更合理。房地产业发展起来，市民买房子可以根据个人经济能力或喜好，有更多选择余地。正如广东省房协会长蔡穗声指出的，“改革开放30年，广州住房的诸多变化本质可以用‘市场化’来概括。现在住房的数量和质量，都是以前不能相比的。”①

1998年，国家就很清晰地提出，住房将分三部分进行建设，包括商品房、

① 蔡穗声：《30年住房改革，本质就是市场化》，《信息时报》，2008年7月25日。

经济适用房和廉租房。2007 年国务院再度明确表示，政府通过廉租房和经济适用房帮助低收入住房困难家庭，其他人群则进入商品房市场。今后是否有新的政策，这也是不断完善的过程，并不是一个文件就能解决的。住房体系建设不可能一步到位，是需要时间的。这是中国住房改革的大背景，这是广东住房变革的内容与指向。

2006 年开始，广州开始出售限价房，这既不是保障性住房，也不是纯粹的商品房，是政府帮助“夹心阶层”进行首次置业的举措。

广东住房硬件的变化和所有权的变化，引发了住房装修的浪潮。市民花钱买房，商品丰富了，住房的硬件变化带来人们生活方式、消费观念、思维方式等各个方面的可喜变化。居民不再仅仅满足有房住，而且更加关心居住的质量，购房者除了在购房时注重住宅小区的地理位置、配套基础设施、物业管理等因素外，更强调住宅的室内装潢。家庭住宅装修已成为城市居民新的消费热点。

这一变化从室内到室外、从厨房到厕所，几乎可以说是翻天覆地的。20 世纪 80 年代末期至 90 年代中期，随着住房分配制度和房改政策的出台，房屋建筑和装饰装修已开始出现分离现象，住宅装饰装修已开始个性化。此后，住房分配已实现从福利分房到货币分房的根本性转变，新建住宅“毛坯房”盛行，旧房二级交易市场的启动使住宅室内装饰装修个性化全面兴起，加速了家装市场的迅速发展。①

广东人的装修热潮以强劲力量掀起全国住房观念的变革，从而全面提升了中国家庭住房的档次和品质。热爱世俗生活，享受更高的生活品质，这是广东海洋文化表现出来的生活方式的创新！

4. 旅游新观念与现代交通规范畅行

20 世纪 90 年代广东都市“休闲”之风盛行。海洋文化开放性、交流性强，受外来文化影响较多等特点，形成了广东人思维活跃，容易接受新鲜事物的心理特征。风景名胜游览、双休日郊游、新马泰国际旅行等等名目繁多的旅游形式蔓延为 20 世纪 90 年代广东大众的文化时髦。

广东人爱旅游，懂得尽情享受生活。如果说，作为生活的休闲形式是建立在思想观念解放基础上的话，那么，我们便具有“让生活美丽”的审美性质，由富裕生活带来的娱乐享受正从人身体的每一个细胞里往外流淌着美妙的情绪。它是对于紧张生活压力的自我释放，人们在时间的空间化过程中寻

① 李志宏、牛朝辉：《谈我国住宅装修发展趋势》，《经济师》，2003 年第 10 期。

觅到了自己的当下快乐，接受新鲜事物，从旅游“娱乐化”中频频体验着自我的那份心满意足，一种纯粹私人空间里自我欣赏的快感。于是，广东人出游愿望强、旅游消费支出大，使得广东客成为各地旅游企业纷纷争抢的“香饽饽”。在旅游业界流传着这样一句话：“不做广东游客就等于没有做旅游。”

在海洋文化熏陶下的广东人天生不排外，通常只是以一种商人的眼光和方式热情地接待每一个南来北往的客人，这是广东发展旅游业的文化心理优势。并且，广东是改革开放先行一步的试点省份，使广东在一开始就获得较多的优惠政策，形成了广泛的社会、经济、文化联系，区位条件、区域经济、基础设施条件优越，对外经济联系广泛，商务活动发达，为旅游发展奠定了良好的基础。广东旅游资源类型多样，内容丰富，大型人工旅游项目数量多，景点建设品位总体上在提高，加上旅游设施、旅游机构和经营管理水平居全国领先地位，旅游接待能力高，经济容量大，并且，广东省旅游业率先学习国际旅游业的经营理念和管理手段，具有全国最大的旅游人才队伍，引进和培养了一大批适应现代旅游发展需要的专门人才，管理和服务逐步规范化并日趋与国际接轨。因此，省内市场日渐成熟，成为国内最大的高消费旅游客源地，对于开展省际、国际旅游协作十分有利，省外、国外旅游市场持续扩大。

广东旅游业已开始尝试如何满足旅游者对于旅游产品的品牌化需求，在旅游文化品牌化建设方面属于佼佼者。30 年来，开发和打造出众多品牌：自然地理方面的品牌，全国重点风景名胜区有肇庆的星湖（七星岩、鼎湖山）和南海西樵山，省级风景名胜区有广州白云山、博罗罗浮山、仁化丹霞山、清远飞来峡、新会圭峰山、番禺莲花山、韶关南华寺、惠州西湖、从化温泉等。人文历史景观方面，有南越王墓、光孝寺、黄花岗七十二烈士墓、农民运动讲习所、黄埔军校、中山纪念堂、广州起义烈士陵园、虎门炮台、林则徐销烟池、关天培浴血战遗址、孙中山故居、佛山祖庙、洪秀全故居、康有为故居、梁启超故居等等。旅游收入可观，2006 年广东省旅游收入达到2 125 亿人民币，稳居全国首位。广东已成为国内真正意义上的旅游大省。如今，广东已经确立了旅游业作为国民经济先导产业的战略地位。

不仅是外出旅游，在本地交通方面，广东人也不断改善城市公共交通的便捷与舒适的服务。

从“有人售票车”到“无人售票车”就是一项创举。广州市第一公共汽车公司于 1993 年率先试行公共汽车无人售票改革，仅用 3 年时间便全面实施了无人售票；1994 年又率先在公共汽车上试用接触式 IC 卡收费系统，为广州市公交跨行业使用电子收费系统提供了经验。2001 年广州开始推行羊城通刷卡乘车，在国内引起效仿风潮，带来了全国公交系统的革命。广州市公车，从有人售票到无人售票，到今天全面实行羊城通 IC 卡售票，从木炭车到汽车再到 LPG 环保空调车，公交的硬件设施不断更新、乘坐舒适度不断改善，在广大市民中，诚信得到考验，现代交通规范逐渐确立。

广州市电车公司 1998 年底推出全国首条“音乐车厢”的公交线路；把人性化的设计融进豪华空调电车，让乘客坐得舒服；用富有启迪的寓言、警句代替车厢广告，让乘客看了舒心；利用多种功能的电子显示屏和电子报站器，介绍沿途名胜古迹和地理人文，使乘客闻之动心。有人把其美誉为都市的“流动文化走廊”。

广东在公共交通的硬件和软件方面经过 30 年的变化，使人车比降至国内先进水平，体现了广东在现代交通发展上的巨大进步。这是广东海洋文化中勇为人先的精神和享受生活理念的结晶。

由此可见，无论是精神创新还是衣食住行，广东均先行一步，成为流行文化和现代规范的实验人和引路者，实践着广东人的经典口头禅——“钱系揾唔晒既”（钱是赚不完的）和“揾得黎使得去”（能赚会花）。多数广东人都实实在在地践行着这种生活哲学。这是生活在大海怀抱中的广东人对美好生活的追求，也是广东海洋文化继往开来的创新进取精神的体现。

四、追求民生幸福的探索

人类的发展史就是一部追求民生幸福的奋斗史。注重民生，是广东海洋文化的传统。中国革命的“先行者”孙中山先生，一生以“关怀民生”为念。他说：“民生就是人民的生活——社会的生存、国民的生计、群众的生命便是。”[①] 孙中山的民生观给后世留下了丰富的发展空间。孙中山的三民主义是毛泽东思想的重要理论来源之一，邓小平提出的“共同富裕”的思想，江泽民提出的“三个代表”的重要论断，胡锦涛的科学发展观，归根到底都是为了更好地代表最广大人民的根本利益。无论是在理论上还是在实践中，广东的发展，本质地体现在社会建设上有效地解决民生问题。广东改革开放的 30 年，具有高度的文化自觉，敢为天下先，是不断重视民生、改善民生、探

① 孙中山：《民生主义》，《孙中山选集》，人民出版社 1981 年版，第 802 页。

索社会全面进步道路的30年。[1] 这是广东海洋文化的立足点和追求目标。

1. 再就业工程之温暖民心

民以食为天，只有充分就业才有可能实现安居乐业；只有人民安居乐业，各尽所能，各得其所，才能实现社会安定和谐。就业是重大的经济问题，又是重大的社会问题和政治问题，事关人民群众的切身利益，是社会热点、焦点和难点。

中国改革开放遭遇的诸多问题，广东都率先发现了。于是，广东人弘扬海洋文化务实求真和敢为人先的精神，开始着手解决问题。伴随着社会全面改革与转型，国有企业改制打破了职工终身制待遇，失业成为一个严重的社会问题。职工下岗或失业是经济发展多年积累的深层次矛盾的综合反映，也是改革和发展进程中必然经历的阶段。为此，广东积极探索着，完善着就业政策，拓展就业渠道。

尽量增加再就业岗位，提高下岗职工再就业能力，并尽力保障下岗职工的基本生活。广东大部分地区已建立了相关的信息库，包括下岗职工信息库、培训单位信息库、师资信息库等。通过这些信息库，了解下岗职工的数量、素质、就业意向；培训单位的培训条件、专业、培训能力；师资的专业、任课时间等信息，为培训工作的管理提供依据。比如1998年，广东国有企业下岗职工45万人，其中，24万人参加再就业培训，再就业率70%。[2]

广东具有高度的文化自觉，根据现实发展需求，跟上世界发展脚步。加快社会保障制度建设。从2000年开始，国有企业新增下岗职工不再由企业再就业服务中心保障基本生活和安置再就业，转向享受失业保险，直接通过市场实现再就业。完善失业保险制度，提高失业保险基金保障能力。

广东积极完善就业政策，扩大就业渠道，启动“再就业培训工程”。积极推进下岗失业人员再就业工作，扶持下岗失业人员从事个体经营，出台鼓励各种类型企业吸纳下岗失业人员再就业政策。2003—2006年，全省城镇新增就业213万人，年均增幅超过15%；下岗失业人员再就业114万人。城镇从业人员从2002年的905万人，增加到2006年的1 263万人。

广东海洋文化的精神特征中，兼容是重要的内容，不喜欢走极端，追求

---

① 本节关于改革开放30年成就的数据，如果没有特别注明，一般来源于《广东百科全书》（广东百科全书编撰委员会、中国大百科全书出版编辑部，中国大百科全书出版社，2008年版）、广东省历年政府工作报告和2007广东统计年鉴。

② 劳动和社会保障部中国就业培训技术指导中心：《中国国有企业下岗职工再就业培训情况调研报告》，1999。

多样统一，追求和谐。因此，就业保障中，农村青年、特困群体、退役士兵等群体的培训就成为工作重要内容。2005年开始，广东全面启动“百万农村青年技能培训工程”，组织全省100万农村青年参加技能培训，全免费培训转移年均收入1 500元以下的农村贫困户青年劳动力54万人。使100万农村青年转变为掌握一门实用技能的技能型劳动力，缓解了广东技工缺口；按每人每年劳务收入1万元计，可为农民增加收入100亿元；培训转移农村青年劳动力54万人，使54万户农村贫困家庭脱贫，对加快广东欠发达地区新农村建设意义重大。促进就业特困群体就业再就业，切实解决困难群众就业难问题，创立“零就业家庭”就业援助制度。到2007年11月底，全省共帮助45.6万名困难对象实现了就业，共帮助近8万户零就业家庭至少有1人实现了就业，基本做到每户动态消除零就业家庭。2007年，广东在全国首创退役士兵实行免费职业技能培训。退役之后先上学，学到技能再安置，既能减轻安置工作的压力，克服安置的盲目性，又能提高安置的质量，扩大充实社会急需的技工人才队伍，广东这项创举，企业、社会、政府和退役士兵四方共赢，在促进国防建设的同时，也将促进地方经济发展与社会和谐稳定。

2. 医疗改革之破冰而出

广东作为改革开放的热土，以思想解放来解决社会发展中遇到的各种问题，当“看病难”成为民生难点、成为和谐社会建设的重要阻碍时，广东人动态求变，寻找出路。

广东省城乡居民医疗保障一体化的做法在国内处于领先地位，城镇职工的基本医疗保险制度已经顺利实现了阶段性目标。自2004年以来，东莞、佛山、中山、珠海等市已率先成功地实施了城乡居民基本医疗保险或未成年人基本医疗保险，为在全省范围内开展城镇居民基本医疗保险提供了很好的借鉴。其中东莞市的“农（居）民基本医疗保险”、佛山市的“城乡居民医疗保险”开展较早，现已基本实现全覆盖。中山市实施的“城乡居民住院医疗保险”、珠海市推行的未成年人医疗保险，使处于相对弱势的少年儿童群体不分城乡户籍差别均享有了同等基本医疗保障。目前，珠江三角洲各市均已基本实现农村居民与城镇居民医疗保险缴费与待遇的无差别。为尽量减轻参保人员负担，各市普遍将城乡居民医疗保险缴费标准设置在较低水平，有关地区的城乡居民每月拿出“一包烟”钱，或是每年少吃“一餐饭”，就可轻松地参加基本医疗保险。

医疗保障体系日益完善。城镇职工医疗保障覆盖范围不断扩大，保障水平不断提高，截至2007年底，全省城镇职工参与基本医疗保险的有2 022.2万人，参与生育保险的有659.1万人。新型农村合作医疗参保率不断提高。同时，城乡医疗卫生服务体系基本建立。截至2007年全省共有医疗卫生机构17 468家，医院床位数21.8万张，卫生技术人员35万人。县（市、区）农村初级卫生保健工作达标或基本达标，成为中国农村初级卫生保健工作试点阶段的“基本达标省”。全省健全了三级妇幼保健网，妇幼保健机构建设迈进全国先进行列。

广东医疗改革的成就，反映出开放务实创新的海洋文化的先进性，这是广东人的自豪。

3. 城乡安居工程之美梦渐成真

世俗化的生活真实快乐，是海洋文化熏陶中的广东人的追求。广东之富世人皆知，贫富差距越来越大是现实，广东的山区和东西两翼仍处于欠发达状态同样是现实。实现居者有其屋的美梦，是广大人民群众越来越迫切的期望，只有这样，广东社会才能更和谐美好。

农村安居工程是广东省委、省政府“十项民心工程”的首项工程，是重中之重。2003年，省委、省政府制定实施《十项民心工程》，决定从2004年起至2010年分期分批对全省15万户危房进行改造。2003年以来，全省有任务的14个市80个县（市、区）已全面启动农村安居实施计划，以农户自筹为主，以政府扶持为辅，通过各种渠道筹集农村安居工程资金。至2007年底，全省累计投入建设资金37.5亿元，户均投入2.5万元；14个地级市86个县（市、区）（含恩平）共完成农村危房改造任务15.038万户；建设安居房面积1 177万平方米，户均78.5平方米。

农村安居工程的受益者和建设主体是贫困户。这项工程，充分调动了贫困户危房改造的积极性，引导困难群众破除“等、靠、要”观念，自强自主，从“要我建”到“我要建”，通过建设移民新村促进城镇化发展，局部实现移民安居与乐业相结合，增加收入，解决贫困农民的生活出路问题。

至于在城镇，针对广东房价上涨过快的情况，为了让生活更美好，广东开始探索保障住房的道路。广州已经建立起以廉租房、经济适用房、限价房为主体的具有广州特色的住房保障体系。

广州市2006年将保障范围扩大到10平方米以下，租赁住房补贴标准提高到320元，成为全国廉租住房保障范围最广、保障标准最高的城市之一。2008年，广东印发了《关于切实解决城镇低收入家庭住房困难的实施意见》，全面推行以廉租房制度为重点的住房保障体系建设，必须确保所有城市和县城对申请廉租住房和租赁补贴，符合住房困难规定条件的低保家庭做到应保尽保，将廉租住房保障范围扩大到城镇低收入住房困难家庭。

限价房是构建多层次的住房梯级和消费体系的重要内容之一。2008年2

月，广州乃至全国首个限价房楼盘：保利西子湾正式公开发售。随着保利西子湾首批限价房的推出，大批限价房楼盘陆续推出市场。既可以构建住房供应体系，又能解决中等收入家庭缓解购房压力问题，具有非常现实和积极的意义。

2008年，在广州住房保障体系工程中再投入10亿元，积极解决中低收入家庭住房困难问题。为达到这个目标，2008年优先保障重点建设项目和廉租住房、经济适用住房、中小户型中低价位普通商品住房等重要民生工程的建设用地。

广东的城乡安居进程已经走在前列，新举措正在不断探索中，目标就是使人人安居的美梦成真。

4. 社会保障体系之不断完善

广东乘着改革的东风，向西方学习，海洋文化开放的观念使其在社会保障方面进展很大。这30年来都在不断探索并完善设社会保障制度。

改革首先是从退休养老保障开始的。从1984年开始，在广东、江苏和辽宁等省的少数市、县，首先进行了国有企业职工退休费用社会统筹的试点。面对农村老年人口数量的迅速增长和家庭养老弱化的情况，广东省较早开始了农村养老改革。从1990年开始农村养老保险试点工作，主要有政府、民政部门主办、委托商业保险机构开办、社会保险机构管理等几种形式。试点主要集中在经济较发达的珠江三角洲地区（深圳、珠海、东莞等市），经济落后地区基本上还没有开展。

社会保障逐渐扩展到其他领域。1997年，广东省在全国率先建立了城乡居民最低生活保障制度。是年，国务院正式发文《关于在全国城市建立居民最低生活保障制度的通知》，肯定了广东的做法。2002年起，在全省推行新型农村合作医疗制度，资金筹集在自愿的基础上以农民负担为主，省财政对困难地区给予一定时期的财政补贴。至2002年底，全省企业养老、失业参保人数分别比1997年底增加了156%和111%。城镇职工基本医疗保险制度改革稳步推进，至2002年底，全省共有670万职工参加了医疗保险。广东还规定了最低工资标准，为生活困难的特殊群体建立起低保救济制度。农村社会保障制度建设也进入了先期探索试验阶段。

广东是移民大省，海洋文化的包容使得来到这片热土的人安心就业。不断强化劳动保障措施就是其中的一项重要工作。外省劳动力和农村转移到城镇的劳动力是广东就业群体中的特殊群体，广东不断强化劳动保障措施，加大劳动监察与执法力度。2005年10月，《广东省用人单位重大劳动保障违法行为社会公布暂行规定》实施。按照规定，用人单位拖欠劳动者工资、超时加班、逃避参加社会保险、雇用童工等违法行为，或者因劳动保障违法行为引发30人以上集体上访或群体性事件的，将被各级劳动保障部门通过相关网站、公益性职业介绍机构、社区劳动保障服务机构和媒体等渠道向社会公布。对存在以上重大违法行为的单位，各级劳动保障部门将采取随时发现随时公布的措施。至2006年底，全省职工劳动合同签订率达88.7%；自2002年到2006年底，为535万名劳动者追回欠薪43亿元，劳动争议仲裁结案率达95%。城镇社会保障范围和项目不断扩大，参保人数不断增加，到2006年底，各项社保基金累计结余1 506亿元，约占全国的1/5。

广东努力建设安居乐业的家园，率先迈入全民社会保障新时代。2007年9月，广东省委、省政府《关于解决社会保障若干问题的意见》正式下发，分别就被征地农民、无医保保障的城镇居民、困难企业退休人员、企业退休人员、农垦企业职工、华侨农场职工等各类群体的社保问题，提出了具体的政策措施和解决办法，将原有社会保障体系中的空白点和盲点都纳入社保大网，原有的一些制度安排将进一步完善。建立被征地农民生产生活保障制度后，政府补助部分将从当地政府国有土地使用权出让收入中安排，并将按实际需要投入。建立城镇居民医疗保险制度后，各级财政原则上按每年人均不低于50元的标准给予补助。为把40.5万困难企业退休人员全部纳入医疗保险，2007—2017年，省财政共将安排资金10亿元给予补助，每年定额补助1亿元。为提高企业退休人员养老保险待遇，省财政每年安排8 000万元，专项用于14个经济欠发达地级市提高基本养老金发放标准后造成的基金增支缺口补助。为解决农垦企业职工养老保险问题，2006—2007年，省财政在原来每年补助5 066万元的基础上增加补助6 000万元。为解决华侨农场职工生产生活保障突出问题，并从2007年起对东西两翼、粤北山区地区和江门恩平、台山参加新型农村合作医疗的华侨农场职工按人均35元给予补助。广东基本覆盖了社会保障的主要方面，破解了被征地农民、困难企业退休人员等困难群体的保障难题，奠定了广东城乡社会保障体系的基础。从此，广东迈入全民全面保障时代。

2007年，广东社会保障多项指标居全国第一。企业养老保险参保人数、失业保险参保人数、医疗保险参保人数、工伤保险参保人数、社会保险基金结余额、农民工参加医疗保险人数、农民工参加工伤保险人数等七项指标居全国第一。广东在全国率先实行农村最低生活保障制度。

2008年《广东省职工生育保险规定》正式施行，扩大了生育保险覆盖范围，不仅包括本省行政区域内的企业、个体经济组织、民办非企业单位等组织和与之形成劳动关系的劳动者，还覆盖了国家机关、事业单位、社会团体和与其建立劳动合同关系的劳动者。该规定的实施标志着广东从社保制度上实现了职工“生育不花钱”的飞跃，标志着广东统一的生育保险制度的建立。

广东省委、省政府践行党的“始终代表最广大人民的根本利益”的最高政治承诺。改革开放30年来，以人为本、关注民生、维护民权与全面进行社会建设与社会治理相结合。2007年，广东省有16项指标居全国首位，分别是：城镇登记失业率2.55%，在全国各省区中最低；吸纳流动就业人员2 480万人，居全国第一；技校当年招生人数15万人、在校生人数39.3万人、毕业生就业率超过98%以及技工教育教学成果获奖量175篇，均居全国第一；2006年组织职业技能鉴定120.4万人次，获得国家职业资格证书总人数90.6万人次，居全国第一；社会保险五大险种基金结余1 709亿元，居全国第一；城镇职工基本养老保险、医疗保险、失业保险和工伤保险参保人数分别达1 849万人、1 886万人、1 241万人和1 972万人，均居全国第一；农民工参加医疗保险、工伤保险和失业保险人数分别达973万人、1 252万人和428万人，均居全国第一。

广东海洋文化创新30年来，广东以保障人民的生存权与生活权为主导，以繁荣城乡经济为支撑，以保障公民权利实现和维护社会稳定为基础，以切实解决与人民利益攸关的问题为核心，建立了与社会发展阶段基本相适应的社会保障制度，最大限度地解决了就业、城乡特困家庭的生活保障和城镇职工基本医疗保险等问题，最大限度地凸显了对民生问题的重视和保障。广东海洋文化的先进性表现于发展成果正在越来越多地为全省人民共享。

广东拥有面向世界的优越地理条件，更重要的是，先辈在面向世界、开拓开放的奋斗中，沉淀出宝贵而丰厚的海洋文化品格。这正是易中天总结的“广东文化或曰岭南文化的特点，即‘生猛鲜活’。生猛鲜活是和枯朽陈腐完全相反的。生就是有生命力，猛就是有爆发力，鲜就是有新鲜感，活就是运动性。生则猛，鲜则活。”[①] 因此，广东人用解放思想的智慧和视野，找到了海洋文化创新求变的办法，敢为天下先，成为改革开放的排头兵，促使广东的发展实现了跨越式进步。一个“富裕、公平、活力、安康”的和谐广东初显轮廓，这，正是追求世俗化幸福的广东民生新貌！

---

① 易中天：《读城记·广州市》，《广东九章》，广东人民出版社2006版，第326页。

第八章

新时期文化的“艺海拾贝”和吃螃蟹者

广东地处亚热带的五岭之南，依山傍海，水网交错。生活在这片热土上的岭南人民，与江海相伴。这里的文化，开放、前卫、具有兼容性，从而有别于内陆地区的其他文化类型。近代中国打开长期封锁的国门，一直处于边缘地位的岭海文化渐渐凸显，其海洋文化特质在实践中显示出强大生命力。从洪秀全到康有为、梁启超再到孙中山，几代岭南人在吸收西方文化，推动中国的现代化进程中发挥了巨大的作用。在改革开放新的历史时期，广东海洋文化再次显示出其吸收、转化外来文化和开拓创新方面的独特优势，成为名副其实的“艺海拾贝”者和吃螃蟹者。

一、南海新潮：文学艺术创新的排头兵

新时期文学艺术的破冰之旅是从朦胧诗和伤痕文学开始的。在最初的那段时间，完全不像有的论者所说的那样，朦胧诗“和广东没有任何关系”，实际上，广东的文学工作者、刊物都参与其中，并且产生了深远的影响。20 世纪 70 年代末期，广东的小说曾把“伤痕文学”推向高潮。20 世纪 80 年代之后，广东的文学艺术界更是在报告文学的领地里开创了中国“社会学派报告文学”先河，并掀起了“报告文学热”。在纯文学期刊中，广东更是在全国“四大名旦”中占据其一，并且一直以先锋前卫著称。1990 年，第一部反映

农民工的电视剧《外来妹》在广州开拍，引起全国性轰动。1992年，第一个现代舞团在广州诞生……

1. **文学扬起南海浪**

文学为改革开放立下了汗马功劳。从天安门诗抄发端，在诗歌方面反叛“政治诗”，其后，小说对十年“文革”伤口的血淋淋撕裂，为中国人对“文革”反思提供了形象化的思考，从而推动了新时期思想解放。广东与北京、上海成了三足鼎立的文艺思想解放的策源地。

先说朦胧诗。“朦胧诗”又称新诗潮诗歌，是新诗潮诗歌运动的产物，因其在形式上多用总体象征的手法，具有不透明性和多义性，所以被称作“朦胧诗”。而所谓新诗潮，则是指我国当代人本主义文学中的一次英雄主义诗歌思潮，这一思潮发端于20世纪60年代末、70年代初，进入80年代以后，它在诗坛乃至整个文学界产生了巨大的，并最终给我们的当代文学史带来了一次深刻的思想变革。

很多人也许不知道，“朦胧诗”这个概念其实就是广东人发明的。最初提出这个概念的是广东作协《作品》杂志的诗歌编辑黄雨（一个被解放的“右派”，旧诗写得很好的诗人），他撰文指责当时的诗歌新潮“不足为训”，紧接着是一个经常在《羊城晚报》写评论的章明，发表了《令人气闷的朦胧》一文，口气就更激愤了，这个议论搬到北京的《诗刊》上，引起了轩然大波，然后才有北大谢冕、福建孙绍振、吉林徐敬亚“三个崛起”的辩护，遂使“朦胧诗”这个本来是否定性的评价概念作为历史的标志从此屹立。

这场争论足以证明，朦胧诗这种文学思潮，并非与广东没有关联。实际上，从20世纪70年代末到80年代前半期，广东各高校学子的文学社团和自印诗刊（如中山大学的《红豆》，华南师范大学的《野花诗刊》等），都成为新诗潮的一个平台。这一时期活跃于广州的诗人包括筱敏、林贤治、马莉、辛磊、陈小奇、钱超英、司徒杰、朱子庆等，活跃者有数十人，他们的写作和文化活动，对朦胧诗新潮有过一番热闹的响应。当时广州除了先锋性鲜明的《花城》杂志不时刊发有分量的诗歌外，花城出版社的诗歌编辑室也先后创办过《海韵》、《青年诗坛》等杂志。这一时期广东除了上述诗刊外，也推出了好几个诗选集，如《中国当代青年诗选》（谢冕主编，花城出版社）、《朦胧诗300首》（肖野编，花城出版社）等，在当时都算得上是有一定代表性和影响力的选本。

在这场新诗潮运动中，广东文学界并不在锋芒的鲜明锐利方面与北方文坛一争高下，而是以其包容性、多元性对待这次思想变革运动。受到当时特定现实环境和传统思想的制约，朦胧诗执著于现实层面的反抗，选择了以精英的救世方式来渲染反抗的激情，发出一种反抗的号召。这种反抗的方式，在当时的境况中虽然极具号召力和鼓动性，然而，这种精英式的拯救，总是带有一种高高在上的“救世主”的影子，或孤胆英雄的影子，很难真正地普世化，这就是朦胧诗思潮的局限性所在。相反，岭海文化却以其多元性、务实性等特点，使广东的文学艺术避开了上述的这些弱点，在建设性和可行性方面有了更多的尝试。

次说伤痕文学。“伤痕文学”在20世纪70年代末、80年代初曾一举轰动全国，创造了亿万读者竞相阅读和争论“文革伤痕”的壮观场面，也把文学在社会生活中的主导作用演绎到一个后来者难以超越的辉煌顶点。1979年或许是“伤痕文学”最为热闹的一年，这一年有几个短篇文本相继登场，如陈国凯的《我应该怎么办》、从维熙的《大墙下的红玉兰》和郑义的《枫》等，从而把已经走上强势的“伤痕文学”推向高潮。[①]

陈国凯的短篇小说《我应该怎么办》刊发于广东省作家协会主办的《作品》1979年第二期。作品描写了一个女人的不幸遭遇。“文化大革命”中，林彪一伙破坏了薛子君的家庭幸福，她失去了爱情，深感世道悲凉，走投无路，只好跳水自杀。刘亦民救了她并同她结了婚。然而命运之神并没有饶恕她，痛苦又降临到这个不幸的女人身上：原来听说被迫害致死的丈夫在打倒“四人帮”后突然回到她的身边。现在她有两个丈夫。于是，她悲号着：“天啊，我应该怎么办?”

《我应该怎么办》发表后在全国引起强烈反响，并且获得了全国优秀短篇小说奖。与此同时，结合对《我应该怎么办》等小说的讨论，《作品》杂志还组织了有关文学作品描写爱情问题的“笔谈”，冲破了“四人帮”在文学作品中设置的不能描写爱情的禁区。这一时期，是广东文学最辉煌的时期。广东文学不仅引领了当时中国文学的潮流，而且也引领了中国思想解放的潮流，在新时期的思想解放运动中扮演了先行者的角色。

再说“社会学派”报告文学。改革实践如火如荼，异彩纷呈，对此，最直接切入和快速反响的首推《中国铁路协奏曲》、《热血男儿》等报告文学。

20世纪80年代后期，随着改革的推进、社会矛盾的积累、贫富差距的拉大以及社会转型期中的某种失调，作为揭露或剖析社会痼疾的“问题报告文学”逐渐在文学角逐中获得读者的宠幸。一时间，全景式的，“中”字头、“大”字头标题的报告文学作品涌上各种文学期刊的头条，冷峻、思辨、反思

---

① 王一川：《“伤痕文学”的三种体验类型》，载《新华文摘》2005年第6期。

和热烈的吁请、诘难，构成了这类报告文学的基本语调。1987 年，广东军旅作家雷铎创作的《中国铁路协奏曲》在《当代文坛报》发表，引起了强烈的反响，一时间，《当代文坛报》洛阳纸贵。

雷铎的《中国铁路协奏曲》是一部总体观照中国铁路改革开放的大作品。作者以时间为顺序从纵向上写出历史要求变革，揭示出改革开放的必然性，不改革就有“被开除球籍”的危险性；又以空间转换为线索从横向上写交通运输的国际现状，反映了处于世界格局中的中国铁路只有改革开放才有出路的总趋势。在建立这个大网络结构后，作者又采取“立体网络”与“某一座标点”的立体交叉展示的透视技巧，把镜头瞄准了处于改革前沿的广州铁路局，围绕这一特定的点，作家手中的笔“上下几千年，纵横数万里”，顺藤摸瓜，作纵的追踪、横的剖析、多角度的对比、全息的透视。这样，就使得对广州铁路局改革现状的审视具有全局性的意义。

《中国铁路协奏曲》是一部中国铁路的大百科全书，一部中国铁路变迁史，一部中国铁路开放改革的当代史。它以广州铁路局为网点，剖析了上至局长下到普通员工在改革中的种种心态，改革过程中种种感人的精神以及障碍挫折，并以铁路的改革辐射整个中国的改革，揭示了我们所处的这个大转折时代所特有的新旧体制、新旧观念的胶着、碰撞和摩擦。《中国铁路协奏曲》既开创了中国“社会学派报告文学”先河，又代表了广东文学界对改革开放的总体思考以及对新时期中国社会深层问题所进行的全方位透视，是广东文学中具有里程碑意义的作品。同一作者的报告文学作品《世界第 X 特区》、《十万人才过海峡》等，在当时都产生过强烈的影响。

广东的报告文学中，比较有影响力的还有李士非的《热血男儿》和洪三泰的《中国高第街》等。《热血男儿》站在改革开放的高度，放眼全局，把袁庚这一改革先锋人物的特殊性格放在全国改革开放的大背景上，透过全国改革开放的试点——深圳特区中的蛇口工业区展现出来，记录了改革开放初期，广东人冲破重重的障碍，不断解放思想观念，不断进行制度创新的艰苦历程。作品讴歌了满腔热血的改革者，提出“真理就是改革！改革就是真理！”的口号，成为反映新时期广东乃至全国改革开放的宏大诗篇，因此，它获得了全国第三届优秀报告文学奖。《中国高第街》则从当时成为全国知名的“自由商品一条街”的广州高第街的历史变迁，折射出当时中国的市场经济大潮波涛汹涌的壮观及其背后的社会原因，发表后引起强烈关注，被许多内地省级报刊纷纷转载。

与“社会学派”报告文学的兴旺相呼应，地处广州的广州军区作家群的创作，其时以张波的《猫耳洞与摩天楼》、雷铎的《军中女性》等，也引起了全国性的关注。

2. 报刊吹绿珠江岸

报刊是意识形态里的“雷区”，改革开放中的广东报刊却敢于踩进这个雷区，为解放思想，进一步扩大改革开放的战果作出了卓有成效的贡献。同时，广东的报刊在对自身的体制改革和创新以及适应市场经济条件下受众的阅读习惯方面，也取得了辉煌的战果。

广东的三大报系：《南方日报》、《羊城晚报》、《广州日报》。广东报纸媒体在新闻改革和创新方面早已闻名全国，并为许多外地新闻媒体所效仿。广东报业在全国率先成立报业集团，全省报业集团的数量、规模和质量，在国内都处于领先水平。20 世纪 80 年代以来，广东的三大报业集团制定了一系列鼓励改革创新的规章制度和激励政策，鼓励大家积极投身于新闻业务改革创新和管理创新，多出成果，多出精品。正是在这些改革措施和激励政策的作用下，近些年来，广东各报业集团的改革和创新取得了令人瞩目的成就。《广州日报》有深度、有影响的新闻策划，《南方都市报》在“时评”方面的创新，《羊城晚报》在版面设计和版面风格上的不断变革，《南方周末》纵横捭阖的深度报道，等等。这些变革已经使广东的几大报纸在国内外具有广泛的影响力。

近些年来，广州地区报业集团的广告收入和综合实力在全国同行业中遥遥领先。到 2001 年，广州日报报业集团广告收入已连续 8 年在全国报业中高居第一。在全国媒体中，广州日报报业集团的广告收入仅次于中央电视台。2001 年底，广州日报报业集团的年营业总收入 17 亿元，广告收入 14.1 亿元。2002 年，广州日报报业集团资产总值已经达到 48 亿元人民币，广告收入总额达到 15 亿多元。南方报业集团广告收入 2001 年已经达到 9 亿元，旗下的《南方都市报》发展尤为迅猛，其广告收入已经从 1997 年初创刊时期的 800 万元发展到 2001 年的 5.73 亿元。据测算，广东三大报业集团总广告额约占全国报业广告前十名总和的近一半。近几年来，广东三大报业集团继续保持了这一发展势头，广告收入进一步增加，在国内媒体品牌中的排行继续保持了领先的地位。

广东的杂志：《花城》、《随笔》、《家庭》、《南风窗》等。“文革”之后，曾经万马齐喑的文艺界亟待振兴。文学作为时代变化的晴雨表，是最受人们关注的领域。朦胧诗和伤痕文学曾经再次唤起了人们对文学的热情，在这种背景下，原先的文学刊物已经无法满足广大读者阶层的需求。当时的广州和全国一样，只有一个出版社——广东人民出版社，只有一本广东作家协会下属的文学刊物《作品》。此前出版社是无权出期刊的。这一次，广东出版界又充当了改革的排头兵：广东人民出版社决定从文艺编辑室分出一部分人，以苏晨、李士非等为主要负责人，来创办《花城》杂志，刊名就来自秦牧的著名散文集《花城》。

1979 年 5 月，《花城》正式创刊。在《花城》的创刊号上，时任编辑部主任的李士非大胆地发表了华夏的中篇小说《被囚的普罗米修斯》。小说讲述了“四五”天安门事件中的一个英雄人物被当作反革命入狱又最终平反的故事。当时，天安门事件还没有平反，没有一家杂志社敢发表这篇文章。但李士非认为，平反是众望所归的，也是必然的。小说发表后很快引起了轰动。第一次印刷的十来万份很快被抢购一空，当时的北京路新华书店门前接连几天排着长长的队伍，人们为能买到一本杂志而欣喜若狂。经过两次加印后创刊号最终卖出了 30 多万份。

从 20 世纪 90 年代初开始，《花城》的办刊方向作了一次较大的调整。过去的纪实和报告文学逐渐被淡化和取消，《花城》开始走向纯文学刊物，强调文学性、强调作品的形式创新和艺术实验性，《花城》由此成为国内文学期刊中一面新锐的旗帜，并跻身“四大名旦”之列，作家圈里甚至一度有“最好的作品给《花城》”之说。

《花城》杂志之所以能够取得如此引人注目的成就，与广东的文化传统是分不开的。为什么《花城》在创办之初就能够大胆说话，发表一些反映尖锐的现实矛盾的纪实文学作品，这与广州一直领风气之先有密切关系。即使是作为一份纯文学刊物，《花城》杂志仍然表现出广东人敢于打破常规，敢于探索和试验的海洋文化精神品格。

花城出版社出版的《随笔》杂志，是一本在全国同类刊物中具有举足轻重地位的刊物。《随笔》创刊于 1979 年 6 月，这一年，党的十一届三中全会刚开完，全国上下一片沸腾，解放思想的口号深入人心。在这种背景下，一大批文化出版物如雨后春笋般涌现出来，《随笔》杂志本身就是思想解放运动的产物之一，而其难能可贵之处则在于，它一直都把思想解放这一指针坚持到底，永不变色。

20 世纪 80 年代，许多在《随笔》上发表的作品都表达出了对现实和历史的真实反映。对“文革”、“反右”、“胡风案件”等事件，通过当事者的回顾，形成了以说真话的知识分子为主体的一个园地，并逐渐完成了刊物的自我定位。尤其值得一提的是，遇罗克的《出身论》第一次正式全文发表就是在 1983 年的《随笔》上，并在全国引起巨大反响。

进入 20 世纪 90 年代，《随笔》在全国知识界已经积累了相当的口碑。1993 年，《随笔》对办刊宗旨作了一些调整，提出要把《随笔》办成“广义性大散文”的口号，成为知识分子独立思考的园地，尤其是对国内外重大历史事件进行梳理与反思，锋芒也更露。与此同时，《随笔》发表了大量带有社会批评和文化批评性质的大散文，更多地关注现实人生，强调给读者以思想上的启迪和文学素养上的滋润，同时给读者以审美上的愉悦。由于《随笔》坚持思想性、知识性、文学性并重的审美趣味，国内知识界因而有了“北有《读书》，南有《随笔》”的说法。

直到今天，《随笔》杂志仍然是国内少数具有思想性、敢说真话的刊物之一。《随笔》之所以能够取得这么大的成功，同样离不开广东这块文化土壤，离不开广东海洋文化中那种开放兼容、勇于创新的精神特质。

《家庭》杂志可说是广东刊物率先进行市场化改革的最为成功的案例。《家庭》是1982年在《广东妇女》的基础上改的，在当时期刊匮乏的年代，《家庭》的出现，为期刊界带来了一股清新的风。它的内容、版式都给人耳目一新的感觉。那个时候它的发展非常快，以至于有了后来的“《家庭》现象”，各省的妇联刊物都跟着学，后来很多家庭类期刊尤其是妇联主管的家庭类期刊的创办都受到了《家庭》的影响。

用广东话说，《家庭》喝了“头啖汤”，是第一个吃螃蟹的，占了先机，占领了市场制高点，跟老百姓的家庭拉得很近。《家庭》的成功经验就是：一是刊物的内容一定要与市场接轨；二是要大力实施品牌多元化发展战略，积极推进集团化建设。

《家庭》杂志由此获得了巨大的成功。1999年3月，《家庭》荣登“1998年度广东缴纳企业所得税500万元以上省属企业”光荣榜，人均创利居全省业界第一名。2003年9月，家庭期刊集团被确定为广东省重点扶持的七大文化龙头产业集团之一和首批文化体制改革试点单位。2004年，据国家新闻出版总署统计发布，家庭期刊集团的销售利润率、人均利润在全国31家出版、报业、发行、期刊集团中居首位，在全国500强中分别居第6位和第23位；资产利润率也位居前列，在31家出版、报业、发行、期刊集团中居第3位。2006年，由中国报业网、人民网、新生代市场监测机构和龙源期刊网主办的“2006年首届品牌媒体100强”评选活动中，《家庭》荣登中国10强期刊媒体榜。2007年6月，在由国家新闻出版总署主办、中国出版科学研究所承办的中国报刊经营模式创新论坛上，《家庭》期刊集团作为成功个案入选“中国报刊十大经营管理模式单位”。[①]

---

① 《尊重市场和市场接轨》，《中国邮政报》，2007年10月24日。

《南风窗》是中国最为著名的政经杂志之一。1984 年，改革开放的初始阶段，很多人对广东被列为首批沿海开发省份之一不理解。而当时，新闻改革还未开始，说到政经类，一般都是党报党刊。同时地摊文学又比较泛滥。于是，在广州市委大墙边的一间小平房里，几个不安分的年轻人开始尝试一段新的历史，由此，有了《南风窗》的创刊。

《南风窗》从其创刊之日起，就高举了思想解放的旗帜。创刊之初的“假如我是市长”活动，让全市老百姓给市长提建议，“让从零开始的人讲话”。这次活动被认为是新中国成立以来首次，誉为“民主化建设的先声。”《南风窗》的特色来源于它的人文定位，也就是说它的社会责任感。《南风窗》对国计民生的责任感融入专业分析和报道中，注重深入、理性，前瞻性地对政治、财经、社会热点问题进行深度分析，推出了一系列有分量的政经报道，在全国引起广泛关注和影响，并引发了其他媒体的转载和跟进。

除了以上介绍过的，广东还有《当代文坛报》、《黄金时代》、《少男少女》、《人之初》以及《共鸣》、《同舟共济》等名刊，它们都是国内同类刊物中的佼佼者，也是广东思想解放的阵地之一。

3. 影视刮起东南风

20 世纪 70 年代末，中国的政治、文化、思想战线还处在“文革”的阴影中，精神生活基本上处于荒芜的状态。80 年代初，广东不少人家有了黑白电视，但国内电视台信号差，节目单调，不能满足群体的文化生活需要。于是，不少广州人在自家的天台偷偷安装了“鱼骨天线”，收看香港电视。为了对付香港电视“入侵”，消防车经常要高空作业，为拆除“鱼骨天线”而疲于奔命。香港电视能不能收看？这个问题在那时候引起了一场激烈的争论。最后，广东省的主要领导在经过调查了解之后，终于默许人们观看香港电视。

改革开放之初，广东的影视界借着这股东南风，通过不断地开拓创新，在全国形成了接二连三的冲击波，在影视界形成了特有的“广东现象”。1984 年，第一部反映个体户生活的国产电影《雅马哈鱼档》走红全国，在北京大学放映时引起巨大轰动。1987 年，连续剧《公关小姐》获得全国观众热烈欢迎，收视率高达 90.99%，并荣获飞天奖和金鹰奖。随后，《外来妹》、《情满珠江》、《英雄无悔》等影视剧也吸引了数亿中国观众的眼球。

改革开放之初，中国依靠廉价的劳动力和地租来吸引外资，发展劳动密集型工业。正是无数农民工，支撑着中国成为“世界工厂”。作为改革开放试验田的珠三角，也就成了这座工厂中的第一片厂房。当年（指 1988 年）在这片厂房中劳作的外来工达到了 800 万人。

文学艺术没有忘记这些为中国改革开放作出巨大牺牲的人们，于是，就有了所谓的“打工文学”以及相应的影视作品。1988 年，导演张良在深圳拍摄了电影《特区打工妹》，该片获得广播电影电视部 1989—1990 年优秀影片奖，成为第一部以打工妹为主角的电影。1990 年，刚成立不久的广州电视台则拍摄了第一部以打工妹为主角的电视剧《外来妹》。

《外来妹》是一部反映外来民工在珠三角工作生活的影片，主要讲述了 6 个从穷山沟赵家坳到广东打工的女性的命运。电视剧涉及三个地域文化层面的描述，即内地、广东沿海、香港。剧中的女主人公赵小云从一个普通的打工妹成长为一个乡镇企业的负责人，实现了自己人生的飞跃。

1991 年，《外来妹》在广州电视台播出，没有引起多大反响。1992 年，作为春节后的第一部电视剧，《外来妹》在中央电视台播放，一时间《外来妹》的主题曲红遍全国，“外来妹”成为一个和广东改革开放紧紧联系在一起的词汇，并在全国叫响。1992 年邓小平南方讲话，《外来妹》更在全国热播。一部酝酿了三年之久的戏，恰好在这样的一个背景下推出，占尽了天时、地利与人和。

《外来妹》的成功之处在于，它不仅展示了改革开放给珠江三角洲带来的经济腾飞，更通过一群打工妹的故事，讲述了改革开放对人们思想意识和价值观念的冲击与改变。电视剧正是在广东改革开放的大背景下，从文化冲突的观点入手，展示改革进程中人们的心态及观念的变迁，记录了新时期广东人勇于吸取外来文化并实行创造性转化的历史场景。

4. 舞蹈旋动大洋潮

现代舞曾经在 20 世纪三四十年代由吴晓邦、戴爱莲等留学生带入中国。以《义勇军进行曲》、《游击队员之歌》、《饥火》等为代表的“20 世纪经典”之作，曾经构建了“中国现代舞”的第一个黄金时代。1949 年之后，由于“亲苏反美”的热潮，来自苏联的芭蕾舞成了占据统治地位的舞种，而现代舞却由于来自德国和美国这种“帝国主义”国家而遭到冷落，甚至被视为“洪水猛兽”。

现代舞在中国的复兴得益于改革开放。从 20 世纪 80 年代起，不少西方有名的舞蹈团体不远万里来到中国，在没有经济效益，甚至是自掏腰包的情况下，辛勤地传播着现代舞的火种。在此过程中，一批侨居美国多年，并已对西方现代舞的真谛颇得要领的华裔舞蹈家，如商如碧、董亚麟、王晓蓝、王仁璐等，扮演了执教或牵线搭桥的角色，为西方现代舞系统地进入中国起到了开路先锋的作用。

1986 年，广东省舞蹈学校校长杨美琦赴美考察现代舞，并萌生了创办第一个现代舞团的决心。1987 年在广东省人民政府、广东省委宣传部、广东省文化厅的正式批准下，广东省舞蹈学校创立了第一个现代舞实验班。该实验班由美国亚洲协会与广东省舞蹈学校共同出资，由美国舞蹈节选派优秀教授任教，从全国各舞蹈院校或团体选拔20名优秀学员进行为期4年的严格而系统的训练。1990年，该班学员秦立明和乔扬即以《传音》（曹诚渊编导）、《太极印象》（自编自导）获巴黎第4届国际现代舞比赛金牌。1992年，以这批学员为基础，中国第一个专业现代舞团——广东实验现代舞团宣告成立，杨美琦任团长，香港著名现代舞蹈家曹诚渊任总导演。

舞团成立至今创作了大量优秀的现代舞作品，巡演于国内外舞坛，并排演了一批国际著名现代舞大师及舞团的作品。于1995年、1998年、2000年成功举办了三届小剧场国际现代艺术展演节。舞团演员分别在1994年、1996年、1998年法国巴黎国际舞蹈比赛中荣获现代舞表演金奖殊荣，1998年在白俄罗斯国际现代舞编舞大赛中囊括小作品创作金、银、铜奖，2001年获首届罗马奖国际舞蹈比赛双银奖。舞团在国际上享有盛誉，多次应邀赴美国、法国、德国参加国际艺术节及巡回演出，并应邀参加瑞士、英国、新加坡、韩国、印度、菲律宾、日本及港澳台等国家和地区的演艺活动。

广东实验现代舞团在短短的20年中走完了一个吸收西方文化，然后进行转化和创新的过程。这段历史足以证明，只有在一个多元化、开放的心态下，在一种全球化的国际视野中，文化的创新才是可能的。而事实证明，在海洋文化氛围熏陶中的广东人完全能够做到这一点。

二、踏浪而歌：流行文化开拓的最前沿

改革开放中的广东地区，由于与港澳地区在地理上、文化上的亲缘性，更由于岭海文化本身所具有的平民性、世俗性，成了流行文化进入祖国内地的第一站。得天时、地利、人和，30年来，广东的流行乐坛一直是中国流行音乐“航母”的发动机，它充分体现了广东这一改革开放前沿阵地的音乐文化精神，是一个极具商业价值和艺术价值的文化品牌。广东的影视广告在中国广告的现代化进程中扮演了一个重要的角色，并最早产生了国际性影响。在平面广告方面更是独步海内。在新兴的网络文化方面，广东网站和网民数量都占据全国首位。在手机文化方面，广东曾经是第一套移动通讯网络的拥有者，目前的手机普及率已达到80%，广东出产的手机铃声、手机“红段子”都颇有创意并广为流行。

1. 流行歌曲唤醒珠江谣

改革开放之初，港台的流行音乐开始通过广东输往全国，人们对港台歌

曲，尤其是对邓丽君的歌曲趋之若鹜。这种现象被当时的“左”倾思想视为洪水猛兽、靡靡之音。但广东的音乐界没有被这种思维所束缚，而是以务实的态度接受了流行音乐。

1977 年 5 月 1 日，广东出现了全国第一支流行乐队——“紫罗兰轻音乐队”，揭开了中国流行音乐的序幕，此后，许许多多个“第一”，使广东成为与北京相并列的中国流行乐坛南北两大创作、制作基地之一，为现代中国流行音乐的起步和发展奠定了坚实的基础。

新时期的广东乐坛，涌现出一大批卓越的音乐人，他们是：陈小奇、李海鹰、解承强、毕晓世、刘志文、陈洁明、杨湘粤、张全复、马小南、李汉颖、王文光、朱德荣、陈珞、王钢、许健强、韩乘光、梁军、李广平、苏拉、李小兵、浮克、捞仔、毕晓笛、姚晓强……在广东乐坛成长起来的歌手有：毛宁、杨钰莹、陈明、林依轮、李春波、甘苹、朱哲琴、火风、林萍、周冰倩、高林生、容中尔甲……他们所创作、演唱的歌曲以其轻灵、清新、婉转、动听、平民化、易于传唱、流行味足等特点，受到广大流行音乐爱好者的欢迎，诸如《涛声依旧》、《弯弯的月亮》、《信天游》、《我不想说》、《真实的故事》、《小芳》、《大哥你好吗》、《我的爱对你说》、《晚秋》、《真的好想你》、《九月九的酒》、《爱情鸟》、《大花轿》、《你在他乡还好吗》、《高原红》等流行歌曲，都曾响彻大江南北乃至世界华人圈，给听众留下了深刻的记忆。

30 年来，广东流行乐坛一直在为中国的流行音乐事业不断贡献新的作品、新的歌手、新的运营模式、新的制作技术、新的音乐产业创意文化观念、新的人才和实践经验。历史证明，正是特殊的地理文化优势成就了广东流行音乐，海洋文化的开放性格以及开拓创新精神，是广东流行音乐一直保持着中国流行音乐领航地位的原因所在。

2. 广告引领中国风

在计划经济时代，广告被认为是资本主义的东西而被禁止，所以，中国的现代广告是解放思想的产物。从 1979 年春北京市的“民主墙”变成“广告墙”，到同年 1 月上海电视台播放中国大陆第一条商业电视广告“参桂补酒”，一系列事件标志着在中国大陆社会生活中电视广告已不知不觉地被当成一种时代的角色，在一定程度上代替了以前政治标语和集中化经济不需广告的功能，成为“开放、改革”的象征。处于改革开放前沿阵地的广东，在中国现代广告的诞生、生成、繁荣中都扮演了一个极其重要的角色。

1979 年成立的广东省广告公司，是国内最早的广告公司之一，也是中国最早引入整体策划、全面代理经营方式的广告公司之一。

1979 年 4 月 15 日，广东电视台设立中国电视史上第一个广告节目。20 世纪80年代初，广东的电影工作者率先介入广告创作，对中国广告文化的转型和发展起到了推动的作用。“太阳神”口服液整套系统广告宣传的巨大成功，就是原在珠江电影制片厂工作的韩子定步入影视广告行业并执导的。这对此前的“产品告白+产品图像”式的广告不啻是一颗“原子弹”，其影响辐射了中国大陆整个广告界并引起了轰动。广州市白马广告公司因而成了引领潮流的“大哥大”。

1992年，广州成立了国内首家电视直销公司——至诚直销公司。在利用名人巨星做影视广告方面，广东“健力宝”巧用克林顿夫人为其夫助选做广告，成为中国广告业中最成功的案例之一。“丽珠得乐”的广告词“其实，男人更需要关怀”，曾引起热烈的讨论。这则广告的成功之处在于把冷漠的药品与人文关怀联系在一处，把对养路工人、教师、建筑工人、货车司机、演员、摄影师等世俗人物的关心摆在世人面前，从而获得一种强烈的认同感。

中国广告走出国门与国际接轨，广东人更是功不可没。1999年由广州泓一广告公司苏夏掌机摄制的海南航空公司《云篇》荣获美国纽约《广告时代》最佳广告奖影视金奖，开启了中国内地广告在国际上获奖的先河。紧接着，广东移动通信《牵手篇》获得2000年3月莫比广告奖（电信、网络类）影视金奖。广州九易广告公司拍摄的中国移动通信《天涯若比邻》篇获得2000年美国《广告时代》最佳广告奖影视金奖。广东谭晓刚工作室制作的广西电视台《山·水·海篇》获2001年第31届莫比广告奖中国影视广告金奖（品牌塑造、公司形象类）。

在平面广告方面，如今广东的报纸广告和印刷广告的创意及制作整体水平已经超过了北京和上海等多数内地省市。广东广告的先锋代表，一个是以粤文化为主的广州创作群体，他们在影视、平面设计、CI（企业形象推广）方面，借助珠江三角洲企业的腾飞，将其崭新的创意和广告风格由南方推向全国；另一组就是以移民文化为背景的深圳创作群，他们以平面设计、整体策划创意见长，借助人才组合，多元文化、毗邻香港、创作思路开阔、观念现代等“软”优势，在平面广告和创意、设计方面独树一帜。

3. 新媒体联结地球村

网络文化的兴起为广东海洋文化沟通世界立下了汗马功劳。所谓网络文化是指由于将计算机用于沟通、娱乐和商务而出现和正在出现的文化，它是一种新型媒介文化，是人们以计算机网络为媒介所进行的特殊方式的传播活动及其产物。

广东不仅是一个经济大省，也是一个网络文化大省。在全国首开公众网络之风的第一批网站和网络公司，广东有“瀛海威”和“广州视窗”。前者是先行的“弄潮儿”，可惜不久之后因经营原因而销声匿迹，后者发展良好。2008 年的统计资料表明，广东省备案网站数量达 30 多万家，占全国备案总数的 17.9%；网民数量达 2 500 万人，占全国网民总数的 15%，均居全国首位。基本形成了新闻、政府、文化教育、商业等种类齐全的网站格局，网络文化快速发展。

目前，广东拥有南方新闻网等 8 家具有新闻信息服务资格的网站，数量与北京市并列全国第一。广东还建立了一批网上图书馆、网上博物馆、网上艺术馆和有特色的文化网站及特色资源库，形成了上连国家中心，下连市、县（区）基层中心的自动化网络。广东在网络出版、网上影视、网络游戏、网上论坛等各种网络文化产品和服务方面也有较快的发展。

由广东人创办、总部设在深圳特区的腾讯公司，其网络产品 QQ 即时聊天工具，是目前国内最具影响力的网络文化品牌之一，它的出现，大大地改变了人们的交流方式，是继电话、移动通信之后另一种具有影响力的大众化沟通方式。

广东网络文化的繁荣，显然与广东改革开放过程中积累起来的财富、技术有关，但更重要的则是广东人自由开放、敢说敢做的性格。

手机文化的普及成为广东海洋文化连接四方的绮丽彩虹。广东是中国移动通信产业的出生地。1987 年中国第一个移动通信网络在广州率先开通，开创了我国移动通信发展的先河，到 20 世纪 90 年代初，珠江三角洲的移动通信已经获得可观的规模，移动电话用户占全国的 2/3，成为当时国内规模最大、功能最全、覆盖最广的移动通信网络之一。目前，广东移动通信拥有 7 000万用户、500 亿产值的超强规模。移动通信产业的发展，为手机文化打下了坚实的基础。

近年来，广东移动与广东省文明办、新华社广东分社、南方报业传媒集团、南方广播影视传媒集团联合举办了三次“红段子”手机网络作品创作大赛，在南粤大地掀起了一股红色手机文化浪潮。活动主办方通过手机征集广东的发展之策，为全社会提供一个“解放思想、快意表达”的平台。

最近，广东移动与广东出版集团决定联手推动手机出版业的发展，培育这一出版新业态和现代文化产业，促进广东文化大省建设。根据合作协议，双方计划构建一个读书频道、举办一场手机小说创作分享大赛、出版一套手机小说好书、打造一个“移动书城”，为老百姓提供新鲜的“电子精神食粮”。

广东移动通信 20 年的快速发展以及手机文化的兴起，离不开岭南大地这块沃土的滋润与养育，正是广东海洋文化中敢为人先的创业与探索精神，让广东移动通信抓住每一次发展的机遇，牢牢地站立在全国移动通信业的排头兵位置上。

三、面向海洋：文化大省建设的重头戏

随着建设文化大省口号的提出，广东的教育产业以及新兴的文化产业都有了长足的发展。广东的民办教育起步较早，发展也比较快，近几年的民办高等教育成绩尤其喜人，出现“四分天下有其一”的局面，其数量、规模走在全国的前列。广东的多媒体产业、图书出版业、动漫产业均在全国占有绝对的优势，对全省的经济和社会发展作出了突出的贡献。教育的繁荣和新兴文化产业的发展，让广东海洋文化重新焕发出生机和活力，使广东人在新时期真正做到物质和精神的双丰收。

1. **民办教育繁花似锦**

广东省民办教育起步较早，广东的民办教育机构大多创办于20世纪90年代初期，很快就进入快速发展期。1993年，广州市就出台了《社会力量办学管理条例》，这是全国最早对民办教育的地方立法。广东的民办教育分为私人办学、社团办学、企业办学、与政府合营办学以及合作办学等办学形式，而且成为广东教育事业的一支不可忽视的力量。广东的民办教育具有投资大、发展快、创名牌、出特色、政府大力扶持等特点。

近年来，广东省民办高等教育的发展呈现出良好的态势，在数量和规模等方面，走在全国前列，总体位列第三。

2006年广东全省普通高校105所，其中，民办高校24所，占全省高校数的22.9%，随着公办普通高校引入社会力量举办独立学院，广东还有独立学院17所。2007年广东省还增加了普通高校6所，其中，民办高校增加4所，民办高校总数达到28所，占全省高校数的25.2%。而在2000年以前，广东的民办高校只有6所。

2006年，全省普通本专科招生33.53万人，比上一年增长9.2%。其中，民办高等教育招生9.2万，比上一年增长37.4%。2006年民办高等教育招生数占全省招生数的27.4%。2006年，全省普通本专科在校生100.86万人，比2005年增长15.3%。其中，民办高等教育在校生19.1万人，比上年增加7万，增长58%。民办高校（含独立学院）在校生人数占广东高校在校生人数

的比例也从2000年的3.8%升至2006年的18.9%。①

在基础教育方面，民办学校也有不俗的表现。至2006年底，广东全省有民办小学859所，在校生119.91万人，占全省小学生总数的11.35%；民办普通初中559所，在校生38.53万人，占普通初中生总数的8.1%；民办普通高中105所，在校生7.60万人，占普通高中生总数的4.65%；民办中等职业学校145所，在校生11.14万人，占同类学生总数的13.78%。目前，我省民办基础教育发展势头良好，其规模位居全国前列。

在2000年进行的“广东思想大解放讨论”，教育部门官员表示，在新一轮的思想大解放中，民办教育要领风气之先，应该把那些本来属于民办教育的权利归还给民办教育，不能让不合理的制度约束民办教育的发展。当前，特别是对于农民工子弟上学的问题，要按照《义务教育法》的规定，给予优惠政策。一些教育界人士认为，广东要在民办教育解放思想，推进新一轮发展，就必须认真总结广东民办教育的成功经验与教训，结合广东社会和经济发展的实际，进一步解放思想，改革创新，加快地方立法，推进广东民办教育的发展。②

2. 新兴文化春花初绽

作为华南多媒体产业引领者的广东，汇聚着众多国内外供应商、品牌商、渠道商，已经成为IT市场的代表。在音像业方面，广东共有音像出版单位23家、音像制作单位72家、光盘复制企业40家、各类光盘复制生产线282条。全省录音制品发行总量占全国的1/10，录像制品种数和发行量在全国排第1位，光盘生产能力和市场占有率占全国半壁江山。

广东是我国出版发行业最活跃的地区之一。据不完全统计，改革开放以来，广东新闻出版系统的总资产年均递增25.1%，销售收入年均递增19.1%，利润总额年均递增18.8%。全省拥有图书出版社21家，图书出版的综合实力居于全国上游水平，出版物市场各项指标居全国前列。2003年，全国图书销售总额为461亿元，广东约占12.5%；全国进口报刊销售总额为14.7亿元，广东约占13.6%，均位居全国第一。

广东是全国规模最大、实力最强的印刷基地。全省共有印刷企业1.7万家，全省书刊印刷企业工业总产值为25.82亿元，工业销售产值为21.99亿元。

---

① 陈君南：《广东民校四分天下有其一》，《广州日报》，2007年3月28日。

② 孟非客：《广东应敢于突破民办教育政策》，《新快报》，2008年1月7日。

3. **创意产业日新月异**

动漫产业被称为21世纪知识经济的核心产业，是继IT产业后又一个经济增长点。广东在动漫产业方面具有良好的市场基础和人才优势，已初步形成以广州为中心的网络游戏产品研发、人才培养、产品运营、产品展示、产品出口、电子竞技的产业链。广州拥有天河软件园这一国内软件产业聚集度最高、发展最成熟、规模最大的国家级网游动漫产业基地，2004年该园在网络游戏方面的收入达到6.1亿元，约占国内网络游戏收入的1/4。

目前，“国家网络游戏动漫产业发展基地·广州”已经正式投入运行，这是国家批准的四个产业基地之一。据悉，作为广东“十一五”规划文化产业重点之一，广东出台了在产业基地实行全免税的扶持政策，并规划广州2010年动漫业产值要达到70亿元。而创办于2005年8月份的广东省动画漫画艺术节，展出了目前国内同类展项中参展国最多，参展漫画及其作品数量最多，作品质量最高的一次外国漫画原作展，创出了动漫会展的广东品牌。

深圳是全国最早的动画制作基地之一，其动漫产业从20世纪80年代中期起步一直延续至今。从时间上来看，深圳动画起步比韩国还早，鼎盛时期曾汇聚了全国近70%的动画创作人才，为国内外加工制作了大量的动画片。深圳大力发展动漫产业有四个方面的优势：一是政府高度重视动漫产业发展。二是深圳集聚了大量的人才，有国际化企业运营经验。三是深圳动漫产业拥有一流的设备和技术平台支撑。四是有较为完善的教育培训体系。

据统计，深圳以动画作为一种艺术形式和手段进行创作和生产的企业有500多家，从业人员近万名，每年为深圳创造数亿元产值。在“文化立市”的战略下，未来动漫产业将作为文化产业的重要部分而发展成深圳经济的支柱产业，到时候，深圳也将成为“中国的动漫谷”。

会展业是以会议和展览的组织承办为中心，组织、策划者同展馆的拥有者开展一系列活动的总和。它既是一个展览、交易的平台，也是对外交流的窗口，代表着一个国家和地区对外开放的程度。

明清时期，中国政府大面积实施海禁，对外交流的通道一是经中亚入京城，另一个就是经大洋入广州。1757年，清朝乾隆皇帝诏告天下，划定广州十三行为全国唯一对外贸易口岸，史称“一口通商”。

新中国成立后，许多资本主义国家纷纷对中国实行经济封锁。1956年6月，时任外贸部广州特派员的严亦峻先生经广东省省委书记陶铸同意后，以特派员的身份用电报的形式向外贸部请示，建议在广州举办全国出口商品展览交流会。同年9月，国务院批准以中国国际贸易促进委员会名义主办“中国出口商品展览会”，这便是广交会的前身。此后，他又建议外贸部每年在广州举办出口商品交易会即广交会，最后得到批准。从此，开启了广州长达数十年的独一无二的外贸地位，造就了广交会“中国第一展”的盛名。

“一展带来百展兴”。依托广交会这个“中国第一展”的影响力，广东的会展业迅速发展，尤其是在以广州为中心的珠三角地区出现了“百展”争雄的格局，形成了珠三角黄金“会展产业带”。如今，会展业已经成为广东经济发展的“新引擎”之一。目前在广东省登记的经营范围包括会展、展览、展示、展销的国有、合资、民营等各种形式的展览公司近万家，主营会展服务的有2 000多家，2004 年，广东会展业收入 32 亿元，占全国会展总收入的 1/3，成为广东海洋文化大潮中一朵璀璨的浪花。

下编

航向深海：海洋文化广东之前行

第九章

海洋科学发展观的高歌猛进

海洋有着自在自为的发展规律，人类把海洋纳入到顺势而为、可以改造的范围，从而得益于海洋，实践的过程和结果就形成了海洋文化。

广东是海岸线和海洋产业总产值都位居全国第一的海洋大省。从本书前两部分的论述中，我们可以了解到：因广东海洋文化契合了中国改革开放的需要，广东成为改革开放的排头兵，铸就了30年来的辉煌。而30年浩浩荡荡的改革开放，更丰富和提升了海洋文化中广东人敢为人先的创新意识。当然，广东的发展也不断面临各种新问题、新矛盾与新挑战，比如生态环境承载能力、海洋的保护和开发的可持续、海洋经济结构的合理性和海洋文化的广泛性覆盖、升华等等。文化理念的不完善与缺失常常会制约发展战略。因此，新时代提出新使命，广东的海洋文化在“思想解放，实践科学发展观”的背景下，面临着新的蜕变与升华的机遇，如能与时俱进，海洋文化熏陶惯了的广东人，也必然会因为“识时务”而成为真正的“俊杰”，再领风骚。中国近代革命先驱、广东的革命巨子孙中山先生说：“世界潮流浩浩荡荡，顺之则昌，逆之则亡。”作为当时的“识时务者”，孙中山先生的这一名言深深鼓舞和启发了一代又一代中国人。

如今，广东人以“解放思想”的勇气和智慧，再一次从文化上深刻审视自身，背景依然是整个世界。以“解放思想”的人文支点，以“世界眼光”的广袤思维谋划未来，促进发展，正是海洋文化进一步发展所体现出的胸怀、眼光、视野和思维方式。

头顶蓝天白云，脚踏细沙清波，在近海的滩涂也可以见到鱼虾畅游，人与海洋和谐共生，持续繁荣，这是广东人心中最美丽的海洋家园。

一、人与海洋的和谐共生

大海呈现蔚蓝色，因此我们将人类与海洋接触而产生的文明，称为“蓝色文明”。翻开浩瀚的历史画卷，人类开拓这蓝色文明的道路极其漫长、步履极其艰难。正确处理和理解人与海洋的关系，是海洋文化生成中谋求人海关系可持续发展的前提与必要条件。

1. **人与海洋关系的历史发展**

人与海关系的发展，是一个随着对海洋研究、开发和保护事业的发展不断深化的过程。纵观漫长的历史过程，人类对海洋的认识，经历了由惧海、赞海、斗海，从而发展到亲海的过程，表现了人类的勇气和人类征服海洋的决心和能力，同时也反映了人类一种全新的宇宙观，海洋文化逐渐形成、丰富与发展。

在15世纪以前，由于手段和工具的制约，海洋对人类只有鱼盐之利和舟楫之便。这个阶段人类从海洋中获取财富，从对海洋的“鱼盐之利”的初步认识到建立完备的市舶制度以谋求航贸之利。“精卫填海”神话体现了中国古人对海洋的恐惧，更表现了中华民族不屈不挠的奋斗精神和征服海洋的雄心壮志。此时，中国海洋文化总体上是一种趋向开放的景象，主要经历了从秦始皇巡海、徐福东渡到汉代开辟海上丝绸之路再到宋元时期航海贸易的空前繁荣。

15世纪开始到20世纪初期，人类利用海洋争夺财富，海洋成为世界交通和贸易的重要通道。15世纪被称为大探险的时代、远航的时代。东西方先后出现了4次空前伟大的航海活动，郑和、达·伽马、哥伦布和麦哲伦是这一时代的4大杰出航海家。随着科技手段的发展，人们的航海技术得到极大的发展，地理大发现的产生使海洋贸易发展起来了。西方国家极力向海洋扩张，但是，此时中国沿海经济却逐渐退缩。

在第一次世界大战发生后，人类依赖海洋生存，海洋发展为人类生存的重要空间。在“谁拥有了海洋，谁就拥有了世界”的名言鼓动下，科技的发展更使海洋开发如虎添翼，海洋给20世纪的人类带来了更多的财富、更多的恩泽。人类加快了侵略海洋的步伐，并以自然的统治者自居、以征服自然为己任，贪得无厌地向自然索取，依靠牺牲自然谋得发展。然而，在寻找海洋空间和资源掠夺型文明的根源时，现代畅行其道的海洋发展模式中，生产力的发展远超过去任何时代，人与海洋的不和谐也比过去任何时代都要严峻和复杂。“福兮祸所伏，祸兮福所倚”，人海关系正经历着前所未有的考验。

大约从20世纪90年代开始，人海关系出现转折，人们认识到人海应该和谐相处。环境污染、资源枯竭、人口爆炸等问题成为困扰着人类生存和发展的大问题。人类提出可持续发展的重大课题，从人类活动空间来说，走向海洋是解决上述三大难题的现实选择。因此，人们重新审视海洋在人类生活中的意义。1992年联合国环境与发展大会通过的《联合国21世纪议程》、1994年11月16日开始生效的《联合国海洋法公约》认为，海洋是人类生命保障的重要组成部分，可持续发展的宝贵财富。人类认识到海洋环境不仅是全球的生命保障系统，丰富的资源和广阔的空间还是可持续发展的宝贵财富，人海关系的历史发展为人类走可持续发展道路提出了严峻的课题。

人类的发展思维一直在变化。可持续发展观念下的人海关系是一种互利互惠、共生共长的关系，不是以往那种人类一味地索取、一味地向海洋要资源要财富要利润的以人类为主的人海观。海洋蕴藏着丰富的资源，是人类和所有地球生命的摇篮，也是为人类未来生存和发展提供庇护的蓝色伊甸园。和人地关系一样，人要尊重海洋，尊重自然，这样才能与自然和谐相处，人类才能永续发展。

广东海洋文化精神中的创新性、包容性铸就的文化品格，使广东的改革开放如虎添翼，显示了现代中国发展的精神气象，但它更深层次的意义还在于在新的时代挑战下，引导我们继续探索，继续突围，勇立潮头，力争成为中国发展的排头兵，人海关系的和谐就不仅仅是指物质，更是勾连着大海般的胸怀与气度。

2. 人海和谐共生的海洋生态文明理念

生态文明，是指人类遵循人、自然、社会和谐发展这一客观规律而取得的物质与精神成果的总和；是指以人与自然、人与人、人与社会和谐共生、良性循环、全面发展、持续繁荣为基本宗旨的文化伦理形态。它将使人类社会形态发生根本转变。

海洋是自然生态系统中最大的生态系，人海和谐共处，应是21世纪人类社会追求的海洋生态文明理念。它既是海洋开发利用进入新阶段，出现海洋生态经济危机的情况下进行反思的产物，又是吸收古代东方天人合一思想的再创造。它在20世纪中被提出，并在1992年联合国环境与发展大会通过的《联合国21世纪议程》、1994年11月16日开始生效的《联合国海洋法公约》中，被确认为具有普世价值，并从此出发，形成海洋可持续发展的原则，指导建立公平分享海洋利益、合作开发和保护海洋、和平利用海洋的国际新秩序。

改革开放的春风最早是从广东大地上吹起的，30年来春风化雨，培育出富有现代特色的海洋化新成果，并由此被赋予了崭新的时代特征，提升了内涵。其中最重要的一环，是在文化软实力的创建中，渐次建立人海和谐共生的海洋生态文明观念，并开始从良心、道德的呼吁进入制度、运作机制的建构。

事实上，我们已经在不同程度上行动起来了，并把建立强大、有效的社会管理体系作为海洋制度文明建设的组成部分。

首先是对海洋环境保护采取措施，实施海域排污总量控制和排污收费制度、海岸工程管理制度、海域倾倒废弃物制度、污染事故报告和处理制度，防止、减少和控制任何来源的海洋污染。其次是设置水产种质资源保护区、幼鱼资源保护区、水生野生动植物保护区、海洋和海岸生态系统保护区、珍稀或濒危物种保护区。接着是构造循环经济、绿色海洋经济，调控海洋环境与海洋发展的平衡。同时，逐渐珍惜、保护海岸景观、沙滩景观和旅游娱乐空间，积极发展海洋文化产业，、滨海旅游业、海洋休闲渔业，既陶冶了性情，满足了人们休闲消费的需要，又为渔民转业开辟了新的出路，缓解海洋环境和资源的压力。这些措施，都是以人与海洋协调发展、和谐共处为目标的标志着广东社会从农业文明向现代工业文明转换的价值观变革，也是广东海洋文化进一步发展的必然要求。

近代的广东经历了深重的内忧外患，作为中国与世界交流的重要枢纽，广东人对内外交流的体会尤为深切，海洋文化在广东经历了曲折的发展历程。在一次次的巨浪滔天中，广东人率先融传统与现代为一体，将传统人文积淀与现代人文精髓融进时代进程；蔚蓝色的大海带来了许多思想、论争与交锋，里面有多种价值观的思想激荡，有多种思想的不断碰撞，正是这些交锋和碰撞，让广东一次次“突围而出”，一跃成为改革浪潮中的先行者和排头兵，而我们的“先行一步”，启动了中国人的现代思维，激活了整个民族的现代能量。广东发展到今天，海洋文化功不可没。今天，大海再一次召唤广东人，大海可亲可敬。因此，广东人从心底明确，人和海洋应该并且也能够和谐共处。

3. 科学开发，合理保护，成就健康海洋

广东海洋文化精神是一种群体精神，是广东人这一人群集合体绝大多数成员所共同认可、信奉的思想价值取向和行为规范。海洋文化精神既是广东改革发展的精神支柱，又内化于每个广东人的行为之中，因此，建构创新型的海洋文化需要广东人共同参与，每一个广东人都有责任、有义务，也有能力、有条件为弘扬广东文化作出自己的贡献，并为科学开发，合理保护，成就健康的海洋尽心尽力。

为了可持续地利用海洋资源，发达海洋国家率先提出和建立了海洋和海岸带综合管理（Integrated Management）制度。在世界银行、联合国有关组织的支持和推动下，许多国家开始试点推广。随着世界性实践的展开，统筹经济与生态协调发展、陆地与海洋社会协调发展、区域与全球协调发展的思路逐步清晰起来，并总结出海洋可持续发展的三大原则：一是海区生物资源开发利用率不大于资源的更新率；二是海区废弃物和污水入海量不大于海区环境容量；三是沿海地区人口规模不超过沿海地区和海洋生态的承载能力。

在具体措施上，最主要的是要科技兴海，提高用海水平，争取以较低的海洋资源代价得到高效利用的效果，这就需要：①通过国家立法、规划、投资和行政措施，强化政府对海洋开发的干预。完善海洋综合管理体制，制定引导性的、统一的海洋开发政策，建立、健全有利于海洋资源可持续利用的法律法规，逐步完善各种海洋开发活动的管理协调工作，实现对海洋资源的法制化、资产化管理。②采取正当的养护措施，权衡海洋生物资源的增殖量与捕捞量的关系，创设新型渔业管理制度。如规定渔汛和渔区，限制可使用渔船和渔具的大小和数量，确定可捕鱼类和渔获量限额，向渔民发放渔业许可证。在特定海区实行禁渔区、禁渔期和休渔期。在涉及其他国家的鱼种和鱼群问题上，建立同有关国家和国际组织合作的机制。③科学合理利用滩涂和浅海的可养殖海域，发展高效、低污染的规模化养殖模式，推广无公害养殖。探索从沿海岸养殖向近海甚至公海里养殖的新途径、新技术。④制定海洋开发和海洋生态环境保护协调发展规划，按照预防为主、防治结合，谁污染、谁治理的原则，加强海洋环境监测、监视和执法管理，重点加强陆源污染物管理，实行污染物总量控制制度，环境保护应由以污染防治为主，转变为预防、监测和治理全过程管理，资源与环境综合管理。[①]

这些开发利用海洋资源的手段，在保证海洋资源可持续利用的基础上，强化开发深度和广度，提高开发的科技含量，不断提高海洋开发和海洋服务领域的技术水平，体现海洋经济增长的持续性、海洋生态的持续性、社会效益的持续性相统一，终极目的是人的生存和发展。

这也是海洋文化立足广东改革发展实践、丰富广东人文精神内涵的最终目的，改革开放以来，广东有力地开发和利用海洋资源，为实现海洋可持续

---

① 这里阐述的海洋可持续发展的三大原则和具体措施，参考杨国桢：《人海和谐：新海洋观与21世纪的社会发展》，《厦门大学学报》（哲学社会科学版），2005年第3期。

发展奠定了一定的基础。但是，广东人很务实，喜欢学习能马上移植、马上见效的东西，表现出“见着红灯绕着走”的选择性和功利性，使得海洋开发中资源浪费、海域环境污染、急功近利、掠夺式经营的问题仍相当突出，海洋可持续发展面临着严峻的危机和挑战。十七大会上，党中央适时提出“建设生态文明，基本形成节约能源资源和保护生态环境的产业结构、增长方式、消费模式”的新要求，不仅将生态问题上升到了伦理的高度，更是指明了中国近期乃至更长的一段时间，要以生态文明为根本宗旨，基本形成能源节约和环境保护并行的产业结构形式。广东在新阶段的海洋大省建设中只有践行这一宗旨，才能建设出“绿色广东”、“蓝色广东”。

广东海洋文化的品格从“实务”逐渐走向科学、理性，坚持以人为本的生态和谐原则。广东人将因这个“生态文明”的旗帜而受益，千秋万代之后的子孙们，也将因今天的“生态文明”建设而欢欣。

二、冲破观念的藩篱

广东海洋文化的可持续发展，既是海洋文化在广东改革开放30年的一个界碑和新的起点，又是海洋文化在广东数千年历史的承传和再度辉煌，更需要发扬海洋文化的求变创新精神，进一步解放思想，冲破一些观念的藩篱，才能在新一轮的海洋发展大潮中乘风破浪。

1. 重塑“蓝色国土”意识

一个国家或地区发展目标的完成，离不开人民的参与。所以，发展海洋，必须提倡国民的海洋意识和文化。因为，“放眼世界历史，我们就会发现，西方强国的兴起，无一不是通过海洋。纵观历史上世界各国强弱的更替，有着各种各样的原因，但其中有一条规律为史家所普遍认同，那就是一个具有海洋意识的民族才能走进海洋，才能走向强国之路。”①

然而，在当今中国大多数人的头脑中，存在着一个误区。提起国土面积，大多仅知道960万平方公里的广袤陆地，却很少知道近300万平方公里的“蓝色国土”。这表面上看似乎是常识上的误区，但实质上却是观念上的误区。也就是说，我国国民的海洋意识比较薄弱，在这方面几乎是空白，虽然有一些地方出版了渔业志、航运史，也是以记录为主，缺少分析和系统研究，尤其是反映国民以开拓精神发展海洋经济的记述就更加缺乏了。北京市“世纪

---

① 马志荣、薛三让：《后郑和时代：中国海洋文化由开放走向内敛的现代思考》，《西北师范大学学报》（社会科学版），2007年第5期。

坛”宏伟建筑，依然把祖国疆界限制为“960”；上海市“东方绿舟”教育基地知识大道上，有历代中外名人雕像，其中大航海家有哥伦布，却没有郑和，这是非常遗憾的。另外，我国的文学影视作品中反映传统大陆农业历史和文化的题材很多，而反映民族海洋文化历史精神的题材很少。就连我们的中小学教育课本中反映海洋题材的内容也比以前要少。这和我们缺少研究海洋历史和文化的观念有关，与国家发展海洋战略的要求也极不相称。

相比之下，海洋文化发达的国家都十分重视国民的海洋文化及教育。他们在这方面的教育走在前列，并与海洋战略的实施步伐一致。比如和我们一衣带水的日本为了争夺海洋资源，在国民利用海洋经济的意识上提出了将渔民改称为“海民”的概念。这一概念的提出，将原来国民海洋资源的利用从渔业扩大到整个海洋资源的利用，并在很早就将每年的 7 月 20 日法定为国家“海洋节”，这天全国放假，让国民重视海洋并培育国民的海洋文化意识。[①] 2007 年，瑞典“哥德堡号”仿古木帆船环游世界，中国记者基本上全程跟踪，有关报道热闹无比。尽管瑞典是一个只有 900 万人口的北欧小国，但是对海洋资源的利用却非常充分，这和瑞典全民都有非常强烈的海洋意识有关。尤其值得我们注意的是，这些国家在为发展海洋战略的同时，充分利用学校教育，拼命鼓吹国民的海洋历史文化观。比如日本的一些地区在中小学实施亲近海洋教育活动，鼓励并规定中小学生每年需到沿海渔村进行生活实践。再比如韩国，它在很多沿海地区和渔村设立学生观光住所，让学生亲近海洋，这些从学生时期就培养认识海洋的教育，将对国民热爱海洋起到强烈的意识导向作用。

广东人的“蓝色国土”意识有待加强。广东有着非常优越的海洋资源条件，大陆海岸线约占全国的 1/5，居全国之首；海岛数量居全国第三，岛岸线约占全国岛岸线的 1/6；大小港口 510 个；广东省管辖的海域面积共 45 万平方公里，港湾、生物、石油、天然气、固体矿产和可再生能源等海洋资源丰富，开发潜力较大。[②] 广东的这一资源禀赋，意味着广东海洋产业有着广阔的开拓空间和潜力。广东有 2000 多年的海洋文化史，连续多年海洋经济生产总值位居全国第一。但是，这一优势，还没有深深嵌入大多数广东人的心里。

目前，广东省已经越来越重视海洋的开发和利用。国家在“十一五”计

① 韩兴勇、郭飞：《发展海洋文化与培养国民海洋意识问题研究》，《太平洋学报》，2007 年第 6 期。

② 广东百科全书编纂委员会、中国大百科全书出版社编辑部：《广东百科全书》，中国大百科全书出版社 2008 年版，第 1 页。

划中明确提出将发展海洋经济作为国家的重要内容，把实现海洋经济可持续发展作为国民经济发展的新增长点。广东提出建设“海洋经济大省”的目标，要做海洋产业发展的排头兵，可见，如何实现海洋经济可持续发展，促使海洋生态得到良性循环，更好地利用海洋资源与环境，进一步发展海洋经济，是今后沿海经济与社会发展所面临的急迫问题。要解决好这些问题，必须提高广东人广泛的海洋意识，从而传承民族的海洋历史和文化。

提高国民的现代海洋意识，增强“蓝色国土”观念。其一，进行全方位的社会宣传。将研究的成果转化为教育内容和海洋文化资源，利用各种渠道、媒体、机构和方式进行宣传。电视、报纸设专门板块；设立“中国海洋日”，配合“国际海洋年”，组织大规模的、生动有效的海洋观宣传，加强海洋读物的编撰与出版工作，编写系列丛书。其二，要从儿童教育抓起，在中小学教材中增设海洋课程，融入学生社会教育和课堂学习，从小培养国民热爱海洋的感情。其三，各级领导干部率先树立海洋观念。尤其是沿海市区的主要领导要重视海洋、看懂海洋，有强烈的建设海洋经济大省的意识；将“蓝色国土”的建设列入各级党委的议事日程，把海洋经济发展规划纳入各级政府经济和社会发展总体规划。

海洋是资源宝库、世界通道、人类新的生存和发展空间，国民海洋意识是建设海洋大省的思想基础。必须提高国民的海洋意识和文化，提倡民族的海洋历史和文化，为广东海洋事业的可持续发展打下广泛而坚实的基础。

2．摒弃内陆意识

尽管广东海洋文化和内陆文化都得到较为充分的发展，广东的历史学家们在沿海区域经济史、航海史、海外交通史、海外移民史、海关史等等领域取得的研究成果更在一定程度上勾勒出广东海洋发展连续性的事实。考古学界的发现已经确认广东文明的发展包括了我们的祖先在海洋沿岸地区和岛屿开发的海洋文明。但是，中国传统农业文明的长期优势和强势造成中国人思维方式的定位，内陆意识还是在人们的思维中占有重要位置。正如费孝通先生在他的《乡土中国》中说：“我们的民族确实是和泥土分不开的。从土里长出光荣的历史，自然也会受到土的束缚。”作为一个安土重迁的民族，我们与土地肌肤相亲、休戚与共，却疏远、轻视了海洋，往往把海洋发展看作只是农业文明的延伸。至今，重陆轻海的观念仍有很深的影响，比如，用“海洋农业文化”概括中国海洋文明，再比如，有的领导人大唱“山海经”，却把对海洋的开发和对山区的扶贫同等看待。广东人的“耕海”概念即用开垦陆地的“耕”来表达发展海洋的行为，也从一个侧面反映出广东人用陆地意识来理解海洋的习惯性思维。

与海洋文化相比，内陆文化虽然厚重，但局限性也很明显，缺少敢闯、开放的意识和实践，以小农经济为基础的内陆文化和农业文化，安土重迁，墨守成规，求稳求太平，所谓“天不变道亦不变”。从农业经济向商品经济社会转变，最重要的不在于创造物质条件，而在于转变思想观念。小农经济的褊狭意识与行为习惯严重阻碍了经济发展与社会进步。而在海洋文化熏陶下，人显得豪爽、旷达、灵活，有着容易接受新事物与新观念的心理素质，繁荣的海洋文化需要用海洋意识来指引。

因此，摈弃内陆意识，宣传海洋文明，提高全社会的海洋意识，乃当务之急。建设海洋经济与文化大省是一项长期的战略任务，不论男女老幼，不论职业分工，不论职位高低，每一个广东人都应该是广东海洋文化精神的创造者和培育者，是海洋文化精神的传播者和弘扬者。

3．用海还要养海

广东在“十一五”期间，坚持海洋经济和资源环境协调发展，坚持海洋开发与保护并重、修复与保护并举的方针，坚持经济发展与资源、环境保护并重，全面实施“碧海行动计划”，严格执行海洋功能区划，科学保护“蓝色国土”，科学统筹海洋经济发展规模、速度与资源环境的承载能力，走出一条海洋生态系统与经济社会协调发展的新路子。

具体说来，全面加强近岸海域的污染防治，保护自然资源和良性循环的生态系统，营造良好洁净的海洋环境。第一，海洋污染防治方面，包括污染物入海排放控制、围海、填海控制、倾倒区控制、河口与海湾环境污染治理、重点港口和渔港环境污染治理。第二，海洋生态保护与建设方面，重点保护红树林湿地、珊瑚礁、海草床等三大典型海洋生态系统和重要水生生物产卵场、孵育场等敏感生态系统；抢救性保护一批典型自然生态系统、濒危物种和有价值的历史遗迹、自然遗迹及景观，开展国家滨海公园建设调研工作，新建或升级海洋自然保护区数十个，在沿海各地级以上市建立一至两个示范性海洋自然保护区；采取建设人工鱼礁、种植红树林和沿海防护林等措施，构筑近岸生态屏障，维护海岸带生态平衡，恢复海洋生态环境。第三，海洋生物资源保护方面，加强海洋珍稀和濒危物种保护。增殖渔业资源，控制捕捞规模，加强对外来生物物种的管理，逐步实现对海洋生物资源的有效保护，促进海洋生物资源的可持续利用。第四，岸线资源保护方面，开展海岸调查评价，制定海岸利用和保护规划，科学合理利用岸线资源，解决竞争性利用导致的岸线资源破坏等问题。严格保护深水岸线，优先保证重要港口建设需要。加强保护具有特色的海岸自然和人文景观，优先发展成为城镇生活岸线和旅游景观。第五，加强海洋环境监测体系建设，健全海洋环境监测、生物资源监测、重大生态灾害监测和海洋环境预警预报等体系，提高技术装备支撑能力，形成有效覆盖沿岸海域的资源环境监测网络，实施有效监测，做好预警预报服务。

广东发展海洋文化，需要把开拓进取和科学理性相结合，也就是加强国民的海洋意识，用海还要养海，这需要我们做好科学发展的规划，正如胡锦涛总书记在2006年年底召开的中央经济工作会议上强调："在做好陆地规划的同时，要增强海洋意识，做好海洋规划，完善体制机制，加强各项基础工作，从政策和资金上扶持海洋经济发展。"这才是发展海洋经济与文化的关键所在。

三、海洋文化竞争制高点

发展海洋文化是世界所有大国崛起过程中必然的战略选择，更是21世纪全球范围的国家战略。在可持续发展的进程中，广东要在这种竞争中占据优势，就必须占领竞争的制高点，强调以人为本和文化决策意识，把创新的"文化软实力"观念与"科技是第一生产力"的思想相结合，推动全局，影响全球。

1. 从经济海洋到人文海洋

海洋经济是海洋国家发展、繁荣的指标之一。海洋经济是指在海洋中及以海洋资源为对象的社会生产、交换、分配和消费活动。"以海为田"是中国海洋经济的传统模式，最初是海洋捕捞和近海养殖。前者可以追溯到五六千年以前。到明代，福建渔民则组织船队去浙江集体作业。而在宋代，沿海渔民已经熟练地把养殖海蛎的技术运用到加固桥墩方面。宋元时，广州、泉州是世界著名的东方大港。明中叶开始，"以海为田"中的海洋捕捞和近海养殖比重开始退居其次，而海洋运输和海外贸易则上升为主要内容。明清时期，世界市场通过海洋运输，越来越依赖中国东南地区的市场，虽然当时的明清各朝多以限制和管制来对待海外贸易，但沿海商民仍然以各种方式与世界市场发生互动性的贸易，海外贸易有了很大的发展，并成为沿海地区政府税收和人民生活的重要支柱。

充分利用海的优势，加快发展海洋经济，拓展国民经济新的发展空间，加快经济和社会全面发展，建设"海洋经济与文化大省"，一直是我们所追求的宏伟目标。这个定位指向明确，能够有效指引社会的发展。但在实践中那种只重视经济的思维也一直困扰着我们，导致一提到海洋产业、海洋文明，更多的人就会想到海洋经济、海洋社会，忽视其多样性，也妨碍了我们对海洋全面的发展追求。

在21世纪这个海洋文化的世纪，我们应该改变思维定势，重新诠释海洋文化，不仅要有一个“资源海洋”、“经济海洋”，而且必须建设一个“文化海洋”。只有这样，我们的海洋事业才是一个可持续的事业，才能成为广东在新一轮建设的一种巨大力量。

随着中华民族海洋意识的觉醒，关注广东海洋人文的历史命运，是现实的需要，也是世界海洋文化观念的新体现和再创造。对于人文和海洋，我们还可以从以下诸方面来透视：

第一，广东已经形成独特的人文海洋品格。广东有着悠久的海洋文化发展历史。海洋文化拉开序幕最为雄辩的证明是——以广东为起点的海上丝绸之路向世界亮出了中国文明的亮丽与丰饶。广州，不仅是世界海洋交通史上唯一历经2000年不衰的东方大港，而且是中国实行“海禁”期间唯一的对外通商口岸，对延续中国海洋文化起到了不可替代的作用，也因此深远地影响着广东人的思维模式与行为方式，使广东人最早开眼看世界，形成了广东人特有的文化品格——敢为人先、开放兼容、求真务实等。因此，广东以“闯海人”的拼搏进取精神为支撑，迅速与近代世界的先进文化接轨，成为中国近代民主革命的策源地，更在改革开放中成为中国经济腾飞的标志。就是这些人文精神财富和人文历史遗产，形成了广东传统的海洋社会，并以渐进的方式向近代、现代转型，从而构建出自己的海洋人文特征，成为中国社会、文化的有机组成部分。

第二，广东海洋人文社会科学有长足的发展。长期以来的一个现实是，海洋领域里有过多偏重自然科学、技术科学的问题被大多数人所忽视。比如说科技部、国家海洋局为海洋自然科学设立了许多的奖项，但作为海洋人文社会科学领域的海洋管理、海洋法学、海洋文化、海洋政治、海洋经济等研究和实践，就不在科技奖励的范围。然而，海洋事业进步不能仅靠自然科学和技术科学，历史将会证明，只强调海洋自然科学的发展而忽略海洋人文社会科学的发展不是科学的发展，就如同人必须两条腿才能走路一样。对于海洋事业发展中存在着的严重的人文缺失现象，不少学者开始关注和重视。1998年，厦门大学历史系的杨国桢教授在出版的《海洋丛书·序》中首次使用了“海洋人文”这个概念，并首开海洋史学硕士点、博士点。有学者在1999年《中国海洋报》发出了《海洋人文当设奖》的呼吁。2005年，在国家海洋局南海分局召开的第二届科技大会上，破天荒地为一项软科学研究和两项软科学成果颁发了奖状和奖金。这是国家海洋局南海分局第一次为软科学研究课题和软研究成果颁发科技奖，也是新兴的海洋人文社科研究领域在海洋事业发展渐成显学的标志。[①] 在海洋自然科学发展多年并已取得重大成就的今天，锁定在海洋人文体系的研究，支起海洋人文社会科学这“另一条腿”，不仅代表了海洋事业发展的一种客观趋势，也是海洋文化实现快速发展和可持续发展的不可或缺的条件。

海洋经济与海洋文化的研究本身，不论从哲学的角度、文化的角度还是产业的角度，都是对海洋人文社会科学的集聚与张扬，海洋人文概念在海洋类学府立刻达成共识。2002 年广东海洋大学开始了海洋文化学和海洋管理学的课题教育。可喜的是，在 21 世纪是海洋世纪这一全世界的共识下，人文社会科学界展现了加重海洋研究的发展趋势，许多学科萌芽或生长出新的分支学科点，诸如海洋经济学、海洋政治学、海洋法学、海洋管理学、海洋史学、海洋文化学等，并且，逐步摆脱陆地化的藩篱，重新审视海洋文明，回归海洋本质，发展出具有自身特色的理论和体系。

海洋文化研究更引起了广东学界的重视。广东炎黄文化研究会从 1995 年以来，参与主持了五次广东海洋文化研讨会和笔会，出版了《岭峤春秋·海洋文化论集》系列丛书。广东省政府参事室近年负责组织了多次珠江文化和“海上丝绸之路”的研讨会和座谈会，探讨广东古代海洋文化研究、保护海洋环境与资源、建设与海洋经济相适应的海洋文化等问题，并支持出版了一批珠江文化书籍……这些学术活动，对海洋文化作了深层次的研讨，深化了人们对广东海洋文化的认识，扩大了广东海洋文化的影响。今后，广东应开展一些与国际接轨的海洋文化活动，加强海洋文化建设的国际交流，吸收各国优秀海洋文明成果，增强广东海洋文化的国际影响力。

第三，广东海洋人文景观精彩而厚重。所谓海洋人文景观，就是人类文明的历史在海洋上的反映所构成的可供旅游观光、审美鉴赏的存在物，既包括人造存在物及其残留，如海洋艺术建筑，海洋历史名人事迹、历史事件的遗址，海洋文化活动场馆等；也包括“拟人造化”的自然存在物，亦即虽非人造物，却在人们的眼里酷似人造物，因而它在人们的信仰里或审美中被看成了人造物或神造物，等等。这些都是人文海洋的标志。在这方面，广东有着令人骄傲的成果，具有代表性的海洋物质文化的景观数不胜数，比如湛江、珠海、深圳、南澳等地有我国主要的海岸海岛文化景观，比如广州、雷州等国家级历史文化名城，比如“南海一号”、南海神庙、白鹅潭、十三行、大鹏所城、咸头岭遗址、沙井蚝民、赤湾天后宫等海洋历史人物遗迹及活动遗址……

① 徐海洋：《海洋软科学研究有奖了》，《中国海洋报》（科教环保版），2005 年 12 月 30 日。

而非物质文化景观也让人印象深刻，比如广东潮汕地区一直保持着海滨饮食习惯、妈祖天后信仰、咸水歌等等。

丰富的海洋文化景观是广东经济社会文化发展和现代化建设的宝贵财富和特殊资源。由于中国海洋考古兴起较晚，海洋考古力量和技术条件难以满足中国的考古需求，存在着许多已经初步发现而未来得及发掘出来并加以保护的海洋文化遗产。在“海洋世纪”的蓝色开发大潮冲击下，这些海洋文化遗产已经或正在遭到灭顶之灾。面对如此大规模、高强度的开发破坏，系统研究、保护和抢救中国大量的海洋文化遗产包括自然文化遗产和历史文化遗产显得十分紧迫。广东应该对现有的海洋文化资源进行全面摸底，建立起历史人文资源保护开发利用的中长期发展规划。有学者提出广东必须建立全国第一座“中国海上丝路博物馆”，现已实施并到了收尾阶段，不久的将来就会展现在世人面前。同时，对海洋文化的景观进行有序开发，把硬件建设与软件建设结合起来，彰显特色，打造精品，不断丰富海洋文化产品的内涵，提升海洋文化产品的竞争力，并大力扶持具有广东海洋文化特色的文化艺术产品的出口，扩大广东海洋文化的辐射等，更应提到议事日程上来。

说到底，海洋发展问题实际上是个文化问题，是个怎样认知和把握、发展海洋文化的本质及其内涵的问题。当海洋世纪到来，我们更要以世界海洋文化的理念，使全省各项工作都要有海洋文化意识和色彩，都有“海涵”和“海味”，倡导世界海洋文化精神，打响“世界海洋文化”品牌，实现全省现代海洋的构建。

2. **科技兴海**

广东海洋文化培育了广东人的创新意识和竞争意识。改革开放以来，广东人民坚持解放思想、更新观念，你无我有，你有我优，创造了许多个“全国第一”。科学技术是第一生产力，按规律办事，用先进的技术参与竞争，这是在市场经济中发展起来的、体现当代广东人精神的重要文化精神。正如胡锦涛总书记在2006年1月召开的全国科学技术大会上指出的：“加快发展天空和海洋科技，和平利用太空和海洋资源。”海洋产业的发展需要海洋科技的支撑。广东省海洋经济快速发展得益于海洋科技发展的引领。

广东省一直重视海洋科技工作。20世纪90年代以来，省委、省政府召开了多次全省海洋工作会议，都把发展海洋科技摆在了海洋经济发展的首要位置。2005年以来，省海洋经济工作领导小组召开了多次领导小组会议，都强调要大力推进海洋科技创新，为促进海洋经济发展提供坚实的科技支撑。为了落实省委、省政府《关于加快发展海洋经济的决定》的规定，先后编制和实施《广东省1999—2010年科技兴海规划》、《广东省海洋功能区划》、《广东省海洋经济发展“十一五”规划》等多项海洋科技和海洋经济相关规划，为我省海洋科技和海洋经济发展发挥了积极的作用。同时，加大了资金投入，省财政从2004年起，连续四年每年安排海洋与渔业科技专项资金数万元，主要用于包括重大科技兴海和科技兴渔项目的研发、示范推广、技术引进以及省重点海洋试验室、科技孵化基地建设等；省科技厅“十五”期间在海洋科技领域投入力度也甚大，设立省重大科技专项、重点引导项目达五六百项，重点支持海洋资源开发与利用技术、海洋生态环境保护与修复技术等关键技术、核心技术研究。

由此，广东海洋科技得到了较好的发展。

第一，海洋科技创新平台初步建立。广东在从研发到实践发展海洋科技创新体系方面做了相当多的工作。在高科技研发方面，建设了以“广东省海洋与水产高科技园”为龙头，以“广东省海洋药物研究开发重点实验室”等4个省级重点实验室和区域性试验中心为基础，以广州市海珠区海洋生物技术科技园等五大海洋科技孵化基地为海洋科技创新平台。海洋科技项目的实施，带动了海洋科技人才培养，海洋科研能力不断提高。广东省是全国海洋科研机构和大专院校较多的省份，目前拥有南海海洋研究所、南海水产研究所、珠江水产研究所等国家驻粤从事海洋与渔业研究的科研所，中山大学、广东海洋大学等近10个涉及海洋与渔业科学研究的高校。到目前为止，广东省海洋高技术人才众多。人才是知识的创造者、传播者和使用者，文化竞争中人才才是制胜法宝。培养和引进更多的海洋建设人才，才是广东省海洋文化发展的第一资源。

第二，加强产学研合作，科技辐射带动明显。通过政策引导、市场牵引、典型示范、舆论推动，在产业化转化链条各接力环节上纵深配置资源。一是以企业为主体，注重科技项目立项和科技奖励有侧重地向自主创新能力强的企业和项目倾斜，引导和激励企业加强产学研合作，深入开展技术研发和创新活动，成为自主创新的主体。二是落实科技落户渔民工程，农业部于2005年初启动了“全国农业科技入户示范工程”，在全国遴选了100个试点县实施农业科技入户示范工程，阳西县入选为全国5个渔业试点县之一，广东省海洋与渔业局高度重视，制订方案，宣传发动，督导检查，广东省又筛选了珠海市金湾区、雷州市和海丰县3个省级示范工程试点，落实配套资金130万元。这样，通过示范取得了显著成绩，扩大科技入户工程的作用，使更多的渔民享受到科技入户的成果。

由于海洋科研力量不断加强，海洋科技取得一批新成果。广东省实施科技兴海以来，特别是实施重大科技兴海招标项目，海洋科技成果取得新突破。

已完成的招标项目有14项技术获得国家专利。2004—2006年，我省海洋与渔业科技项目获国家海洋局海洋成果创新奖4项，其中一等奖1项、二等奖3项；获省科技奖项目15项，其中获省科技进步一等奖1项、二等奖6项、三等奖8项；获省农业技术推广奖的项目19项，其中一等奖2项、二等奖4项、三等奖13项。

这样的科技创新平台建设取得了明显效益。广东的传统海洋产业，如海洋渔业、海洋交通运输业、海洋盐业、海洋油气业、沿海旅游业、海洋船舶工业等和新兴的海洋产业，如海洋电力和海水利用、海洋药物等得到了进一步发展。同时，渔民的科技管理意识普遍增强，在实践中切实加快海洋科技成果的转化，一些沿海渔民改变了只靠老天开眼和老经验来抓生产的旧思想，开始实施了标准化养殖，严格控制养殖密度，合理布局养殖区域，自觉抵制禁用药物，加强了质量安全管理。这些无疑都与海洋文化在广东的发展有关，而从自发性的海洋文化逐渐提升为自觉的海洋文化，我们任重而道远。

尽管取得了较好成效，广东目前海洋科技的发展水平与资源拥有量还是不相称，海洋高新科学技术产业在整个海洋经济中比重小。一是海洋环境保护方面，部分海域尤其是河口和港湾环境质量恶化，珠江口附近海域尤其突出，海洋生态系统面临更大压力。二是资源开发方面，海洋资源利用水平低，一定程度上仍以粗放型为主，科技含量不高导致海洋开发的产品附加值低。三是育种科技严重滞后，养殖品种退化，如湛江南珠近40年未培育出一个养殖新品种，如今的马氏珠母贝由于近亲繁殖、个体越来越小、生长越来越慢、活力越来越弱，珠质越来越差。四是产业分布方面，大多是以海洋生物、水产为主要内容，传统产业科技的提升力度和产业升级换代能力不够，新兴海洋产业发展滞后，海水淡化、发电、药物、船舶制造在全国都不具备优势，其他领域的科技创新尚较为薄弱，全面意义上的海洋科技创新体系尚未建立。五是科研力量方面，目前科技力量仅处于全国中等水平，广东省海洋与渔业科技力量目前仅拥有3所国家驻粤海洋研究机构、10所涉海高校、4个省级海洋与渔业重点实验室、7个市级水产研究所（区域性水产试验中心）以及2名院士。顶尖级人才数量与山东、浙江差距较大，科技队伍还存在规划缺失、整合乏力、学科结构不合理等问题，对产业发展急需解决的诸多问题深感力不从心，海洋科技水平的提升幅度仍然比较缓慢。六是海洋科技投入相对不足，广东省对科技兴海的专项资金投入仅为每年3 000万元，投入/产业比值与山东、福建、浙江、江苏等沿海省份相比较低。海洋科技经费的投入同海洋经济发展的要求相比不足，海洋科技投入的增长幅度远远低于海洋经济的发展速度。这些都反映出海洋科技对海洋经济发展的引领和支撑能力有待增强。

海洋科技已成为广东海洋经济可持续、高水平发展的制约因素，也是广东海洋文化发展竞争力抢占制高点的障碍。为了有效地开发海洋资源、保护海洋环境、维护海洋权益，就必须推动海洋科技的快速发展，从而为海洋文化的发展提供技术支持。

首先，制定海洋科技发展战略规划。科技兴海是一项涉及科研、开发、推广、生产、环保以及管理领域的多层次、多环节的社会系统工程，必须采取更强有力的保障措施加快发展海洋科技。国家高度重视海洋科技在海洋事业发展中的支撑和引领作用，海洋科技被列为《国家中长期科技发展规划纲要》的五大战略重点之一，《国家"十一五"海洋科技规划纲要》和《关于加快海洋科学技术发展的若干意见》等都对发展海洋科技提出了具体要求。广东应该把握住发展海洋科技的重大战略机遇，根据国家海洋事业发展的方向和广东经济社会发展的实际，抓紧制定广东海洋科技发展规划，从全局出发，把握广东海洋事业发展的制高点，明确广东海洋科技发展方向和任务，使科技兴海逐步向广度和深度发展，迅速提升海洋科技发展水平和可持续发展能力，保持和发展广东海洋经济的竞争优势，推动海洋经济迅速发展，提高海洋文化对广东省综合竞争力的贡献水平。

其次，加强科技队伍建设。科技兴海需要高素质的科研队伍。发展海洋科技的关键，要有一批高素质的海洋科技人才。因此，应以财政拨款为主，制定具体可行的奖励办法和优惠政策，建立起海洋科技开发专项基金和海洋高等教育发展专项基金，支持基础课题研究、应用技术的研发、重点海洋学科建设，根据财政收支状况、海洋高新技术产业发展状况、海洋高等教育发展状况逐年增加投资比例；通过金融政策，引导投资导向往海洋高新技术产业倾斜。同时，科技创新中充分发挥高效精干的科技队伍作用，注意培养学科带头人，特别要鼓励青年科技人员进行创新性研究，使之成为海洋科技方面的跨世纪人才。应加强海洋研究的基础设施建设，通过增补、更新先进仪器设备、建立国家级海洋重点实验室。海洋科技的发展需要多方面的配合与支持。应运用市场经济规律，以项目优势，吸引企业和金融部门投资，以形成共担风险、共享利益的机制以及加强国际与地区合作、争取国际社会援助和国内外大企业集团的支持等，为海洋科技人员施展才能、提高研究水平提供良好的内外部条件。实现海洋科技人才、资金、技术、资源的优化配置，形成面向广东省海洋经济发展的海洋科技创新团队。此外，还应该重视海洋行业管理人才的培养，加快对海洋管理一线人员的知识更新和提升，加强海洋科普宣传教育……

再次，梳理科技兴海的涉及面。海洋科技主要涉及基础性研究、应用性研究和高新技术研究。基础性研究是科技与经济发展的源泉和后盾。根据广东目前情况，海洋科技基础性研究的重点应放在对南沙群岛以及专属经济区的海底地形、地貌、基础地质、海洋水文气象、海洋生物资源、海洋矿业资源的调查上，掌握准确的第一手资料，建立大陆架和专属经济区的环境要素与资源状况数据库。海洋科技应用研究，应放在注重推广应用海洋农牧化、海洋生物资源加工、海洋药物和海洋化学资源利用以及海水直接利用和淡化等几个方面，改造传统产业，发展新兴产业，力争尽快达到世界先进水平。发展海洋高科技是人类全面征服海洋的必然选择。结合广东省的经济实力和技术基础，考虑当前世界海洋高科技的发展趋势以及规律，促进海洋高科技的产业化，这是亟待发展的一个方面。①

自主创新是一个民族的灵魂和生命，是一个国家发展的动力和源泉。进入新一轮海洋经济发展时期，如何进一步提升广东省海洋科技水平，缩小广东省海洋科技水平与国内其他海洋大省乃至世界先进国家的差距，提升海洋产业的规模与水平，增强海洋经济发展竞争力，保持和发挥海洋文化在全国排头兵的地位，这需要广东加快理论创新、技术创新、观念创新和制度创新。

3. **以法治海**

广东海洋文化培育出重商主义，讲究契约信用，在政治文化中，同样也要培育法治观念。广东立法民主和法治建设也一样走在全国的前列，民主法治意识已经深入人心，先行立法，其实在广东并不鲜见，仅自 1979 年 12 月至 2004 年 3 月，广东省人大及其常委会共制定和批准了 425 项地方性法规（现行有效的 330 项），其中先行性、试验性、自主性的法规占法规总数的 52%。海洋文化的建设呼唤着法治建设。

1994 年 11 月《联合国海洋法公约》的正式生效形成了向“人类共同继承财产”方向发展的多元化主权理论，成为处理海洋权属关系的法理依据之一，标志着人类开始进入依法治海的新时代。要以法治海，就必须有完整健全的海洋法律体系。

30 年来，广东法治建设的显著特征之一是与时俱进，努力和世界接轨，持续不断地进行法治改革。广东海洋管理工作在国内海洋立法和法治建设的过程中得到发展，海洋综合管理水平显著提高。这也是海洋文化作为“软实力”护航“硬实力”的主要标志之一。从我们由改革开放初期就衍生的理念、

① 参考张福祥：《中国海洋开发的战略定位》，《西安电子科技大学学报》（社会科学版），1999 年第 2 期。

措施及其所取得的效果上来看，“敢为天下先”，“杀出一条血路来”和“摸着石头过河”的思想，正是海洋文化意识和精神的典型体现。

改革与创新是经济社会发展的动力，也是法治现代化的强大动力。1996年4月1日，广东省人民政府颁布了《广东省海域使用管理规定》。这是广东省加强海域使用管理的第一部政府规章，也是广东省坚持以法治海，建设海洋大省的一项重要举措。它的颁布实施，对于规范广东省的海域开发活动，合理利用海域资源，保护海域生态环境，促进海洋经济发展，具有十分重要的意义。

率先创建了无居民海岛开发保护管理新模式。沿海地区认真贯彻执行《中华人民共和国海域使用管理法》等法律、法规及相关规定，加大海域使用管理力度，开展省、市、县三级海洋功能区划编制工作，加强对围填海、大中型海域使用项目和海岛的管理，率先在全国实行完善填海造地换发土地使用证实施办法和重大用海项目公示制度，积极探索具有广东特色的无居民海岛开发保护管理新模式。

加大了海洋资源保护和生态环境修复力度。国际经验表明，要恢复海洋生态环境，需要加快沿海保护区的建设步伐，这就需要根据海洋生物繁殖生长规律，建立海洋生物自然保护区和人工鱼礁区。2001年2月，广东省第九届人大四次会议通过《关于建设人工鱼礁，保护海洋渔业资源环境》，该议案在全国引起很大的反响，广东省委、省政府非常重视，派出很多专业人员到日本等海洋文化发达的国家进行考察，在阳江、珠海搞试点，各地海洋与渔业部门积极组织实施。“十五”期间，广东开展大规模人工鱼礁建设，已投放人工鱼礁12座，建造人工鱼礁礁体11 619个，新建海洋自然保护区33个①。全面开展海洋监测和执法工作，建立了重大海洋灾害监测预警机制，进一步完善海洋监测网络，强化重点海洋生态功能区的监测、保护和监管，有效遏止了非法占用海域。有名的惠东县港口镇国家级海龟自然保护区，多年来取得了很好的成效，受到世界自然保护区联盟的赞扬。

尽管如此，相比其他海洋经济与文化发达的国家，我们的海洋法治工作还是显得进展缓慢。世界先进的海洋大国基本上已形成了海洋管理法规体系。比如美国，在实施《海岸带管理法》之后，相继修订了《大陆架土地法》和《海洋保护、研究和自然保护区法》，制定了《国家环境政策法》、《国家海洋污染规划法》、《深水港法》、《渔业保护和管理法》等9部法律；日本形成了

① 数据来源：《广东省海洋经济发展“十一五”规划》。

《海岸法》、《共有水面填埋法》、《港湾法》、《沙砾开采法》等13部法律；澳大利亚联邦和各州颁布了《海洋和水下土地法》、《澳大利亚海洋法》、《海岸带管理法》、《海洋保护法》等32部海洋法律和规范；韩国形成的海洋管理法律体系包括《海洋开发基本法》、《沿岸管理法》、《共有水面管理法》等12部法律、法规，等等。我们要与《联合国海洋法公约》接轨，面对加强海洋立法、完善海洋法律体系、加强海洋法治建设的挑战而作出积极回应。同时，以水域文化为纽带，思考如何引入并扩展海洋经济与文化的综合力和自主创新力。

首先，加快海洋法治建设，制定完善的相关政策法规，为实施依法治海、依法管海提供有力的法律支撑。目前，我国制定公布的海洋开发、保护、管理等方面的法律法规绝大部分是专项性的，缺乏能约束各个行业的综合性基本法规，现有法规也不配套，形成不了完整的法规体系。如《海域使用管理法》还只是一个法律框架，法律中一些关键性的操作问题等没有体现，要求由国务院或地方政府另行规定。广东面临着同样的问题。我们今后的海洋建设，一方面需要认真实施以《中华人民共和国海域使用管理法》、《中华人民共和国海洋环境保护法》为核心的海洋法律制度，依据《广东省海洋功能区划》，坚持“在开发中保护、在保护中开发”的方针，按照“科学、规范、公正”的原则，依法审批各类海洋开发活动，规范海洋开发利用秩序，另一方面，广东还需要发挥法治建设排头兵的作用，针对海洋经济与文化发展过程中出现的新情况和新问题，推进法规空白领域的地方性立法工作，加强配套制度、配套措施、实施细则和工作规程等制度的制定与检查落实，完善海域管理和海洋保护、港口管理、海洋渔业管理、海岸带管理、海洋灾害防治、海岛开发与保护等法规体系建设，以促进海洋产业的迅猛发展。只有在国内立法的基础上，广东省才能在国际国内的双重挑战中进行有理、有利、有节的斗争，依法有效地保护海洋权益和海洋资源的开发利用，做到依法“管海”、依法“用海”和依法“兴海”，把海洋资源开发和管理活动真正纳入法制化轨道。

其次，树立海洋法权威，加强海洋执法体系建设。健全法制，依法行政，在当前除了要继续加强立法、提高法制质量外，关键点之一就是必须树立法律的权威，逐步克服以言代法、以权压法、徇私枉法现象，使已经制定的法律能够切实发挥作用。同时，改善和加强执法体系建设，改变海洋管理各自为政、自成体系、力量分散、形成不了合力的状态和局面，严格按照法律法规和部门职责，理顺涉海管理部门间的职责关系，形成海洋执法合力，定期组织开展海上联合执法，维护海上安全和海洋生产、海洋交通、海域使用管理的良好秩序，引导和协调广东海洋经济持续、快速、健康地发展。

再次，加强海洋执法监察队伍建设，强化海洋管理执法监督。实施依法治海和依法管海战略，还必须有一支统一高效、反应灵敏的海上执法队伍。改变过去由于海洋立法的滞后和海洋管理体制的缺陷，海洋执法所表现出的力量薄弱，组织分散，配合不力，各自为战的状况。而要强化的，是要遵循统一领导、分级管理的原则，改善和加强对法律实施的监督工作，建设具有较高政治素质和较强保障能力的海洋执法队伍，为其配备综合性的现代化技术装备。将海域管理工作延伸到基层并在内海水域和海港，加快建设乡镇海域管理工作站和村级海域管理协管员制度。还要与地方边防部队、陆上警察、海关、交通运输、水产等部门配合，共同执行任务。在加强海洋执法能力建设，提高海域监察执法水平，夯实海上联合执法管理的坚实基础上，确保各项海洋法律法规的贯彻实施。

为了使广东海洋经济与文化发展得更好更快，在“硬实力”的法制建设中，要实施以法治海战略，加速与国际海洋法接轨，建立广东乃至中国海洋新秩序，有效地维护我国海洋权益，促进广东海洋开发和海洋环境保护，提高海洋经济效益，而在“软实力”的根植于文明与文化的思想创造方面，要在世界海洋文化基础上深入，我们对其深化并步步再生创造的过程中，再造“适合”世界之潮流，满足广东之需要的新的人文精神，从而壮大海洋文化的血脉和筋骨，呈现出一派浩大辽阔的景象。

广东海洋文化的发展，需要务实求真，借鉴世界海洋可持续发展的实践经验，踏踏实实按规律办事，不仅崇尚自然，还要依法行事，不断挣脱思想的缰绳，培养海洋意识，敢为人先、勇为人先且善为人先，更新观念，革新制度，创新技术，才能真正扬帆搏浪，笑对新一轮的海洋发展大潮。

第十章

思想解放风潮下的海洋大省建设

人类文明的发展史是一个不断地走向未知领域、拓展生存空间的历程。海洋实践历来是敢为天下先的勇士的事业，正是由于对彼岸的向往，人类才扬帆远航，彼岸不仅是航程的目的地，也是精神的动力源，劈波斩浪，一往无前。

21 世纪是海洋开发的新世纪，海洋已成为人类社会可持续发展的重要依托。早在 2500 年前，古希腊海洋学家狄米斯托克利就预言：“谁控制了海洋，谁就控制了一切”。广东改革开放 30 年的发展，印证了世界近代以来我们借助沿海优势“向海而兴”、“开海则强” 的历史潮流。广东省委、省政府对海洋文化发展高度重视，继续解放思想，坚持改革开放，进一步发挥沿海优势，以世界眼光、科学发展思维来谋划和推动海洋大省建设，在新一轮思想大解放中推动新一轮海洋事业大发展。

一、海洋大省的黄金决策

作为改革开放的排头兵，30 年来广东各地以提高海洋文化的竞争力和现代化水平为核心，实施科教兴海、外向带动、区域协调和可持续发展战略，全省海洋经济总量持续平稳、快速增长，继续保持了高于同期国民经济的增长速度。广东海洋经济发展进入了海洋经济学理论论证的快速成长期，同时也成就了广东海洋文化发展的光辉历程。

1. **海洋大省的发展进程**

海洋大省建设是一种新的思维，是高层次的带有全局性、长期性和方向性的新发展战略。它为广东提供了生存与发展的新空间，是广东进一步扩大对外开放、走向世界的前进基础，将为广东的发展注入更大的活力。

改革开放以来，广东省海洋开发快速，尤其是从“九五”开始，广东省以建设海洋经济大省为目标，积极实施可持续发展、科技兴海和外向带动三大战略，先后制订了“广东省海洋产业“九五”计划”、“广东省海洋产业‘十五’计划”。1999 年，广东召开了全省第四次海洋经济工作会议；2003 年，召开第五次海洋工作会议；2004 年，广东省委、省政府作出了加快海洋经济发展的决定。广东不断调整步伐，加大对海洋开发的支持力度，促进海洋文化发展。

海洋是社会全面发展的重要支点。正是清醒认识到了这个世界竞争的关键处，2007 年，广东立足于开发海洋资源，把发展海洋经济作为广东经济发展的新优势和新的增长点、增强经济总体实力的战略部署，以海洋功能区划为依据，以《广东省海洋经济发展“十一五”规划》为蓝图，以提高产业竞争力和现代化水平为核心，以建设海洋科技创新体系为突破口，以建设珠三角、粤东和粤西三大各具特色的海洋经济区为重点，培育广州、深圳、惠州、湛江和汕头 5 个海洋经济重头市，加快沿海经济带和城市化建设，开创陆海和谐新局面。

随着对海洋文化整体结构和多元价值认识的加强，2008 年 4 月，广东省公布实施了《广东省海洋功能区划》。《区划》根据海域的区位条件、自然环境、自然资源、开发保护现状和经济社会发展的需要，按照海洋功能标准，将海域划分为不同使用类型和不同环境质量要求的功能区，用以控制和引导海域的使用方向，保护和改善海洋生态环境，促进海域的合理开发和海洋经济的可持续发展。广东海洋经济面临着进一步优化产业结构、实现产业优化升级的要求。所以，新一轮的大发展，就是要加快建设粤东、粤西、珠三角三个海洋经济带，大力发展能源、石化、钢铁和造船 4 个产业群，推动并扶持 30 个重大项目建设投产。

21 世纪初，广东提出了建设海洋大省的目标。作为广东省跨世纪经济社会文化可持续发展的战略选择，具有后来居上之势。海洋经济总产值近年已多次名列全国第一，对全国海洋文化事业的发展，无疑具有巨大的引领和示范作用。

重要的是，当我们跨入海洋世纪，我们需要用海洋文化创新的价值理念来阐释海洋世纪的理念，引导人们深化对海洋价值的认识，树立科学发展的海洋观，高扬海洋文化的风帆，在更为广阔的深海大洋上收获广东的未来。

2. 提升海洋文化软实力是当下文化建设的迫切需要

广东海洋文化是千百年来沿海人民顶狂风、战恶浪、不畏艰险、勇于拼搏、敢于冒险的精神的结晶。广东海洋文化发展挑战与机遇并存。认清海洋文化的发展态势，探讨海洋文化持续发展的规律，提升广东的综合实力，使其成为带动和谐社会发展的重要力量，我们任重道远。

从广义上讲，海洋文化涵盖硬件和软件部分，是人类在社会历史发展过程中所创造的，与海洋有关的物质财富和精神财富的总和，它包括了物质文化、制度文化和精神文化三个层次。其一，海洋经济，涉及海洋的一切经济活动，都属于海洋文化经济基础；其二，海洋社会，涉及海洋的人群所形成的社会特点；其三，狭义的海洋文化，涉及海洋的神话、信仰、宗教、戏剧、文学、艺术，等等。广东海洋大省在经济建设、社会建设和文化建设三个方面都取得了较大进展，尤其是海洋经济建设方面。

一个国家或地区的海洋事业的发展，不仅包括由经济、科技、军事实力等所体现出来的“硬实力”，也包括以文化和价值观念、生活方式、意识形态等要素所体现的“软实力”。以海洋精神为核心的海洋观念文化，虽然没有硬实力那样具有明显和直接的力量，但有更加持久的渗透力。真正的海洋文化大国，不仅拥有以经济强盛为主要内容的硬实力，还要有以文化繁荣为主要内容的软实力。否则，没有内涵，只是一个物质外壳，不能成为真正的海洋强国。

广东海洋文化软实力之构建已经成为当务之急。改革开放30年来，广东的崛起，从某种意义上讲，就是文化软实力的崛起。一般说来，在经济发展初期，软实力对一个地区发展的影响并不明显，但是，当经济发展到一定阶段，尤其是当这个区域的经济发展开始向外辐射，并在越来越多的领域与其他国家和地区产生竞争时，软实力对经济的制约作用就开始显现。广东海洋经济实力不断增强，连续13年名列全国首位，使广东成为名副其实的经济大省。但是，30年海洋文化高速发展，积累的问题也不少。对于争当科学发展排头兵的广东而言，面临的一个重大而紧迫的任务就是进一步从软实力的高度推进文化建设。海洋文化的综合发展，就是提升广东文化软实力的重要方面。海洋制度文化和精神文化包括了制度建设、价值观念和风俗习惯等文化发展和文化积累所形成的现实作用力，要以注意力、凝聚力、辐射力、创新力为表现形式，打造具有时代特征的新时期广东人精神，提升广东文化的吸引力、感召力，建设广东人的精神家园。因此，培育广东海洋文化使其具有持久竞争力、提升软实力成为题中要义。广东不仅要有海洋强省的“硬实力”的发展，还要具备文化上的影响力和感召力，必须在“软实力”上赶上海洋发达国家的步伐，有力地促进海洋物质文化、制度文化和经济文化的协调发展，逐步实现硬实力与软实力的同步增强。

广东改革开放以来的成功实践，印证了海洋文化对经济发展的强大支撑。改革开放近30年来，我国发展最快、经济实力最强的地区，是珠江三角洲、长江三角洲和环渤海地区。这些地区濒临海洋，其快速发展与海洋有着密不可分的关系。现在，广东要在科学发展中当好排头兵，仍然需要发扬海洋文化这个最宝贵的动力源泉，用在潜移默化中形成的变革图强的思想、探索冒险的精神、全面开放的理念来支持人们进一步开拓创新、寻求发展，再次造就广东生气勃勃、万马奔腾的局面。

广东和谐的人海关系要遵照人和自然的良性互动和协调发展，以实现海洋文化全面、协调、可持续发展，保障广东综合竞争力的持续增强，在发展中寻求和谐，在和谐中求得更大的发展。同时，用“海纳百川”的气度包容各种文化融汇和文化冲突。无论传统文化与现代文化、本土文化与外来文化、先进文化与落后文化、主流文化与亚文化、雅文化与俗文化、精英文化与大众文化，在互相接触中不断修正，逐渐融合，形成新的文化体系，激发文化的自我更新能力，从而增强生产创造力，增强综合竞争力，向现代和谐文化跨越。海洋文化的多元兼容，必将促使广东人更加自觉地全面把握现代化的综合价值取向，从单一的经济价值取向中解放出来，从“重物轻人”、“重经济轻文化”的观念中解放出来，树立新的海洋文化发展观，实施提升文化软实力的战略，形成科学发展的强大动力，为科学发展提供强有力的文化支撑和智力支持。

航海的目的是为了到达彼岸。正是由于对彼岸的向往，人类才扬帆远航，郑和才会下西洋，麦哲伦才会环球航行。彼岸不仅是航程的目的地，也是精神的动力，勇往直前，是对于自然极限与自身极限的一种挑战，这是海洋文化孕育的大气与恢宏。广东海洋事业是最富有活力且变化无穷的实践，决定了解放思想永无止境，广东劈波斩浪永无止境。

我们正处于一个伟大的时代，世界与中国正在发生广泛而深刻的变化，海洋大开发的时代已到来。新一轮的思想解放正轰轰烈烈地进行着，广东海洋事业发展，根据新一届政府的理念，要立于时代的潮头，再解放一点，转变发展思路，把海洋文化的创新贯穿到机制、管理、思路、形式、手段等各个环节中去。我们要充分利用好每一个机会，塑造广东海洋文化的“文化广东”的形象，最大限度地发挥人的能动性与创造性，“既藏珍而纳景，且激波而扬涛”，使整个社会始终保持朝气蓬勃的活力与积极奋发的态势。这不仅是提升广东海洋文化软实力的战略问题，也是促进中国海洋文化发展的战略问题。

二、海洋大省经济建设的博弈

在海洋文化建设的三个层次中，海洋经济为海洋文化发展提供物质基础、动力和源泉。广东海洋文化的创新发展，以进一步开放和开拓的姿态进行，勇于创新，在经济建设的各方面都进行了战略部署和实施。这个独立自主、开拓进取的恢宏魄力与远瞻气度，广东人自古已有，正如梁启超所说："海也者，能发人进取之雄心；陆居者以怀土之故，而种种主系累生焉。试一观海，忽觉趋然万累之表，而行思想，皆得无限自由，彼航海者，其所求固在利也，然求利之始，却不可不先置利害以度外，以性命财产为孤注，冒万险而一掷之。故久居海上者，能使其精神曰以勇气，曰以高尚，此古来濒海之民，所以比于陆居活气较胜，进取较锐。"①

1. 调整海洋产业结构

广东的海洋产业迅速发展。无论是传统的海洋产业还是新兴的海洋产业都有了较大的发展，特别是海洋渔业、海洋油气业、滨海旅游业等海洋主导产业已达到国内领先水平，迄今已形成了以海洋交通、海洋旅游、海洋渔业、海洋油气、滨海电力等产业为重点，海洋药物日益得到重视的多产业全面发展的海洋开发新格局。如表1② 所示：

表1　　1995—2005 年广东主要海洋产业产值（亿元）

年份	海洋水产	海洋油气	造船	海盐	滨海砂矿	交通运输	滨海旅游	总产值
1995	210.10	61.40	31.48	1.09		127.00	215.82	647.21
1996	240.92	142.13	30.80	0.95	0.33	133.77	241.23	790.13
1997	239.88	193.09	30.78	0.51	0.18	166.74	218.58	849.76
1998	264.24	134.00	32.49	0.71	0.33	131.33	228.00	791.10
1999	315.64	167.61	35.92	0.87	0.61	121.48	254.00	896.05
2000	360.00	275.19	39.80	0.77	0.28	144.82	293.71	1 114.57
2001	402.11	209.67	38.25	0.52	0.23	186.76	243.05	1 180.58

① 梁启超：《地理与文明之关系》，《饮冰室合集·文集》之十，中华书局，1989 年版，第108～110 页。

② 数据来自张莉：《加快发展广东海洋经济探讨》，《农业经济问题》，2007 年第 10 期。

续上表

2002	441.98	216.28	46.96	0.67	0.24	166.93	394.09	1 267.15
2003	460.00	230.00	50.00	0.80	1.00	227.00	630.00	1 598.80
2004	498.00	250.00	52.00	0.80	1.00	247.00	750.00	1 798.80
2005	698.00	360.00	53.00	0.80	1.00	260.00	850.00	2 222.80

2005 年，广东的海洋水产业、海洋油气业、海洋交通运输业、滨海旅游业作为海洋支柱产业，分别实现总产值 698 亿元、360 亿元、260 亿元和 850 亿元，继续稳居全国前列。到了 2007 年，全省海洋产业总产值已由 2002 年的 2 045 亿元增加到 5 162 亿元，连续 13 年居全国各省市之首，五年平均增长率高达 16%。无论是海洋产业总产值还是增加值，广东均占全国 1/5 以上。海洋经济当之无愧地成为广东省国民经济新的增长点，广东海洋产业已开始成为国民经济支柱产业之一。2008 年，国家海洋局海洋发展战略研究所课题组发布《中国海洋发展报告》指出，广东和山东的海洋经济发展水平将领先于其他省份。广东海洋经济发展进入了海洋经济学理论论证的快速成长期。

但广东海洋经济超群独立的形态还不明显，它的发展有着巨大潜力。随着广东社会经济的发展，各行业用海需求将更大，港口和海上交通方面随着对外开放和外向型经济的发展，对用海将有更高的要求。要跟上世界发展的先进水平，广东就必须按产业发展规律采取行之有效的对策，强化对海洋经济新生长点的培植，在更广阔的海陆空间中发展，粤港澳特殊贸易区、泛珠三角合作，就是明证。

2. 山海呼应、一体开发

海洋经济与陆地经济具有内在的联系性。海洋开发活动是陆地经济活动的空间延伸。韩立民、张红智总结了四个方面的关联：其一，海陆产业在空间上的相互依赖性，海洋是陆地的自然延伸，海洋产业活动对沿海陆地空间具有很强的依赖性；其二，海陆产业具有较强的技术经济依赖性。科学技术成果广泛应用于海洋经济领域，海洋产业与陆地产业通过互动延伸均取得了良好的经济效益；其三，海陆经济发展的强相关性。海洋开发的动力首先来源于国民经济发展上的需要，海洋经济与区域经济发展程度的排列顺序基本一致；其四，海洋的纽带作用影响国家、地区的工业布局和产业结构。陆海一体化发展应遵循“以港口为轴心，以海域和海岸带为载体，以港兴城，以海促陆，以陆兴海，陆海一体，梯次推进”的原则。[①]

可见，单纯的海洋资源开发，对国民经济的贡献是有限的，现阶段的海洋开发，必须以大陆为依托，海洋经济发展离不开陆地经济的大力支援。只有坚持海陆一体化开发，才能大大提高海洋经济的地位和作用，进而为国家经济建设特别是沿海地区的经济发展作出重大贡献。

因此，在广东发展海洋经济时，不应单纯就资源论资源，不应把海洋与陆地割裂开来，要以大国土的视野来考察海洋开发问题。在尊重海洋开发，分析解决其特殊性矛盾的同时，照顾好海洋与陆地的关联，统筹兼顾，使两者融为一体。鼓励内陆地区与沿海地区合作，参与海洋开发活动。这不仅仅是开发海洋资源，更重要的是利用临海区位优势发展经济，形成经济和技术由海上向陆地的转移和扩散，以实现沿海地区海洋经济的第二次飞跃。

广东正在实践着这一宏伟规划。2007 年，《广东省海洋经济发展“十一五”规划》提出：坚持海陆统筹开发。海洋开发以沿岸陆域为依托，以海洋产业为主体，统筹海陆发展规划，通过联动开发，增强海陆资源的互补性、产业的互动性和经济的关联性，实现海洋经济跨越式发展。

广东实施海陆一体化开发，即在开发海洋资源的同时，充分利用临海区位优势和海洋的开放性特点，发展临海产业，形成经济和技术由沿海向内地的转移和扩散。

临海产业是实现海陆经济一体化的纽带。广东“十一五”期间，重点发展临海石化工业、特色产业和配套产业，形成分工合理、优势互补、协调发展的区域海洋经济新格局。比如在滨海城市湛江，可以发展区域物流基地，开发乌石天成台、城市海港风光、珊瑚礁观赏游区和红树林生态游区等滨海旅游景区，建设优质海产品种苗养殖和加工流通中心；加快推动东海岛湛江钢铁基地项目前期工作，重点开发龙海天休闲度假游，培育水产品加工业及海洋生物工程等。通过临海产业这些载体，人们可以把海洋资源的利用及海洋优势的发挥由海域向陆地转移和扩展，促使陆地资源的开发利用及内陆的经济力量向沿海地区集中，从而促进海陆经济一体化的建立。

海洋经济区是实现海陆经济一体化的主要“节点”。在海岸带建立各种海洋开发基地和海洋产品加工业，进行海洋初级产品的深加工，以提高其技术附加值，使海洋开发由海上向陆域转移和推进。广东构建珠三角、粤东和粤西三

① 韩立民、张红智：《海陆经济板块的相关性分析及其一体化建议》，《中国海洋报》，2006 年 3 月 21 日。

大海洋经济区。其中，广州、深圳市要强化龙头带动作用，加快建设广州南沙港区、深圳盐田港区和大铲湾港区等集装箱码头和专业化码头，而汕头市要重点建设汕头港广澳港区，疏浚汕头广澳港区航道，建设海门国家级中心渔港等现代化渔港经济区以及东翼水产品加工流通中心，加快建设海门电厂。这样，依托临海区位优势，建立临海工业和经济技术开发区，发展外向型经济，促进海内外资金和技术向沿海地区流动。通过这样两个方面的相互作用，把海洋资源与陆地资源、海洋产业与其他产业相互联系起来，促进沿海地区经济发展。

3. 打造粤港澳特殊贸易区

粤港澳都属于岭南文化圈，早已经建立起唇齿相依的关系。改革开放以来，广东省经济的高速发展，其中重要因素是借助港澳尤其是香港经济的影响力，借助香港在广东省投资设立出口加工企业的带动力，可以说，香港的资本转移是广东发展成为内地经济第一大省的主要外部因素。同时，广东省迅速发展的制造业，是香港保持繁荣的重要基础。广东的出口其中大约80%经香港转口到美国、欧洲、日本等发达国家。港澳珠江三角洲地区以其密切的经济联系、强盛的经济活力和持续的经济增长，被称之为中国的“金三角经济区”。

到21世纪，粤港澳合作在经过20多年的发展后，广东新一轮发展迫切需要粤港澳经济更高层次、更宽领域的合作。一方面，在世界经济一体化的大潮下，全球各经济体系，都很清楚地认识到结盟发展才是未来经济出路，广东和港澳地区亦不例外。另一方面，广东进入经济发展的黄金期，基于初级制造业、加工业的“前店后厂”模式已经没有利润增长空间所以，寻找、研究和推出新的、升级版的合作形式、合作领域及合作机制就显得十分重要。同时，长江三角洲经济区迅速崛起，仅仅用了十年的时间，长江三角洲已成为一个令人瞩目的经济巨人，给广东的珠江三角洲地区形成强大的竞争压力。因此，如何促进这个中国经济发展实力和辐射带动能力最强的地区之一粤港澳经济圈发展，需要三地政府从全球视野出发去认真组织研究并寻求解决之道，使粤港澳成为世界上最具活力与竞争力的经济区域。

2008年初，广东省委书记汪洋启动深化粤港澳合作的调研，进入7月盛夏，粤港澳深化合作话题迅速升温。从7月3日开幕的为期3天的“2008粤港经济技术贸易合作交流会”，则向外界展现了粤港两地政府对粤港澳合作的支持和有力推动。据悉，本届交流会规模为历届之最，粤港双方共1500多人出席。7月5日—7日，国家副主席习近平在广东和香港调研时，都着重提及粤港澳合作。他指出，深化粤港澳合作，促进港澳经济发展，对于保持港澳长期繁荣稳定，彰显“一国两制”的成功实践，最终实现祖国统一大业，具有重要意义。这展示了海洋制度文化建设的效应。

这是山海相通的经济文化结合。粤港澳之间的合作，从更长远的发展目标和更广阔的发展空间考虑，包括港澳在内的大珠三角地区，不仅在珠三角的某几个市，而且要对广东全省发挥更大的带动作用，同时进一步辐射中南、西南地区，成为“泛珠三角经济区”的核心区域，黄伟宗认为，这“显然标志着海洋经济和海洋文化与中国传统的江河文化、山地文化开始了从对撞到结合之势”。①

广东海洋经济由此进而影响东南亚，与东盟合作，形成更大范围的区域经济合作体，“大珠三角跳出了政制线，CAFTA 跳出了国境线。正是粤港两地借助泛珠三角和东盟携手走向全球化的好时机。”②。同时，还要加强和台湾的经济联系，让大珠三角经济区优化整合成新的经济圈。只有从更广阔的视野去考虑大珠三角的发展目标，在更大的范围实现资源整合，才能有效提升整个大珠三角世界级经济区和世界级大都会圈的创意含量，构筑大珠三角的区域核心竞争优势。

在新时期，广东省将坚持以开放的眼光和谋划粤港合作，与港澳各界携手共进，创新合作方式、拓展合作领域、丰富合作内容、提升合作层次，推动粤港澳合作全面深入持续发展，加快构建粤港澳紧密合作区，努力将包括粤港澳在内的大珠三角建设成为世界上最繁荣、最具活力的经济中心之一。

4. 培育具全球影响的海洋经济

广东作为岭海文化中心和世界性商贸中心，其经济文化能够借助自己独特的区位优势走向世界，已为历史和现实所证明。进入 21 世纪，广东省委、省政府确立了在全国率先基本实现现代化的宏伟目标，提出要“把广东放在世界地图上”的战略思路，努力拓展广东的国际地位，实现经济社会的跨越式发展。

广东以提高自主创新能力作为全面提升产业竞争力的新发展模式，已经具备雄厚的物质技术基础，具备了参与全球经济竞争的条件，营造了具有国际影响力和吸引力的社会人文环境。全球 500 强企业中，已经有 300 多家落户广东，广东企业成为众多跨国公司的原料供应商、装配中心、生产基地、市场拓展前沿乃至研究开发中心。看产值更看附加值，重引进更重掌握核心

① 黄伟宗：《海洋文化在广东的“前世今生”及如何再创新的辉煌》，广东省政府参事建议，2008 年 8 月 18 日。

② 何博传：《珠三角与长三角优劣论》，《广东九章》，广东人民出版社，2006 年版，第 315 页。

技术，正成为广东越来越多企业的价值观。广东工业正从以加工装配为主向以价值链上游的研发设计和下游的品牌营销等高附加值环节为主转变，并推动“广东制造”在全球产业链中从参与初级分工转向参与中高级分工。从来料加工、出口初级产品的外贸大省转变为拥有自主品牌的外贸强省。提高外源型经济水平，鼓励跨国公司到广东设立地区总部、研发中心、采购中心，引导外资重点投向高新技术产业。其中一个关键是加大创新力度，继续深入实施名牌带动战略，实现从来料加工到创意工厂、从简单制造到自主创新、从卖产品到卖品牌的一系列转变，积极参与全球产业链的中高级分工，力争成为拥有一批国际知名品牌的外贸强省。

广东进一步走向开放的世界，不再满足于在国际产业链和国际价值链低端生存的现状，而是努力提升在国际产业链和国际价值链中的地位；自主率先走向世界，实现由被动接受国际产业分工向自主参与国际产业分工的战略转变。“这是广东下一步经济社会发展带全局性、关键性的战略选择。”①

当前的发展充分证明，广东已日益成为世界经济竞争版图中的重要基地，在世界经济格局中占据日益重要的地位。根据自身经济发展面临的新问题和经济全球化、区域一体化的新趋势，广东在推动与港澳地区纵深合作、与珠江流域诸省构建泛珠三角经济体、率先对接东盟等方面接连取得突破，使全省外部发展环境不断优化。发挥这些显在和潜在的优势，参与到全球经济更高水平、更高层次的综合实力竞争，加快经济社会发展转型步伐，真正走上科学发展之路。

在经济全球化中，广东依据海洋，以世界性的大文化理念强化区域的交流与合作，提升海洋经济的竞争力和创造力，继续在世界舞台上绽放魅力。

三、海洋大省社会建设的创新

海洋大省的建设，遵循和谐文化价值取向，即崇尚和谐、追求和谐，坚持实行合作、互助、团结、稳定、有序的社会价值取向，包括和谐社会发展中与经济、政治、生态之间的协调，并且强调了经济、社会、政治、道德和精神利益的共享及合理的分配方式。对21世纪的广东来说，海洋大省建设就是要努力解决发展中的各种矛盾，协调经济、政治、文化和社会、城市和乡村、东中西部不同区域、人与海、人与人等关系的良性互动和协调发展，以

① 梁桂全：《全球视野 走向世界——二论解放思想》，《南方日报》，2008年2月19日。

实现海洋文化的可持续发展。社会建设就是其中一个重要内容。

提到社会建设，涉及一个概念即“海洋社会”。这并不是一个新名词。海洋社会是海洋社会学的核心概念，许多学者都对海洋社会作了界定。如杨国桢教授从海洋社会经济史的角度认为：“海洋社会是指在直接或间接的各种海洋活动中，人与海洋之间、人与人之间形成的各种关系的组合，包括海洋社会群体、海洋区域社会、海洋国家等不同层次的社会组织及其结构系统；海洋社会群体聚结的地域，如临海港市、岛屿和传统活动的海域，组成海洋区域社会。”① 庞玉珍教授则从社会学的角度认为：“海洋社会是人类缘于海洋、依托海洋而形成的特殊群体，这一群体以其独特的涉海行为、生活方式形成了一个具有特殊结构的地域共同体。”② 综合已有的研究，结合社会学理论中关于社会的解释，崔凤认为，“海洋社会是人类基于开发、利用和保护海洋的实践活动所形成的区域性人与人关系的总和。”③ 这些定义，都强调了海洋社会概念的核心因素。

海洋社会的研究，一般说来，包括海洋观调查与研究、海洋区域社会发展研究、海洋政策研究、海洋社会群体与社会组织研究、海洋渔村研究和海洋移民问题研究，等等。从海洋文化名城和华侨社会两个方面观察海洋社会群体的发展，了解21世纪以来现代社会的结构性变迁如何改变着滨海人们的生存空间和生存状态，是很好的切入口。

1. 打造海洋文化名城

新时期以来，广东城市化进程发展显著，其中表现出两大特点：“一是滨海。广东的大都市和大多数中等城市都建在海边和珠江出海口的江边，这自然与广东的地理环境有关。二是与海洋文化密切相关。”④ 广东海洋文化对中国近代历史的进程发挥过巨大的作用，哺育着滨海城市的崛起和成长。

广州、深圳、珠海、汕头、惠州和湛江六市形成海洋经济重点市。这些滨海城市的社会发展，从分布上看具有代表性，作为广东最具活力和开放力度的滨海城市，应该从战略高度重视和发展以海洋文化为主题的城市建设，促进海洋文化建设。打造海洋文化名城，这是广东滨海城市发展适应城市功能定位的必然选择。

---

① 杨国桢：《论海洋人文社会科学的概念磨合》，《厦门大学学报》（哲学社会科学版），2000年第1期。

② 庞玉珍：《海洋社会学：海洋问题的社会学阐释》，《中国海洋大学学报》（社会科学版），2004年第6期。

③ 崔凤：《海洋社会学：社会学应用研究的一项新探索》，《自然辩证法研究》，2006年第8期。

④ 林炳熙：《试论海洋文化优势与广东滨海城市建设》，《学术研究》，1998年第4期。

首先，打造海洋文化名城是提高广东城市核心竞争力的时代呼唤。当今世界已从工业文明时代进入后工业文明和生态文明时代，是高科技和文化时代，城市的未来以文化论输赢。个性是地域文化的生命，独具特色的城市文化能为一个城市在综合竞争中提供吸引力、凝聚力、辐射力。因此，发挥城市文化优势来经营城市，成为现代城市发展的重要着力点。其次，建设海洋文化名城是加快海洋经济、社会和文化发展的迫切需要。经济的发展需要文化为其提供精神动力、智力支持和价值引导，从而使广东海洋经济社会和文化能够在整个城市文化的宏观调控和微观运作下科学、有机地经营运转，最大限度地提高海洋资源使用效率，推进建设国际化城市目标的实现。第三，建设海洋文化名城是弘扬海洋先进文化的客观要求。与国际全面接轨，海洋文化是重要通道，它在任何时候都代表了当时的一种先进文化，顺应了世界范围内的文化发展潮流，注入了国际化开放性因素，在促进进一步解放思想、加强改革开放、培育创新精神等方面发挥了重要作用，这样的文化特征与广东实施对外开放、建设海洋大省的战略文化需求非常适合。

作为海洋文化大省，广东滨海城市很多，但是，响彻世界的海洋文化名城却寥寥无几。并且，在这些城市的建设规划中，海洋文化的因素或者得不到足够重视，或者缺乏系统构建，或者力度不大。海洋文化名城建设，必须尊重历史，又要在继承的基础上仔细规划，在历史、传统的海洋文化中发掘出现代化海洋城市建设的文化瑰宝，在传承中繁荣发展海洋文化。

海洋文化名城建设是一项系统工程，既要立足当前，又要着眼长远，合理规划。首先，广东这几个重要的滨海城市要充分挖掘海洋文化资源，向社会广泛传播广东这些文化资源的独特“家底”，并深入挖掘，做出时代的、人文价值的全方位评价，处理好海洋文化资源保护与发展的关系。其次，要创新观念，切实增强海洋文化的发展活力。广东应从城市战略发展的高度，树立建设海洋大市、海洋文化名城的观念，制定海洋文化名城的发展规划，围绕海洋文化名城搞创新。第三，根据城市历史发展的自然景观、人文景观、区域经济环境等特质，通过系统分析、科学论证、战略决策，对各种景观特质资源进行合理配置，形成新的城市文化特色和海洋文化的新亮点，而且不应只停留在人文、山水之间，而应延伸到整个城市建筑风貌中，渗透到经济发展与产业的布局中去。第四，在城市建设之中努力打造海洋文化精品，建设好一批海洋文化景点，开辟一条海洋文化走廊，兴建海洋文化教育基地，命名一批具有海洋特色的街道和商店，将城市的一些标志物改建成一些具有海洋特色的图标，举办全国乃至国际性的海洋文化活动，等等，用品牌重点突出海洋文化城市特色。第五，争取各方面扶持海洋文化产业的优惠政策，支持和鼓励社会投资，要重组和调整文化产业结构，创新和开发文化新产品与服务，大力发展具有知识产权和竞争力的支柱产业，使海洋文化产业成为广东海洋事业发展的一个新增长点。第六，要积极吸引各类海洋文化建设专家和人才，整合本市人才资源，在接纳和传承海洋文明时，更需要对其他地区或民族的优秀海洋文化成果予以利用，抓好海洋文化理论研究和教育宣传工作。

比如珠海，珠江八个出海口，在珠海境内的就有五个，是名副其实的滨海城市。它不但是一个著名的海滨城市、经济特区，而且是一块海洋文化人文资源丰富的文化名城。利玛窦就是从澳门经珠海，到达当时“两广总督”首府——肇庆。开始传播西洋文化活动的西方现代文明最早是从澳门、珠海进入中国大陆，这里成为海洋文化涌进中国的第一站。它还是中国留学文化的发祥地，有着源远流长的留学文化。出生于珠海南屏的容闳是中国第一位留学生，开启了中国人海外留学的历史。后来，我国第一位留学英国的黄定、第一批留日学生中的唐宝愕等，也都是珠海人。以容闳为代表的这些人物是中国最早的海洋文化的接受者和传播者，他们同时也代表和体现着珠海是中国近百年来最早的海洋文化的接受地和传播地。珠海是一块可以起到连接海洋文化的历史和现实的纽带作用，并且使海洋文化与大陆文化更好地结合和交融的宝地。中国第一本英汉词典、日汉词典、第一家工厂、第一座矿山、第一条铁路、第一份华商报纸、第一位大学校长等，也都与珠海有关，因此，有学者把珠海定位为中国海洋文化第一港。广东省省委书记汪洋同志考察珠海后提出，要用海洋文化观念指导珠海发展，并通过珠海这个跳板，影响广东和全国。珠海拥有如此丰厚的海洋历史文化特色，在城市建设中就应高高举起海洋文化名城的品牌，跻身国际滨海城市之列。

以此类推，广东重要的滨海城市应该大力弘扬先进的海洋文化，建设海洋文化名城，促进海洋文化和谐发展，并率先进入世界海洋文化发展的大潮中。

2. 华侨华人社会的重构

广东是中国的海洋大省，海洋孕育了华侨。广东自古以来就是中国海上贸易和移民出洋最早、最多的省份。据史学界考证，广东人民移居海外，大体从唐朝末年或宋朝开始。广东成为全国最大的侨乡。

30 年来，广东经济社会发展取得了举世瞩目的成就，这离不开广大海外侨胞和港澳台同胞的大力支持。一直以来，海外华侨华人以聪明、勤劳、善良的优秀品质在世界各国赢得好口碑，为中国实现和平崛起创造了条件，是中国走向世界的重要桥梁，是广东引进境外先进技术、资金和人才的重要组带。目前散居世界各地的数千万华侨、华人中，祖籍广东的就有 2 000 多万，占全国的三分之二。① 他们遍布世界五大洲的 100 多个国家和地区。从辛亥革命、北伐、抗日一直到现在，华侨华人情系祖国，反哺故土，对近代和当代中国每个阶段的发展，都曾作出举足轻重的贡献。随着越来越多的华侨华人在居住国从谋生者到主人翁的成功转变，华侨华人让世界了解中国、让中国走向世界的角色日渐凸显。

在中国改革开放的进程中，分布在海外 100 多个国家和地区的华侨华人发挥了不可替代的重要作用。中国改革开放正是抓住了华侨华人众多的基本国情，4 个特区全部设在侨乡，从引进侨资“一马当先”，到各种因素的“万马奔腾”。在“引进来”方面，华商侨资最早进入内地，也是最主要的海外投资来源。随着经济全球化的发展，在“走出去”的新阶段，越来越多的华侨华人成为中国资本“走出去”的领路人，他们又与内地企业结伴，通过他们的渠道，海外侨商的网络影响把我们的产品带出去，将大量中国名牌产品引入全球市场，一起开拓世界。

这说明，中国的改革开放给了华侨华人一个发展的机遇；另一方面，新华侨华人走出国门，也促进了中国的产品走向世界，尤其是把中国的文化传播到世界各地，形成了双赢的局面。可以说，华侨华人与中国的关系，与中国的经济联系，从来没有像今天这样紧密，并呈现出非常强劲的发展势头。

今天，华侨社会的发展趋势出现较大的变化。这使广东的海外交流与合作呈现复杂局面，为广东“走出去”带来了许多新的机遇。

其一，华侨华人社会的发展呈现地区差异性。② 这差异出现在发达国家和东南亚之间。一方面，北美、西欧、澳大利亚、日本等发达国家华侨华人社会的总量还将不断增长，素质进一步提高。发达国家的华侨华人很大一部分是最近二三十年移入的新华人，这批新华人数量多，素质高，积极融入所在国的主流社会，与祖籍国保持密切的联系，已经成为发达国家华侨华人社会的中坚力量，使得发达国家的华社出现“老、新、新新”三者并存的状况。另一方面，东南亚华人数量不会出现大幅度增长。自二战结束后，基本上没有再出现前往东南亚地区的新移民，由于战乱、社会动荡、反华排华，甚至还出现了东南亚华侨华人大规模移入欧美原殖民地宗主国的再移民的浪潮。此外，东南亚华侨华人社会中的第二、第三代华裔大都出生在当地，已基本

---

① 数据来源于广东省政府门户网站《侨乡概况》。

② 侯松岭、汪波：《华侨华人社会百年变迁及 21 世纪发展趋势》，《东南亚纵横》，2003 年第 7 期。

"本土化"，随着老华人的相继离世，他们的后辈与祖籍国联系的纽带出现断裂，中华文化的传承面临危机。广东正好可以利用优势去弥补断层，渗透文化，提升认同。

其二，从华侨社会变成华人社会。[①] 这带来多元的认同方式。华人社会结构的变化是一个根本性的变化。在数千万海外华侨华人中，百分之九十加入了居住国的国籍，持居住国的护照。持中华人民共和国护照的华侨约百分之十，大量的华侨成为华人。另外，华侨的第二代、第三代，也就是华裔，已经融入了当地的主流社会，成为华人社会的中坚力量，这是华人社会结构的一个变化。在这个变化中，有两种新情况值得我们重视。一是新华侨成为新华人的速度较快。以往的华侨一般要经历几十年才变成华人，而现在的新移民，为了生存和发展，几年之内就加入了居住国的国籍，成为外籍华人了。二是混血华裔对中华民族的认同感越来越强烈。

其三，华人心态的从"落叶归根"到"世界公民"[②]。广东应该主动创造"家园"的良好氛围，引领海外华侨华人"回家"交流合作。随着世界经济结构和格局的变化、华人社会结构的转变，华人的心态也发生了根本的变化。第一代华侨华人的心态是"落叶归根"，他们到国外去只是为了谋生，总是希望赚到钱后，衣锦还乡。这才产生了开平、台山的一大批带有浓厚的西方文化色彩的侨乡建筑群。第二代华人的心态已经从"落叶归根"转变为"落地生根"，他们改变了衣锦还乡的观念，而要在当地生根、发展。他们以居住国为自己的祖国，不再以中国为他们的祖国。特别是新加坡、马来西亚等国家的华人，第三代华人对中国大陆不大了解，他们对中国的印象是其祖父母留给他们的，所以常常认为中国仍然是贫穷落后的国家。因为经济的一体化，因为地球村的出现，华人成了"世界公民"，他们既不是"落地生根"，也不是"落叶归根"，而是"脚到便是家"。哪里有发展机遇哪里就是家。人在哪里，家就在哪里。广东构建良好的文化氛围，更应"筑巢引凤"，把这批"世界公民"引领到海洋文化深厚的热土上来，建立一个有普世意义的精神家园。

其四，华侨华人社团的国际化趋势将进一步加强。[③] 广东应加强与这些民间团体的沟通，推动双方共同走向开放的世界。随着华侨社会的发展，一种以血缘、地缘、业缘关系为基础，以团结互助和举办公益事业为宗旨的华侨

---

① 吕伟雄：《海外侨情的新变化和我们的对策》，侨之桥网，2007 年 7 月 26 日。

② 吕伟雄：《海外侨情的新变化和我们的对策》，侨之桥网，2007 年 7 月 26 日。

③ 侯松岭、汪波：《华侨华人社会百年变迁及 21 世纪发展趋势》，《东南亚纵横》，2003 年第 7 期。

社团渐次发展起来，努力开展促进中国统一的各项活动。这些组织，在不同时期，不同方面凝聚了华侨的乡情，在传承中华文化、促进华人经济发展、加强全世界华商之间的联系、合作和沟通等方面发挥着巨大的作用。21世纪，作为华侨华人社会支柱之一的华人社团的职能有扩大的趋势。这些团体除了为同乡同宗人士提供福利和教育上的帮助，还促进了具有世界影响力的华商网络的发展，为华人拓展商业与社会网络提供了一个新平台。因此，广东应加强与华人社团的联系。

其五，华侨华人社会的经济发展。政治参与、文化融合的不均衡发展还将继续下去。[①] 未来华侨华人社会更呈现多元化。从经济发展看，海外华侨华人在经济领域里所取得的成就有目共睹，华人经济已经成为所在国经济的重要组成部分，为所在国经济的发展与繁荣作出了贡献，伴随着经济全球化，未来华人经济将朝着多元化、知识化、产业化方向发展。从政治参与看，华侨华人社会百年的发展历史表明，华人的政治参与往往滞后于华人在经济方面的发展，华人对所在国的政治认同与文化认同还存在着不同步发展的趋势，在参政议政的漫长道路上更是荆棘丛生，在今后相当长的一段时间内，华人在谋求融入所在国主流社会的过程中，还会遇到这样或那样的困难和阻力。广东应更主动发挥故乡凝聚力与影响力，促进华侨华人社会良性发展。

广东要实现海洋强省的战略，就要善用海外关系，提升广东优势，同时高度重视新一代华侨华人社会的变化。只要大家共同努力，不管华侨华人社会出现何种变化，华侨华人社会与中国的互动关系都将朝着良性方向发展。不管是中国大陆移民，还是港澳台移民和东南亚华人移民，他们身在异乡总是容易携手共进，为谋求华人社会的共同利益，发挥“民间大使”作用，巩固中国周边地缘战略依托，为中国赢得更有利的和平发展的国际环境和周边环境，交流资金和信息，为居住国和祖籍国的社会、经济和文化发展作出重大的贡献。

四、海洋大省文化建设的提升

广东海洋文化在历史沉淀中集聚了高位文化势能，形成了文化梯度力，这给海洋大省战略的实践所需要的物质文化、制度文化和精神文化各系统结构相互作用打下了较好的基础，从而促进海洋文化自身结构和内涵的更新

① 侯松岭、汪波：《华侨华人社会百年变迁及21世纪发展趋势》，《东南亚纵横》，2003年第7期。

并为创建海洋文化大省的对外传播、扩散，辐射周边，走出国门，走向世界提供不竭动力。

1. 海洋文化的系统开发

广东海洋事业正处在一个重要的战略发展机遇期。切实搞好海洋文化建设，提高全民族的海洋意识，是时代的要求，是广东海洋事业发展的迫切需要。为此，我们必须以中国特色社会主义理论体系为指导，围绕和服务海洋大省的战略目标，大力弘扬海洋文化核心价值，积极推进海洋文化创新，发展海洋文化产业，增强海洋文化发展活力。

（1）擦亮海洋文化遗产品牌。

由于海洋文化在广东文化中具有举足轻重的意义，在广东的各种文化品牌中，海洋文化的品牌成为一道美丽的风景线。

广东是海洋大省，是“海上丝绸之路”的发祥地，拥有许多海洋文化遗产。目前，广东有沿海海防堡垒、炮台共71处，其中：国家级保护单位11处，省级6处，市县级13处，没有列入保护的41处。广东海洋文化遗产的代表作有“南海一号”、南海神庙、海上丝绸之路、十三行等遗址和遗物。广东与海洋相关的非物质文化遗产也有很多，比如著名的人龙舞、咸水歌等。

改革开放30年来，广东对海洋文化遗产的研究和弘扬取得了很大进展。许多文化品牌地位得到确认，并有了较高的知名度；有许多尚未开发的文化品牌表现为历史文化资源的形式，保护工作也有较大的进展。然而，毋庸讳言，我们对海洋文化的重要遗存保护和开发还是不到位。像海上丝绸之路、粤东樟林古港红头船遗址、南海一号沉船、粤海关、黄埔古港、南海神庙、十三行、南澳和五邑明清海防与海岸线文物的保护、重建，以及研究和开发利用等方面，还没有达到较为理想的状况。一些依靠口头和行为传承的文化遗产随着老传承人的离世、后继者青黄不接而逐年消失；一些传统技艺由于缺乏市场而濒临消亡，前景不容乐观。

丰富的海洋文化资源是广东海洋大省建设和现代化建设的宝贵财富和特殊资源。打造海洋文化品牌，是一项关乎广东社会变迁、发展后劲和竞争力、建设创新型和谐社会的基础性工作。所以，接下来要做的，首先是要依照文物法对现有的海洋文化资源进行全面的摸底，建立起文化遗产保护、开发和利用的中长期发展规划；其次，紧密结合各地区海洋文化资源的结构和特点，大力发展海洋博览业和旅游业，也就是把自然风光跟历史人文景观结合起来，不断提高海洋文化产业的规模化、专业化水平，努力打造并形成一批具有岭南气派、体现时代精神、品位高雅的海洋文化品牌。正如专家所建议的，在阳江市利用“南海一号”、广东海上丝绸之路博物馆和海陵岛资源，建设世界性的海上丝绸之路文化博览中心和海上童趣乐园；而广州市，可利用其是世界唯一的三千年不冻港、中国海上丝绸之路发祥地和南方文化中心的优势，建设为世界性的海洋文化博览中心、世界海洋文化学术研究和交流中心。[①]

第三，大力扶持具有广东海洋文化特色的文化艺术产品的出口。在对外文化交流与合作中，进一步放宽对外交流政策，推动优秀海洋文化产品的数字化、网络化，以资源整合和体制创新为手段，组建文化产业集团，培育文化产业群体，做大做强海洋文化产业。

（2）弘扬历史文化名人与海洋文化精神。

历史文化名人是地方历史文化鲜活的标记和典型，他们所承载的历史人文精神是历史人文资源的核心内容。广东与海洋文化有关的历史文化名人众多，那些深刻改变了中国近代历史方向的人物如思想家康有为、革命家孙中山、中国留学生之父容闳等海洋文化之子，他们的精神就是海洋文化的代表。其思想的发掘和传承，对于弘扬海洋文化精神，承传广东珍贵的人文传统，建设海洋文化大省有着重要的意义。

广东省对历史名人资源的开发是重视的，但对思想文化特别是人文精神的重视还是不够，对这些资源的系统开发也缺乏足够的重视。理论建设的意识尤见淡漠。

对历史名人资源的开发，不仅应看重它的文物价值，更应注意发掘他们所共有的精神价值。这些广东的“精神名片”，作为广东历史遗产和时代精神的象征，充满智慧，要使其深入人心，成为共识，我们任重道远。

（3）大力营造海洋竞技文化和海洋饮食文化。

广东海岸线长，沙滩和海水资源丰富，适合发展海洋竞技文化，可以发展海钓、游泳、帆船、帆板、摩托艇、冲浪、滑水、划船、水上飞机和沙滩足球、沙滩排球等运动。还可以发展游艇文化，建设游艇帆船产业群，加强游艇码头基础设施建设，组织相关论坛、赛事等活动，营造文化平台，促进广东游艇产业快速健康发展。同时，大力发挥海洋饮食文化的传统优势，品尝海鲜风味餐饮，体会海洋风情，创新海洋文明。

（4）滨海城市举办海洋文化节。

这在其他省份已有成功先例。浙江的舟山海洋文化节已成为浙江节庆文化的一个招牌。2008 年奥运会在青岛市举办奥帆赛，标志着山东海洋文化活动进一步走向世界。广东在这方面有很大的发展空间，可以开展一些与国际

① 黄伟宗：《广东海洋文化的“前世今生”以及如何再创辉煌》，广东省政府参事建议，2008 年 8 月 18 日。

接轨的海洋文化活动，加强海洋文化建设的国际交流，吸收各国优秀海洋文明成果，增强广东海洋文化的国际影响力。有学者提出广东争取申办2012年世界海洋（经济、科技、文化）博览会，这样世界性的海洋文化盛典，对于加强广东省与世界各国的文化交流、提升广东海洋大省竞争力和文化软实力以及增强我国人民和海外华侨华人的凝聚力等等，将会是一个广阔的平台。

（5）大力扶持和开展海洋文化研究。自19世纪以来，以黑格尔为代表的西方学者总认为海洋文化是西方的专利，其实不然。广东作为海洋大省，要继续发展海洋学科教育事业，举办各种“珠江文化”、“海上丝绸之路”、广东“海洋文化”研讨会，以及各种以海洋文化为亮点的文博会。并且，加强海洋文化的研究深度，不仅要研究海洋历史文化，也要研究海洋现代文化、海洋军事文化、海洋民俗文化、海洋科技文化和海洋社会文化，尤其是着力研究中西方海洋文化的异同，建立中国海洋文化的理论和学术体系。广东省应当设立海洋文化的学术研究机构，将海洋文化研究列入重点项目，包括组织编写广东以至全国的海洋文化史。还应当在适当的时候，举办全国性或世界性的海洋文化学术论坛，在世界上确立中国海洋文化应有的学术地位和影响力。

新世纪、新发展、新挑战，海洋世纪呼唤海洋文化，进一步加大社会主义海洋文化建设的力度，让传统的海洋文化为新时代的海洋事业服务，在继承中创新，同时加强吸收、研究、消化国外先进的海洋文化，普及海洋基础教育，提高海洋意识，进而形成全社会热爱海洋、关注海洋、开发海洋、保护海洋的良好氛围，推动广东文化大发展、大繁荣，是我们艰巨而又光荣的使命。

2. 实施文化“走出去”战略

“走出去”战略是对外开放新阶段的重大举措。从广东对外开放的实践看，实施“走出去”战略，既是顺应当今世界经济发展趋势的战略选择，也是率先基本实现社会主义现代化的必由之路。过去通过“请进来”的战略，使广东经济释放出巨大能量。现在将“引进来”与“走出去”结合起来，最大限度地利用国内外两种资源、两个市场，我们才能够争得主动，形成更高层次的战略布局。广东文化“走出去”战略，就是凭借WTO提供的全球文化市场平台，抓住文化产业链的两端——资源配置与市场拓展，通过品牌经营，整合发力，从而形成具有广东特色的文化发展举措。

经过几年的发展，广东文化“走出去”战略呈现特色。政府在实施“走出去”战略中采取了“分步走出去”的战略：一是瞄准国内文化市场，构建粤港澳“金三角”文化交流网，争取在国内文化市场保持市场主体地位。二是利用文化亲和力，辐射港台、东南亚华人文化圈，韩国、日本等亚洲汉字文化圈。三是进军文化产品国际贸易的主流市场欧美。广东广电积极参与境外和国际文化交流与合作，扩大广播电视节目在全球的覆盖率，成功地实现了“走出去”战略。其中，广东电台的广播节目通过日本NHK电台和英国“世界广播网”向130多个国家和地区播出。2004年，广东电视台珠江频道海外版通过美国亚特兰大直播卫星公司，上星覆盖北美、南美、中美洲和欧洲及南非等地区，全天24小时滚动播出。同年，南方卫视通过亚太1A卫星正式播出，先后在北美、亚洲、澳洲、欧洲落地。广东电视台珠江频道和南方卫视相继进入港澳有线网，近80万港澳有线电视用户可以同步收看两台的节目。广东电视台与马来西亚联合推出家娱频道，进入马来西亚家庭并覆盖整个东南亚。近几年来，南方广播影视传媒集团还与香港、澳门、英国、美国、德国、丹麦、加拿大、新加坡、马来西亚、韩国等30个国家和地区签订了对外合作项目36个。

值得一提的是粤港澳“金三角”文化交流网。广东发挥地处改革开放前沿、毗邻港澳、海外华侨众多、对外交往频繁等优势，特别加强港澳文化方面的合作，努力构建粤港澳这一“金三角”文化交流网，以实现更大的“互补”和“双赢”。充分利用广东丰富的人文资源和文化品牌，建立完善粤港澳三地文化合作机制。音像、出版等产品的生产和出口，与港澳的合作规模大，成交畅旺，广东在全国是独占鳌头的。香港“点心卫视”是另一个典型个案，广东电视台利用自身所拥有的节目资源优势，支持、配合香港爱国爱港资本机构新开办一家粤语电视媒体，以扩大电视外宣阵地，加大对粤港澳大珠江三角洲地区的宣传力度，扩大广东乃至中国内地对港澳地区的文化影响力及文化凝聚力。通过几年的前期谈判，2005年6月1日，经过与香港合作方的协商，签订了“合作框架协议”，开始了粤港频道节目试版工作并在香港播出。

在建设文化大省规划中，“体制创新战略”强调以开放促改革、促发展，充分开发和利用国际国内两种资源、两个市场，广泛吸收国内外优秀文化成果，不断增强广东文化的吸引力、感召力和竞争力，形成具有开放、开拓、开创精神的广东文化。在“科技提升战略”里，要求推动文化建设与科技进步的有机结合，以科技进步促进文化产业升级，大力发展文化科技和科技文化。积极发展外向型文化产业，大力发展科技文化结合型企业。“精品推进战略”则重在积极开发和培育具有国内国际竞争力和影响力的文化品牌，树立广东文化形象，提升广东文化地位。

按照文化经济战略的精神，广东文化“走出去”战略以外向型文化产业为拓展方向，以文化产业的国际化带动广东经济的国际化和广东形象的国际化，从而形成合力，向世界展示了我们的整体风貌。

3. 进一步增强文化对外开放优势

建设海洋文化大省更要强调扩大对外文化交流。

进一步增强文化对外开放优势。继续发挥华侨华人的辐射作用，充分利用在海外拥有数万粤籍侨胞的人缘地缘优势，进一步拓展与港澳台地区和外国多边文化的交流与合作，加强与华侨华人的联谊等工作。按照“多出进好”的原则，巩固、发展港澳台和东南亚文艺演出市场，积极开发欧美等文艺演出市场，积极引进境外优秀文化品牌和优秀文化项目。政府鼓励有条件的文化企事业单位与境外知名文化机构合作，在境外合办报刊、出版社、频道、节目和展览。扩大与境外媒体的合作，利用其市场和网络优势，进一步拓宽广东广播影视节目和频道（频率）在海外落地渠道，增加落点，扩大影响。加强出版对外贸易和版权贸易，鼓励支持省内出版单位与港澳台乃至国外出版企业开展多方位、有深度的合作，联合出版、发行，定期在海外举办出版物展销，推动广东出版物走向世界。增加广播电视上星频道，探索与境外合作上星，开拓国际广播影视业市场。

在这些方面，广东行动得早，成效较为显著。广东对外文化交流好戏连台，文艺演出、出版和影视等文化产业主动走出去开拓国际市场，有力地配合了国家的整体外交，为广东的现代化建设营造了良好的国际环境，岭南文化在异国他乡绽放出绚丽的光彩。

具有民族特色、岭南特色的，具有市场竞争力的文化产品和文化项目走向国际市场是最受欢迎的。广东的海外商业演出市场范围已涉及五大洲的50多个国家，杂技、粤剧、潮剧、现代舞等艺术品种在欧美、新加坡、马来西亚、泰国等地已建立了较稳定的演出市场。广东对外商业性演出、展销等文化交流项目的创汇额一直居于全国各省前列。广东的会展业更是独树一帜，加强与国际会展业权威机构的合作，促使会展业尽快走向国际化，建成一批全国及世界性的会展品牌，确立华南地区会展业中心的地位。先后涌现出了广交会、深圳高交会、珠海航空展、广州留学生科技交流会、中小企业博览会等一批规模大、信誉好、影响力强、国际化程度高的知名会展品牌。近年广东（深圳）国际文化产业博览会崛起，成为国家对外文化交流的一个品牌。2005 年，广东会展业收入占全国会展总收入的 1/3，它正开始成为推动广东省经济发展的新产业引擎。

实施广东文化“走出去”战略，还可以有多种多样的途径，到国外去从事友好交流，或进行文化贸易，当然是“走出去”，但这仅仅是其中的一种方式。如做大做强做好来华旅游，扩大来华留学名额，大力开展访问学者项目，创办更多的外文语种报刊电视节目等，通过这种方法推介中国文化同样可以达到“走出去”的目的，因此，“请进来”也就是“走出去”。如美国的“富布赖特项目”及金额不菲的奖学金项目吸引着世界各国的青年，每年约有50万留学生在美国学习，这就意味着他们将会把美国的文化带回各自的祖国。广东经济文化社会均较发达，可以此为借鉴，可以通过“请进来”的战术达到“走出去”的战略目的。

广东文化“走出去”战略的实施，既顺应了世界文化发展的潮流与趋势，又充分发挥了广东文化自身的特点与优势；它既创新了广东海洋文化，又使广东文化产业的发展如虎添翼，构建综合发展的海洋大省，在走向世界的过程中使自身的文化事业的发展与先进文化的前进方向一致。

黑格尔曾感叹，大海以浩浩无际和渺渺无限震撼人类，也邀请人类从事征服、挑战之能事；人类在容易感到渺小的同时，也被激起了勇气，要去超越那有限的一切。当今世界正在掀起一场蓝色海洋开发浪潮，沿海国家纷纷制定21世纪蓝色海洋国家战略。有学者在总结“后郑和时代”中国海洋发展史之后，作出判断：“海洋文化盛国则强于世界，海洋文化衰国则落后于世界。这就是我们总结后郑和时代中国海洋文化由开放走向内敛而得出的结论。”①21世纪蓝色文明的全面勃兴，确实展示出了先进生产力的发展要求与先进文化的前进方向一致，这也是我们的努力目标。

在海洋开发大背景下，广东进入新一轮改革进程。

新一轮的思想解放推进新一轮的大发展，更需要的是海洋经济的大发展以及海洋文化的大提升；丰富的海洋空间资源和自然资源为广东经济社会发展提供了可持续发展的物质财富。广东雄心勃勃，在海洋经济建设上大步向前，预计在“十一五”期间，把海洋产业建设成为广东的重要支柱产业。同时，我们进一步解放思想，依照科学发展观的指导方针，秉承人海和谐发展理念，因海制宜，重视海洋文化“软实力”，协调发展社会和文化战略，提升与广东经济发展相适应的海洋文化竞争力，使我们的“软实力”真正“硬”起来，实现海洋文化又好又快地可持续发展，探索有广东特色的海洋文化发展新路。

中国海洋文化的时代命题是走向开放的世界。广东在这一命题下，对外开拓、对外辐射，致力于区位优势与综合竞争力的重建，引领一种全新的海洋文化，最终走向人与自然、人类自身的共生共存，这是新广东人的激情所在、动力所在。

21世纪广东腾飞的引擎在海洋。在动力澎湃中，广东将劈波斩浪，走向世界，走向蓝色文明。

---

① 马志荣、薛三让：《后郑和时代：中国海洋文化由开放走向内敛的现代思考》，《西北师范大学学报》（社会科学版），2007年第5期。

参考文献

书籍：

1. 中共中央马克思恩格斯列宁斯大林著作编译局编译：《马克思恩格斯全集》第1、20、25卷，人民出版社1997年版。
2. 邓小平：《邓小平文选》第3卷，人民出版社1993年版。
3. ［德］黑格尔：《历史哲学》，王造时译，上海书店出版社2006年版。
4. 孙中山：《民生主义》，《孙中山选集》，人民出版社1981年版。
5. 梁启超：《饮冰室合集·文集》，中华书局1989年版。
6. 中共广东省委宣传部：《改革开放三十年历史回顾与经验启示》，广东人民出版社2008年版。
7. 《邓小平文选》第2卷，人民出版社1994年版。
8. 《习仲勋主政广东》编委会：：《习仲勋主政广东》，中共党史出版社2007年版。
9. 中共中央党校研究室：《攻坚：十七大后中国政治体制改革研究报告》，新疆生产建设兵团出版社2007年版。
10. 中共广东省委党史研究室：《中国共产党广东历史大事记》（1949年10月至2004年9月），广东人民出版社2005年版。
11. 林若等：《改革开放在广东——先走一步的实践与思考》，广东高等教育出版社1992年版。
12. 赵勇：《整合与颠覆：大众文化的辩证法》，北京大学出版社2005年版。
13. L.贝塔兰菲：《一般系统论》，社会科学文献出版社1987年版。
14. 广东百科全书编撰委员会、中国大百科全书出版编辑部：《广东百科全书》，中国大百科全书出版社2008年版。
15. 中共广东省委宣传部、中共广东省委政策研究室、广东省社会科学院、中共深圳市委联合课题组：《跨世纪发展的历史使命——深圳建设有中国特色社会主义和率先基本实现现代化示范市研究》，广东经济出版社 2000 年版。

16. 蒋祖缘、方志钦：《简明广东史》，广东人民出版社 1993 年版。
17. 王荣武、梁松等：《广东海洋经济》，广东人民出版社 1998 年版。
18. 张磊等：《岭南文化志》，上海人民出版社 1998 年版。
19. 谢名家等：《文化经济：时代的坐标——社会发展战略研究》，人民出版社 2006 年版。
20. 李权时主编，李明华、韩强副主编：《岭南文化》，广东人民出版社 1993 年版。
21. 李权时主编，周祯祥副主编：《岭南文化现代精神》，广州出版社 2001 年版。
22. 陈乃刚：《岭南文化》，同济大学出版社，1990 年版。
23. 岭南文化百科全书编纂委员会：《岭南文化百科全书》，中国大百科全书出版社 2006 年版。
24. 杨东平：《城市季风》，东方出版社 1994 年版。
25. 钟南山、王经伦、钟晓毅等：《人文新走向：广东抗非实践中人文精神的构建》，花城出版社 2007 年版。
27. 韩强：《绿色城市》，广东人民出版社 1998 年版。
28. 黄树森：《广东九章》，广东人民出版社 2006 年版。
29. 广东炎黄文化研究会：《岭峤春秋——岭南文化论集（一）》，中国大百科全书出版社 1994 年版。
30. 广东炎黄文化研究会：《岭峤春秋》（一、二、三），中国社会科学出版社 1995 年版。
31. 周義：《先声广东——社会转型下广东科学发展之道探究》，中国评论学术出版社 2007 年版。
32. [美] 约翰·R.霍尔，玛丽·乔·尼兹：《文化：社会学的视野》，商务印书馆 2004 年版。
33. 郭齐勇：《文化学概论》，湖北人民出版社 1990 年版。
34. 广州历史文化名城研究会、广州市荔湾区地方志编撰委员会：《广州十三行沧桑》，广东省地图出版社 2002 年版。
35. 李庆新：《海上丝绸之路》，五洲传播出版社 2006 年版。

36. 顾涧清等著：《广东海上丝绸之路研究》，广东人民出版社 2008 年版。
37. 陈炎：《海上丝绸之路与中外文化交流》，北京大学出版社 2002 年版。
38. 李庆新：《明代海外贸易制度》，社会科学文献出版社 2007 年版。
39. 柳和勇：《舟山群岛海洋文化论》，海洋出版社 2006 年版。
40. 黄顺力：《海洋迷思——中国海洋观的传统与变迁》，江西高校出版社 1999 年版。
41. 叶曙明：《万花之城》，花城出版社 2008 年版。
42. 罗香林：《客家研究导论》，台湾东文图书股份有限公司 1981 年版。
43. 张渠：《粤东闻见录·南越游记》，广东高等教育出版社 1990 年版。
44. 广东年鉴编纂委员会：《广东年鉴》（1983—2007），广东年鉴社。

文章：

1.《温家宝深圳特区讲话：顺应新形势　办出新特色》，科技部门户网站：www. most. goc. cn，2005 年 9 月 26 日。
2. 林雄：《在新的历史起点上迈出思想解放的新步伐》，在广东省党校的报告，2008 年 7 月。
3. 马志荣、薛三让：《后郑和时代：中国海洋文化由开放走向内敛的现代思考》，《西北师范大学学报》（社会科学版），2007 年第 5 期。
4. 王诗成：《关于实施海洋可持续发展战略的思考》，《海洋信息》，2001 年第 3 期。
5. 张福祥：《中国海洋开发的战略定位》，《西安电子科技大学学报》（社会科学版），1999 年第 2 期。
6. 杨国桢：《论海洋人文社会科学的概念磨合》，《厦门大学学报》（哲学社会科学版），2000 年第 1 期。
7. 杨国桢：《人海和谐：新海洋观与 21 世纪的社会发展》，《厦门大学学报》（哲学社会科学版），2005 年第 3 期。
8. 一介：《 广东召开第四次海洋文化研讨会》，《中央民族大学学报》（哲学社会科学版），2001 年第 1 期。
9. 靳怀堵：《华夏海洋文化》，海河水利网 http：//www. hwcc. com. cn，

2003 年 8 月 12 日。

10. 李德元：《海疆迷失：对中国传统海疆观念的反思》《厦门大学学报》（哲学社会科学版），2006 年第 2 期。

11. 蒋铁民：《21 世纪我国海洋经济可持续发展的展望》，《青岛海洋大学学报》，1998 年第 2 期。

12. 江建国：《立足特色　大力推进海洋文化建设》，《江南论坛》，2005 年第 8 期。

13. 林炳熙：《试论海洋文化优势与广东滨海城市建设》，《学术研究》，1998 年第 4 期。

14. 姜永兴：《勃兴海洋文化　发展蓝色文明——第四次（东莞）海洋文化研讨会综述》，《中国海洋大学学报》（社会科学版），2001 年第 3 期。

15. 闫臻：《海洋社会如何可能——一种社会学的思考》，《文史博览》，2006 年第 12 期。

16. 程希：《华侨华人：作为研究对象的“特殊性”及其与中国的关系》，《东南亚研究》，2005 年第 1 期。

17. 侯松岭、汪波：《华侨华人社会百年变迁及 21 世纪发展趋势》，《东南亚纵横》，2003 年第 7 期。

18. 曾少聪、曹善玉：《华人新移民研究》，《东南亚研究》，2005 年第 6 期。

19. 陈可文：《树立大海洋观念　发展大海洋产业——广东省海洋产业发展与广东海洋经济发展的相关分析》，《南方经济》，2001 年第 12 期。

20. 许维安：《论海洋文化及其与海洋经济的关系》，《湛江海洋大学学报》，2002 年第 10 期。

21. 王学渊：《海洋文化是一种先进文化》，《海洋论坛》，2003 年第 3 期。

22. 王祖温：《弘扬航海文化，建设航海强市》，岭南大讲坛·巡回论坛第 6 期。

23. 黄伟宗：《广东如何再创海洋文化新辉煌》，广东省政府参事建议，2008 年 8 月 18 日。

24. 覃如冰：《百越海洋文化初探》，《南宁师范高等专科学校学报》，2007年第3期。
25. 刘桂春、韩增林：《我国海洋文化的地理特征及其意义》，《海洋开发与管理》，2005年第3期。
26. 刘丽、袁书琪：《中国海洋文化的区域特征与区域开发》，《海洋开发与管理》，2005年第5期。
27. 叶澜涛：《再论中国古代南部海洋文化的农业性特征》，《广东海洋大学学报》，2007年第4期。
28. 刘福芳：《试论海洋文化的哲学内涵》，《理论学刊》，2006年第6期。
29. 曲金良：《中国海洋文化的早期历史与地理格局》，《浙江海洋学院学报》（人文社科版），2007年第9期。
30. 彭年：《南越族是中国古代海洋文化的先驱》，《中华文化论坛》，2004年第4期。
31. 郑松辉：《近代潮汕海洋文化特征的形成与发展》，《广东技术师范学院学报》，2006年第5期。
32. 陈乃刚：《海洋文化与岭南文化随笔》，《广西民族学院学报》（哲学社会科学版），1995年第4期。

后　　记

广东人从远古开始就已对海洋进行了开发利用。近代以来，广东实际上成了中国人通过海洋实现对外文化交流和贸易往来、吸收外来文明并进行创造性转化的主要平台。广东是中国历史上海外贸易和中西文化往来最早的几大口岸之一，广州港是中国唯一的两千年长盛不衰的出口港。海洋文化对于广东来说，几乎是一种专利：从历史角度来看，广东的思想开放和经济文化的繁荣离不开海洋贸易和对外文化交流；从现实眼光来看，广东人的思想解放和改革创新同样与海洋文化的影响分不开。现代广东的海洋文化特征主要有开放、多元、兼容等，尤其表现为“敢为天下先”。中国的改革开放最早选择广东，其牢固的海洋文化根基是根本原因之一。30 年来，古老的海洋文化在广东这块改革开放试验田中发挥了“酵母”的作用：开放、创新、拼搏、诚信、和谐等精神是广东海洋文化在新时期的结晶。

海洋文化是研究岭南文化、广东文化、越文化和珠江文化的一个核心课题。但是，学术界以往对广东海洋文化缺乏系统的总体性的研究，同时也未能充分确认这一独特文化形态的存在价值和重大贡献。为了加强这一研究，深入发掘广东海洋文化的内在生命力，促进广东海洋文化的未来发展，我们觉得，对改革开放 30 年来海洋文化在广东创新发展的经验和成果作一次系统总结，非常有必要。与此同时，广东省出版集团为了响应和贯彻广东省委提出的 2008 年“纪念改革开放 30 周年”、落实科学发展观、促进新一轮的思想解放、提升广东的文化竞争力、从而为实现广东社会经济持续发展、全面构建和谐广东的号召，策划出版“纪念改革开放 30 周年”系列丛书。于是，《敢为天下先——海洋文化广东创新三十年》就列入了本系列丛书的范畴。

本书围绕“广东海洋文化 30 年的创新”这一核心课题，分为三编：上编是关于广东海洋文化的综合研究，着重从总体特征、构成内容、历史线索以及精神内涵、价值体系等方面，勾画广东海洋文化的轮廓；中编以经济、制度、社会生活、文学艺术等专题的形式阐述了广东海洋文化在各个领域的创新表现，进一步揭示广东改革开放中的海洋文化基因；下编对广东海洋文化的发展前景作出展望，提出弘扬海洋文化、打造海洋大省的建设性意见。

近一年来，广东省社会科学院哲学与文化研究所发挥团队优势，全体研究人员精诚合作、严谨求实、努力钻研，顺利完成了这一庞大而复杂的研究工作。钟晓毅研究员和雷铎研究员在全书的筹划、出版方面做了大量工作；钟晓毅与吴爱萍负责全书的统稿及审定工作，付出了艰辛劳动；在拟定全书框架、调整提纲的过程中，吴爱萍、王海贤、揭英丽做了很多努力。本书各章的执笔者分别为：第一章、第二章第2节（吴爱萍）；第二章第1、3节、第三、四章（韩强）；第五章（冯立鳌）；第六章（王海贤）；第七章（揭英丽）；第八章（雷铎）；第九章（钟晓毅）；第十章（钟晓毅、揭英丽）。温晓敏同志负责联络、协调等具体事宜。经过全体科研人员群策群力，本书终于得以按时顺利完成。

衷心鸣谢：

广东省委宣传部副部长顾作义同志对本书创作的关注与扶持；

广东省社会科学院院长梁桂全研究员、副院长谢名家研究员和院相关部门对本课题的帮助与支持；

暨南大学出版社社长徐义雄和编辑苏彩桃等的辛勤劳动与鼎力相助。

在课题研究和本书撰写过程中，课题组参阅了大量文献和专家学者的相关研究成果，在此一并致以深深的谢意。

我们对广东海洋文化的系统研究，少有前例可援，可以说是带开拓性的尝试，疏漏之处，在所难免。各章节所引资料，有些版本也不尽一致，恳请专家读者批评指正。

作　者

2008年9月19日